平和の哲学と詩心を語る

STUART REES
スチュアート・リース
DAISAKU IKEDA
池田大作

第三文明社

リース理事長（左）と池田SGI会長（2009年4月、東京・八王子）

序文にかえて

二十一世紀に生きる私たちが、未来のために成《な》し遂《と》げるべき挑戦《ちょうせん》とは何か――。

それは、「平和を願うならば、戦争の準備をせよ」との古代ローマ以来の思考を転換《てんかん》し、「ともに平和的に生きる、非暴力《ひぼうりょく》と不戦《ふせん》の文明」を打ち立てることだ。

二十世紀は、国家主義やイデオロギーの名のもとに、夥《おびただ》しい数の人命《じんめい》が犠牲《ぎせい》となってしまった。目的のためには手段を選ばず、人々を踏《ふ》み台《だい》にする〝名ばかりの正義〟を許《ゆる》すことなく、すべての人の尊厳《そんげん》を守り抜《ぬ》く「民衆による正義の連帯《れんたい》」を築《きず》き上げることだ。


この道なき道を切り開く挑戦の最前線《さいぜんせん》に、常《つね》に身を置いて行動してこられたのが、シドニー平和財団のスチュアート・リース理事長である。

初めてお会いしたのは、今から十五年前（一九九九年）、新緑《しんりょく》まばゆい五月のことだった。

オーストラリアから、はるばる理事長をお迎《むか》えして開催した東京での集《つど》いには、十代の若者たちが数多く参加していた。

当意即妙《とういそくみょう》のスピーチで会場に笑顔の輪を広げる一方で、「あらゆる国々、あらゆる生活階層の人々が、自分の創造《そうぞう》の可能性を発揮《はっき》する」という平和への理想と展望《てんぼう》について、「私たちには皆、そのイメージに色を塗《ぬ》っていく共同の責任があります」と、若い世代に向かって真摯《しんし》に呼びかけておられた姿が、深く心に残った。

いかなる人にも尊厳《そんげん》の輝きと、限りない創造性が宿《やど》っており、その人でなければ果《は》たせない使命がある――リース理事長が「人生史の約束（the promise of biography）」と名付《なづ》ける、この信念を育《はぐく》むようになった原点は、生まれ故郷であるイギリス、またカナダにおいて、尊《とうと》い志《こころざし》を胸にソーシャルワーカーとして青春の情熱を燃やした日々にあった。

不幸な生《お》い立《た》ちを背負《せお》い、厳《きび》しい生活環境に置かれた人々の嘆《なげ》きが無視されがちな社会にあって、若き理事長は人々の苦しみに徹《てっ》して寄《よ》り添《そ》い、その声に耳を傾《かたむ》け、支援の手を差し伸《の》べ続けた。

どれほど絶望《ぜつぼう》的な状況にあっても、「よいきっかけ」と「確かな手応《てごた》え」を得《え》ることができれば、人間は必ず新しい人生を踏《ふ》み出すことができる、と。

深刻《しんこく》な危機《きき》に直面《ちょくめん》した社会でも、民衆が主体的な力《ちから》を発揮していくことが不可欠《ふかけつ》であり、紛争《ふんそう》や内戦《ないせん》に見舞《みま》われた国が復興《ふっこう》の道を歩《あゆ》むためには、一人一人の内発《ないはつ》的な力を引き出す「エンパワーメント」が何よりも重要になる――こうした確信は、ソーシャルワーカーとして汗《あせ》を流した当時の貴重《きちょう》な経験が、土台《どだい》となって形づくられたものだったという。

世界で「平和学」を学べる大学がほとんどなかった時代に、学生たちの強い要望に応《こた》え、教授として実現に奔走《ほんそう》したのも、リース理事長であった。

その結果、シドニー大学に誕生《たんじょう》した平和・紛争研究センターを、理事長は「学生中心の教育」を体現《たいげん》したものとして最大の誇《ほこ》りにされている。

私も、「学生第一」を掲《かか》げる創価大学の創立者として、学生のために立ち上がり、一歩も引かずに行動されたリース理事長の奮闘《ふんとう》に、強い共感を抱《いだ》かずにはいられなかった。

本書に収《おさ》められた対談の主旋律《しゅせんりつ》をなす「正義に基《もと》づく平和」というテーマは、同研究センターの初代所長に就任《しゅうにん》した時代から、リース理事長が一貫《いっかん》して探究《たんきゅう》してこられたものである。

「単に戦争のない状態が、平和なのではありません」「『貧困《ひんこん》』や『機会《きかい》の欠如《けつじょ》』などの不《ふ》公正《こうせい》に苦しむ人がいるかぎり、それは真に『平和』の名に値《あたい》するものではないのです」

その理事長の思いは、大量破壊兵器《はかいへいき》などによる〝恐怖の均衡《きんこう》〟こそが平和をもたらすとの論理が支配的であった東西冷戦下において、〝地球上から悲惨《ひさん》の二字をなくしたい〟と叫《さけ》び、世界の全民衆の幸福のために勇敢《ゆうかん》に立ち上がった、私の師・戸田城聖《じょうせい》先生（創価学会第二代会長）の平和への信念と深く響《ひび》き合うものにほかならない。

対談では、この共通する問題意識に立ち、核《かく》兵器の廃絶《はいぜつ》や紛争《ふんそう》解決への道程《どうてい》はもとより、人権や貧困など「人間の尊厳《そんげん》」と「社会正義」に関《かか》わる課題についても幅広《はばひろ》く語り合った。

そしてまた、混迷《こんめい》を深める時代の闇《やみ》を打ち払《はら》うには、他者の痛みに同苦《どうく》する心を育《はぐく》む「人間教育」と、社会の悪に立ち向かう勇気を鼓舞《こぶ》し、人間の善性《ぜんせい》を呼《よ》び覚《さ》ます「詩心《しごころ》」の復《ふっ》権《けん》が絶対に欠《か》かせないことを確認し合った。

最初の出会いの場で、リース理事長から著作《ちょさく》を頂戴《ちょうだい》した折、私たちはこう語り合った。

――戦争の時代には、人を殺傷《さっしょう》するための弾丸《だんがん》がつくられてきた。しかし、今必要なのは、言論《げんろん》という〝平和のための弾丸〟であり、これによって軍国主義的な思想に打ち勝っていかねばならない。一冊の本の力《ちから》は、小さく見えるかもしれないが、必ずや、時代を平和の方向へと動かす回転軸《じく》になっていく、と。

本対談は、その信念を繰《く》り返し胸に刻《きざ》みながら、尊敬《そんけい》するリース理事長と重《かさ》ねた平和探《たん》究《きゅう》への語らいであり、社会正義を実現する道を展望《てんぼう》した提言《ていげん》でもある。

本書が、次代《じだい》を担《にな》う青年たちに何らかの示《し》唆《さ》を与《あた》えるものとなり、時代転換《てんかん》のギアを回転させる一助《いちじょ》となることを念願してやまない。

二〇一四年五月三日　東京にて

池田大作

はじめに

美術、音楽、詩、写真など、芸術を通して仏法の哲理《てつり》を展開する――それは、池田ＳＧＩ会長の生き方、指導者としてのあり方の大きな特徴となっている。その多次元《たじげん》的な発想と生き方は、池田会長自身の人生を充実で満《み》たすのみならず、これはさらに重要なことだが、誰《だれ》もが自由と充実を享受《きょうじゅ》できるようにする活動に、幾《いく》百万もの人々を向かわせている。

三章十二節からなる本対談において、池田会長と私は、そのような発想と生き方を「平和の哲学と詩心《しごころ》」と呼んでいる。対談の概要《がいよう》を述《の》べる前に、平和と詩をつなぐものについて、二点、簡潔《かんけつ》に指摘《してき》しておきたい。

まず、もし「平和」が、単なる「停戦状態《ていせんじょうたい》」、あるいは国内紛争《ふんそう》における「暴力《ぼうりょく》の終結《しゅうけつ》」を意味するなら、人権や当事者の人生の質に、永続《えいぞく》的な影響を及ぼすことは期待できないことになる。しかし、和平交渉《わへいこうしょう》を行《おこな》ううえで少しでも想像力を働《はたら》かせるならば、単なる平和ではなく、「正義に基《もと》づく平和」に焦点《しょうてん》を当てることができるはずだ。

そこには決定的な違《ちが》いがある。「正義に基づく平和」を実現しようとすれば、どうしてもさまざまな事実の背景や、国家や文化、また一人一人のニーズや希望、そして非暴力の価値観を掘《ほ》り下《さ》げていくことになるからだ。


それは、二点目の「詩のもつ価値」にもつながっていく。詩とは、他の芸術と同様《どうよう》に、その作品に触《ふ》れる者をして、それまで想像もできなかった概念《がいねん》や可能性を実現できるようにさせる、何らかの意味を伝えようとする営《いとな》みにほかならない。詩心は、人に何かを行うよう命令するものではなく、躍動《やくどう》と動機を与《あた》えるものだ。

詩心は、答えそのものを与えてはくれない。しかし、詩的な発想は、人間の可能性を開花へと導《みちび》いてくれる。なぜなら、詩心にはユーモアと洞察力《どうさつりょく》に加えて、自分の置かれた状況を笑い飛ばしたり、人生の不思議《ふしぎ》さや苛烈《かれつ》さ、また不条理《ふじょうり》を思索《しさく》したりする余裕が求められるからだ。そうした形の発想や表現は、おのずと「正義に基づく平和」につながっていく。

戦争と平和の問題や、正義と人権とは何かについて、自《みずか》らの信念を表明《ひょうめい》するには勇気を必要とする。本対談は、この勇気について、意見を交換するところから始まっている。

その意味で、私たちは故ステファン・エセルの素晴《すば》らしい挑戦《ちょうせん》をなぞっているともいえるだろう。

エセルは、フランスのレジスタンス闘士《とうし》にしてナチス強制収容所《しゅうようじょ》の生存者で、外交官でもあり、エレノア・ルーズベルトとともに「世界人権宣言」を起草《きそう》した人物だ。齢《よわい》九十三にしてベストセラー『怒れ！　憤《いきどお》れ！（Indignez-vous!）』を著《あらわ》し、不正《ふせい》に憤ることこそ、生きるうえでなくてはならない力《ちから》であり、自己の人間性を遮断《しゃだん》せずにいられる道だと叫《さけ》んだ。そして、その対極《たいきょく》にあるのが「無関心」である、と訴《うった》えた。

一切の暴力《ぼうりょく》に反対し、「核兵器《かくへいき》のない世界」の創造《そうぞう》を訴える本対談も、その基調《きちょう》にあるのは人間性だ。池田会長は毎年の平和提言《ていげん》で、核不拡散《ふかくさん》・軍縮《ぐんしゅく》に関する国際組織の設立を呼びかけてこられた。「正義に基《もと》づく平和」の推進を目指《めざ》す個人や団体が、国内的・国際的な優先事項としてこれに呼応《こおう》するには何をすべきか、私たちは語り合った。

非暴力の哲学・言語・実践《じっせん》について取り上げた本対談では、仏教の文化的な遺産《いさん》だけでなく、さまざまな宗教のもつ視点、また宗教的な信条《しんじょう》をもたない市民の視点にも敬意《けいい》を払《はら》っている。詩心《しごころ》と通《つう》じ合う平和は人間主義を志向《しこう》しており、その核心《かくしん》部分にあるものこそ、こうした理解と寛容《かんよう》である。

非暴力の哲学と実践を表現するものは、話し言葉や書き言葉だけではない。子どもたち、心の病《やまい》に苦しんでいる人、ホームレスや高齢者、また政治的な亡命者《ぼうめいしゃ》や難民《なんみん》といった人々に向ける思いやりも、その表現の発露《はつろ》といえる。マハトマ・ガンジーは、非暴力を「生命の法則」と呼んだ。私たちが身にまとうもの、家の飾《かざ》りつけ、聴《き》く音楽、読む詩歌《しいか》、他者へのもてなしといったものも、非暴力の表現といえる。

貴重《きちょう》な自然環境を守り保全《ほぜん》に努《つと》めることも、非暴力の一つの形だ。環境保護は、世界の人々が政治的優先課題として、求めていくべきものともいえるだろう。環境破壊《はかい》や核兵器の保有《ほゆう》に対する無関心には、抗議《こうぎ》の声を上げなければならない。

人間と生きとし生けるものすべての尊厳《そんげん》を尊重《そんちょう》しなければならない——これが本対談を貫《つらぬ》くテーマだ。それは「世界人権宣言」の全三十条が目指《めざ》すものであり、池田会長と私が「人権の文化を育《はぐく》む教育」の力《ちから》に大きな期待を寄せるのも、このためだ。

私たちの語らいは、一人一人の「心の平和」とは何かというテーマから、教育観、経済活動の倫理《りんり》、社会政策、外交政策などにも及んでいる。

そこで述《の》べた一切が「エゴイズムではなく利他《りた》の心」に尽《つ》きるのだが、それはまた「平和の哲学と詩心《しごころ》」のもう一つの側面《そくめん》にほかならないといえよう。

二〇一四年四月十七日
ニューサウスウェールズ州　ハイアムス・ビーチにて

スチュアート・リース

平和の哲学と詩心を語る………目次

第一章　「正義に基づく平和」を目指して

第二章 「平和の文化」を社会の基盤に

第三章　「人道の世紀」を築く挑戦

［凡例］
一、引用文は、読みやすくするため編集部でふりがなをつけた箇所もある。また、改行も行い、一部、現代表記に改めた。
一、引用文中の編集部による注は（＝　）内に記した。
一、引用・参照文献は、（番号）を付し、巻末に列記した。
一、語句注は＊を付し、巻末に列記した。
一、文中に登場する人物の肩書は対談時のもの。

装幀・本文レイアウト／トッパングラフィックコミュニケーションズ

〈対談者紹介〉

池田大作

いけだ・だいさく
創価学会名誉会長／創価学会インタナショナル（SGI）会長
1928年、東京都生まれ。創価大学、アメリカ創価大学、創価学園、民主音楽協会、東京富士美術館、東洋哲学研究所、戸田記念国際平和研究所などを創立。『人間革命』（全12巻）、『新・人間革命』（刊行中）など著書多数。また、世界各国の識者と対話を重ね、『二十一世紀への対話』（A・J・トインビー）、『二十世紀の精神の教訓』（M・S・ゴルバチョフ）、『地球平和への探究』（J・ロートブラット）、『「平和の文化」の輝く世紀へ!』（E・ボールディング）など多くの対談集がある。

スチュアート・リース

Stuart Rees
シドニー平和財団理事長
シドニー大学名誉教授
1939年、イギリス生まれ。イギリスやカナダでの社会福祉事業に従事した後、オーストラリアのシドニー大学社会福祉・社会政策学部教授に就任。同大学の平和・紛争研究センターの設立に尽力し、長年にわたり所長として活躍したほか、シドニー平和財団を創立し、国際的な平和運動に貢献。主な著作・編著に『人権と企業の責任』『平和への情熱——権力の創造的行使』『超市場化の時代——効率から公正へ』『社会福祉への評決』や、詩集『戦争の真実を教えてほしい』など。

PHOTO：©Seikyo Shimbun

ダーウィン市
グレート・
バリア・リーフ
ブルーム
オーストラリア
ウルル
ニューサウス
ウェールズ州
ブリスベン
ゴールド・コースト
オーバン市
シドニー
メルボルン

第一章

「正義に基づく平和」を目指して

1

不戦の誓い――真実を語る勇気

リース　このたび（二〇一一年三月）の東日本大震災《だいしんさい》で被災《ひさい》された方々、ご家族・ご友人を亡《な》くされた皆さま方に、心からのお悔《く》やみと、お見舞《みま》いを申し上げます。

大変な苦難のときにあたり、ＳＧＩ（創価学会インタナショナル）の友である私どもシドニー平和財団は、日本の皆さま方に心からの連帯《れんたい》の気持ちをお伝えします。

この困難《こんなん》のときに思い起こされるのは、池田ＳＧＩ会長が一貫《いっかん》して訴《うった》えてこられた、すべての人間と万物《ばんぶつ》の「生命の絆《きずな》」の連関性《れんかんせい》です。あらゆる生命が相互《そうご》につながっているのであれば、今回のような大震災に直面《ちょくめん》しても、人類は互《たが》いの差異《さい》を乗り越《こ》え、今この瞬間に苦しんでいる人々を助けようとの意識に目覚《めざ》める契機《けいき》になるのではないでしょうか。

その思いを胸に、被災地《ひさいち》の皆さま方、日本の皆さま方に、心からのお見舞《みま》いとエールを送ります。私たちの心は一つです。

池田　温《あたた》かい友情と励《はげ》ましのお言葉、本当にありがとうございます。現在も、懸命《けんめい》の救援《きゅうえん》と復興《ふっこう》の活動が続けられています。私ども創価学会も、被災された方々の支援と激励《げきれい》のために全力を注《そそ》いでいます。

敬愛《けいあい》するスチュアート・リース理事長をはじめ、世界中の友人の方々より真心《まごころ》からの励ましをいただき、何よりも心強く思っております。

仏法には「変毒為薬《へんどくいやく》（毒を変《へん》じて薬と為《な》す）」という哲理《てつり》があります。いかなる試練《しれん》も困難《こんなん》も、負けることなく勇敢《ゆうかん》に立ち向かっていくならば、よりよき人生と社会を創造《そうぞう》しゆくための大いなる糧《かて》とすることができる。また、その力《ちから》が人間には厳然《げんぜん》と具《そな》わっていると説《と》き明かしているのです。

ともあれ、これからの世界にとっても大きな希望の光となる復興への前進をと、私たちは強く決意しています。

地球上から悲惨の二字をなくす

池田　人類は今、大規模な災害や環境破壊《はかい》、貧困《ひんこん》問題や食糧危機《きき》、テロや紛争《ふんそう》をはじめ、多くの地球的課題に直面《ちょくめん》しています。

この危機の時代を乗り越《こ》えるために、私たちは「調和《ちょうわ》と共生《きょうせい》の地球社会」への道筋《みちすじ》を見いだしていかねばならない。そして、さまざまな課題を一つ一つ克服《こくふく》しながら、「正義に基《もと》づく平和」を実現していかねばなりません。

そうした挑戦《ちょうせん》の先頭に立ち、幅広《はばひろ》い分野で活動してこられたのが、リース理事長です。

理事長は、「行動する平和学者」として、決して研究室に閉《と》じこもることなく、社会の劣《れつ》悪《あく》な環境に苦しむ人々のために奔走《ほんそう》してこられた。そして、その声に耳を傾《かたむ》け、常《つね》に寄《よ》り添《そ》いながら問題解決のために献身《けんしん》されてきたことに、多くの人々が感謝しています。

イギリス、カナダ、アメリカ、インド、スリランカなど、世界各地で一つ一つ積《つ》み重《かさ》ねてこられた人道貢献《じんどうこうけん》の活動は、実《じつ》に尊《とうと》いものです。

さらにまた、次代《じだい》を担《にな》う青少年の平和意識の涵養《かんよう》にも、多大《ただい》な力を注がれてきました。

このたび、平和と人道《じんどう》の闘士《とうし》であり、信念と情熱の詩人でもあられる理事長と、こうして対談の機会《きかい》を得《え》たことに、ひときわ大きな意義を感じております。

リース　こちらこそ、よろしくお願いいたします。

これまで池田会長の多くの著作《ちょさく》を読み、また語らいを重《かさ》ねるなかで、会長は「対話」によって文化的な境界《きょうかい》や障壁《しょうへき》を乗り越《こ》える、類《たぐい》まれな才能の持《も》ち主《ぬし》であると感じています。

「対話」がいかに困難《こんなん》や障害《しょうがい》を伴《ともな》うものであろうと、それ以外は〝あきらめの道〟に通《つう》じるというのが、私の変わらざる信念です。それだけに、東西冷戦の時代から、分断化《ぶんだんか》する世界に友情と信頼の橋を懸《か》けようと、「対話」がもつあらゆる建設的な価値を活性化《かっせいか》してこられた池田会長の行動に、心より敬意《けいい》を表《ひょう》するものです。

加えて私は、毎年の平和提言《ていげん》や世界の諸大学での講演などで示される会長のビジョン、そして人間性を見失いがちな現代文明への警鐘《けいしょう》に感銘《かんめい》を受けてきました。

池田会長が国際問題を論じる際に使われる言葉や思想には、新しいヒューマニズムが表現されていて、それは世界が渇仰《かつごう》してやまないものです。

池田　過分《かぶん》なお言葉、恐縮《きょうしゅく》です。

スチュアート・リース理事長（右）と池田SGI会長（2009年4月、東京・八王子）
©Seikyo Shimbun

リース　池田会長は、百年に一度といわれた経済危機《きき》の際に発表された平和提言（二〇〇九年）で、権力をもつ人々の貪欲《どんよく》さと他者を顧《かえり》みない姿勢が金融市場《きんゆうしじょう》の破綻《はたん》を招き、多くの貧窮《ひんきゅう》と失業の潜在的《せんざい》原因になったと指摘《してき》しておられましたね。

また、穀物《こくもつ》価格の高騰《こうとう》で「ボトム・ビリオン（最底辺《さいていへん》の十億人）」と呼ばれる人々が飢餓《きが》や栄養失調に苦しむ状況に触《ふ》れ、人間の生命と尊厳《そんげん》を守るうえで欠かせない食糧の安定供給《きょうきゅう》のための国際協力が急務になると警告《けいこく》されました。

そして、人類の生存権を脅《おびや》かす核兵器《かくへいき》の問題を取り上げ、自国の安全だけを確保しようとする政策から脱却《だっきゃく》し、〝他者の恐怖と不幸の上に自《みずか》らの平和と安全を求めない〟との原則を確立すべきであると強調されました。いずれも重要な指摘《してき》であり、その時代変革《へんかく》の方向性は、私たちシドニー平和財団が掲《かか》げる「正義に基《もと》づく平和」の理念とも合致《がっち》するものです。

単に戦争のない状態が、平和なのではありません。表面的には、どれだけ平和に見えたとしても、「貧困《ひんこん》」や「機会《きかい》の欠如《けつじょ》」などの不公正《ふこうせい》に苦しむ人がいるかぎり、それは真に「平和」の名に値《あたい》するものではないのです。「平和」それ自体も重要な課題ですが、「正義に基づく平和」こそ、より恒久《こうきゅう》的で普遍《ふへん》的な価値のある、万人《ばんにん》が目指《めざ》すべきゴールではないでしょうか。

本対談を通して、ぜひともこの「正義に基づく平和」の意義について、深く掘《ほ》り下《さ》げていきたいと願っております。

池田　そうですね。このテーマは、私が常《つね》に念頭《ねんとう》に置いてきたものでもあります。なぜなら、私の師である創価学会の戸田城聖《じょうせい》＊第二代会長の悲願《ひがん》が〝地球上から悲惨《ひさん》の二字をなくしたい〟との一点にあったからです。

戸田会長は、逝去《せいきょ》の前年にあたる一九五七年、「世界にも、国家にも、個人にも、『悲惨』

という文字が使われないようにありたい(1)」と述《の》べ、当時青年だった私たちに、平和な社会の実現へ立ち上がるよう訴《うった》えました。

私が、これまで世界の多くの人々と対話を重《かさ》ねてきたのも、平和提言《ていげん》や大学講演を行《おこな》ってきた大きな理由の一つも、突きつめれば、この師との誓《ちか》いを果《は》たすためでした。

リース理事長がおっしゃるように、現実に苦しんでいる人々の痛みに目を背《そむ》けたまま、いくら平和を叫《さけ》んでも〝絵空事《えそらごと》〟に終わってしまう。

そうではなく、徹《てっ》して一人一人の尊厳《そんげん》と幸福に光を当《あ》てながら、人々が真の平和を享受《きょうじゅ》できる世界の創造《そうぞう》へ、また正義の実現へ、具体的に一歩でも、二歩でも前進していくことです。

これこそ、二十一世紀に生きる私たちが取り組むべき課題ではないでしょうか。

リース　まったく同感です。その成否《せいひ》に、人類の未来はかかっています。

対話に必要な二つの要素

池田　また、この対談では、オーストラリアと日本のさらなる友好と交流についても語り合っていきたいと念願しています。

思い返せば戸田会長は、いかなる民族も犠牲《ぎせい》になることなく、等《ひと》しく尊厳《そんげん》を輝かせていく社会を築《きず》かねばならないと「地球民族主義(1)」を提唱《ていしょう》しました。その戸田会長が、ひときわ注目していたのが多様性《たようせい》に富《と》み、大いなる可能性に満《み》ちた貴国だったのです。

リース理事長が長年、教壇《きょうだん》に立ってこられたシドニー大学は、貴国の発展を牽引《けんいん》してきた知性と活力《かつりょく》の源《みなもと》であり、電源地《でんげんち》ともいうべき存在ですね。

オーストラリア最古《さいこ》にして最高峰《さいこうほう》の学府《がくふ》として輝かしい伝統を誇《ほこ》る貴大学には、八十カ国以上から研究者が集《つど》い、一万人以上の留学生が学ばれている。まさに、「世界に開かれた大学」としても有名です。

もう十年以上前(二〇〇〇年十一月)になりますが、シドニー大学で学ぶ留学生のためにシンガポールで行《おこな》われた卒業式に出席させていただいた際の思い出は、今も鮮烈《せんれつ》です。

クレーマー総長が卒業生の一人一人に証書を授与《じゅよ》するたびに、慈母《じぼ》のごとく温《あたた》かく声をかけ、門出《かどで》を祝《いわ》いながら、社会へと送り出していく――同席されていたリース理事長も、慈父《じふ》のように見守り拍手《はくしゅ》を送っておられた。その麗《うるわ》しい光景は、一幅《いっぷく》の名画のようでした。

学生を何よりも大切にする貴大学の精神が、ひしひしと伝わってきました。

シンガポールで開催されたシドニー大学の卒業式に出席した池田SGI会長。クレーマー総長（左から4人目）、リース理事長（同2人目）とともに（2000年11月）
©Seikyo Shimbun

リース　それは、うれしいお言葉です。

オーストラリア国外での卒業式の実施は、〝留学生が卒業する晴れの姿を、家族や友人にも見せてあげたい〟との思いから始まったものです。とくにアジア諸国からの留学生が多いこともあり、シンガポールに加えて、毎年、香港《ホンコン》でも挙行《きょこう》してきました。

平和への貢献《こうけん》を続けてこられた池田会長に、あのシンガポールでの卒業式で「名誉文学博士号」を授与させていただいたことは、大学にとって大変に光栄なことでした。

謝辞《しゃじ》の中で、池田会長が卒業生たちと、じかに対話するような雰囲気をつくりながら、厳粛《げんしゅく》なかにも和《なご》やかで人間性溢《あふ》れるスピーチを行《おこな》われる様子に感嘆《かんたん》したことを、よく覚《おぼ》えております。

私は、人々の心をつなぐ対話を成功させるには、次の二つの要素が必要だと考えてきました。第一は「相手のこれまでの人生の歩《あゆ》みを真に理解したいと思う心」であり、第二は「ユーモアと思いやり」です。

私がとくに心惹《ひ》かれるのは、今の時代を生き抜《ぬ》くために不可欠《ふかけつ》な〝人間への信頼〟に根差《ねざ》した「逞《たくま》しきユーモアのセンス」を、池田会長がもっておられることです。

忘れもしません。一九九九年五月に東京で初めてお会いしたとき、そのことを痛感《つうかん》しました。池田会長はその際、多くの青少年が集まった会合で、親孝行《おやこうこう》や友情の大切さとともに、鍛《きた》えの青春を送ることの重要性を話されましたね。

そこには、説教めいた調子などまったくなく、本当に心からのメッセージに溢《あふ》れたものでした。ユーモアを交《まじ》えたスピーチに、皆の心が呼応《こおう》していく様子に感動しました。

池田　ありがとうございます。あの会合は、小学生から中学・高校生の世代の創価学会のメンバーである「未来部」の集まりで、「こどもの日」（五月五日）という日本の祝日に行われたものでした。

リース理事長こそ、若き世代の心を瞬時《しゅんじ》につかむスピーチで、会場に弾《はじ》けるような明るい笑顔を広げていかれました。そして、平和へのビジョンを明確に示しておられた姿が忘れられません。

私は常々《つねづね》、少年少女を〝子ども扱《あつか》い〟してはならないと思ってきました。若き生命の大地に「希望」と「勇気」と「勝利」の種を蒔《ま》いていきたいとの思いで、青少年たちに真剣勝負で接してきました。

私ども創価学会は、「こどもの日」を〝次代《じだい》の指導者の日〟との意義を込《こ》めて「後継者《こうけいしゃ》の日」と定《さだ》め、大切にしております。

いずれにしても、〝未来の宝《たから》〟である若い世代を、大人たちがどれだけ大切にし、その幸福のために情熱を注《そそ》いでいくか。これが社会の健全性《けんぜんせい》を決定づけると考えています。

「ちょうど朝が、その日がどんな一日になるかを示すように、少年時代はその人がどんな人間に育ちゆくかを示す(2)」とは、イギリスの大詩人ミルトン*の言葉です。

一日に譬《たと》えれば、〝人生の朝〟にあたる年代に、どのような光を注ぎ、どのような種を植えていくかが重要です。

そこでまず、対談を始めるにあたって、理事長の生《お》い立《た》ちから伺《うかが》っていきたいと思います。理事長は、どちらでお生まれになりましたか。

故郷の思い出と戦争体験

リース　イングランド南部のポーツマスから二十キロほど離れた村です。第二次世界大戦が勃発《ぼっぱつ》してまもない一九三九年十月九日に、双子《ふたご》の兄とともに生まれました。イギリス艦隊《かんたい》の母港《ぼこう》で海軍基地のあるポーツマスに父が通《かよ》いやすいようにと、私が生まれる直前に引っ越《こ》したのです。
戦争中、父は出征《しゅっせい》していて家にはほとんどいませんでした。それで母は、私たちがきちんと田舎《いなか》で生活していけるようにと、しつけてくれました。
周囲には野原や林、小川や池があったのですが、私と兄を連《つ》れて出かけては、樹木《じゅもく》や野の花、食用になる木の実、木イチゴ、キノコなどの名前と特徴を教えてくれたものでした。
池田　実《じつ》に聡明《そうめい》なお母様ですね。博士は、そうした自然との触《ふ》れ合いを通して、生命の不可思議と偉大《いだい》さを学び、豊《ゆた》かな詩心《しごころ》を育《はぐく》まれたのでしょう。お母様の深い愛情と知恵を感じます。

ポーツマスといえば、イギリスの文豪《ぶんごう》ディケンズ*の生まれた場所でもありますね。

フランス革命《かくめい》*時代のパリとロンドンを舞台《ぶたい》にしたディケンズの代表作『二都《にと》物語』は、師の戸田会長が青年育成《いくせい》の教材に選んだ本の一つでした。私も愛読《あいどく》した懐《なつ》かしい作品です。

作品もさることながら、私が強く共感したのは、ディケンズの少年時代の生き方でした。

——生活は貧《まず》しく、長男だった彼は、多くの弟妹を抱《かか》えて十二歳の時から工場で働《はたら》かねばならなかった。当時、一家はロンドンに住んでいたが、経済的な失敗を重《かさ》ねた父親が借金の不払《ふばら》いのために、一時期、監獄《かんごく》に収容《しゅうよう》されることになってしまう。

「太陽はもう永久に沈んでしまった」——そう嘆《なげ》き悲しむ父親の言葉に、ディケンズ少年は「本当に心臓がはり裂《さ》けたと思った」と、当時を振《ふ》り返っています。

しかし、ディケンズ少年は決して負けなかった。学校にも思うように行けなかったものの、時間を見つけては大英《だいえい》博物館に通い、徹底《てってい》して読書に取り組み学び続けていった。その後も、さまざまな職を転々としながら、新聞記者を経《へ》て、やがて作家として大成《たいせい》するにいたっています。(3)

ディケンズは、人間の心の機微《きび》を描《えが》くのに長《た》けた作家であると、よくいわれます。それは、少年時代から筆舌《ひつぜつ》に尽《つ》くせぬ苦労を重《かさ》ね、乗り越《こ》えていったことが大きいのではないでしょうか。

リース　おっしゃる通りだと思います。

ディケンズの作品は、今なおイギリスの多くの人々の間《あいだ》で親しまれています。ポーツマス郊外《こうがい》にある彼の生家《せいか》は大切に保存されており、観光名所にもなっています。

池田　日本で、このポーツマス市と姉妹都市の提携《ていけい》を結《むす》んでいるのが、かつて軍港《ぐんこう》として栄えるなど、同じく港湾《こうわん》都市としての歴史を刻《きざ》んできた京都府の舞鶴《まいづる》市です。

協定が調印《ちょういん》された際（一九九八年五月）には、ポーツマス市の代表団が舞鶴の「赤れんが博物館」を訪《おとず》れ、ディケンズの生家にあったレンガを寄贈《きぞう》されたと伺《うかが》っています。舞鶴とポーツマスのどちらにも、私の大切な友人がおります。

ディケンズの少年時代に共感するもう一つの理由は、私の父が病気のために五年近く伏《ふ》せっていた時期の思い出と重なるからです。

父がリウマチで倒《たお》れたのは、私が小学二年生の時でした。一時は隆盛《りゅうせい》を極《きわ》めた家業《かぎょう》の海苔《のり》製造も縮小《しゅくしょう》せざるをえなくなり、家計《かけい》は大きく傾《かたむ》き始めました。

イギリスの国民的作家チャールズ・ディケンズ
©Universal Images Group/AFLO

当時、私が暮《く》らしていたのは、東京湾の海沿《ぞ》いにある大きな二階建ての家で、広い庭には桜の巨木《きょぼく》やザクロの木などがあり、渡り鳥が飛来《ひらい》して羽《はね》を休める池もありました。遊び場には事欠《ことか》かない大好きな家でした。しかし、父が二年ほど病床《びょうしょう》に伏し、ようやく快方《かいほう》に向かい始めた頃《ころ》、今度は頼《たよ》りとしていた長兄《ちょうけい》が出征《しゅっせい》し、ついに家を手放《てばな》さざるをえなくなりました。

その後、次兄《じけい》と三兄《さんけい》も相次《あいつ》いで兵隊にとられました。生活がますます苦しくなるなかで、私は少しでも役に立ちたいと思い、早朝に起きて海苔づくりを手伝った後、新聞配達をするようになりました。

学校へ行き、帰るとまた家業《かぎょう》を手伝い、夕刊を配達する……。そんな毎日は、体が丈夫《じょうぶ》でなかった私にとっては大変厳《きび》しいものでしたが、一人で家を支《ささ》える母の手助けになりたいと思ったのです。

海苔《のり》は海水の温度が低いほうが質のよいものができます。厳寒《げんかん》の一月が最も忙《いそが》しい時期でした。夜明け前の海は、身を切るような冷たさでした。かじかむ手もそのままに自転車に乗り、新聞販売店に向かったものです。

それでも、三年近く続けたおかげで足腰《あしこし》が鍛《きた》えられ、後《のち》に日本全国や世界中を回ることができる体力の基礎がついたと思っています。

忘れられないのは、日米開戦の真珠湾攻撃《しんじゅわんこうげき》のニュースを伝える新聞を配《くば》ったときのことです。町の人々の驚嘆《きょうたん》と不安の入《い》り交《ま》じった表情は、今でもよく覚《おぼ》えています。やがて、すぐ上の四番目の兄も出征《しゅっせい》しました。

リース　大変なご苦労をされたのですね。お父様が病床《びょうしょう》に伏《ふ》しておられたときのお気持ちは、よくわかります。

なぜなら、私の父も戦争で重傷を負《お》ったからです。インドネシアのジャワ島付近での海戦《かいせん》でした。帰国した父は、それから何年も手術と療養《りょうよう》生活を余儀《よぎ》なくされました。私たち家族は、その間、何度も父を見舞《みま》いに病院に通《かよ》いました。病院には、戦争でずっとするような傷を負った若い男性が大勢《おおぜい》いました。

そうした境遇《きょうぐう》にあっても、父は決して弱音《よわね》を吐《は》きませんでした。障《しょう》がい者の認定を受けることも拒《こば》みました。音楽を愛し、ピアノを弾《ひ》くことが大好きだった父は、戦争で負った傷で両手の自由を奪《うば》われ、生涯《しょうがい》、演奏はできなくなってしまいました。それでも聖歌隊《せいかたい》などで自慢《じまん》のテノールを響《ひび》かせる姿に、地域の人々は勇気づけられたのではないでしょうか。

「父は本当にすごいな」と、心の底から思ったものです。

胸に刻まれた父からの教え

池田　お父様が重傷を負われたのは、日本軍の魚雷《ぎょらい》攻撃が原因だったと、お聞きしています。

あの戦争で、日本がどれほど非道《ひどう》な行為を重《かさ》ねてきたか。リース理事長のお父様をはじめ、どれほど多くの人々を傷つけ、苦しめてしまったか――。

日本人の一人として、心からお詫《わ》び申し上げます。また仏法者として、亡《な》きお父様、お母様の追善回向《ついぜんえこう》をさせていただきました。

こうした侵略《しんりゃく》と蛮行《ばんこう》に走った日本の軍国主義に真っ向から対峙《たいじ》し、投獄《とうごく》されながらも最後まで信念の闘争《とうそう》を貫《つらぬ》いたのが、創価学会の牧口常三郎《つねさぶろう》*初代会長であり、戸田第二代会長でした。残された獄中《ごくちゅう》での尋問調書《じんもんちょうしょ》からも、牧口会長が一歩も引かず、軍国主義の誤《あやま》りを厳然《げんぜん》と諫《いさ》めていたことがうかがえます。

中国やアジアへの侵略は「聖戦《せいせん》」などでは絶対にない。国家権力による誤った思想統制《とうせい》が、社会を大きく歪《ゆが》め狂《くる》わせてしまったのだ——と。

そして、人類の平和と幸福のために、正義の弟子たちが陸続《りくぞく》と立ち上がることを願いながら、獄中で生涯《しょうがい》を終えたのです。一九四四年十一月十八日、七十三歳でした。

その遺志《いし》を継《つ》いで出獄《しゅつごく》した戸田会長は、戦後、日本が二度と戦争の過《あやま》ちを繰《く》り返さないよう、目覚《めざ》めた民衆による〝平和の一大勢力〟の構築に邁進《まいしん》するとともに、次代《じだい》を担《にな》う青年の育成《いくせい》に全力を注《そそ》ぎました。

今日《こんにち》まで私は、この両会長の精神を我《わ》が心として、世界平和への行動を続けてきました。

この二人の闘争こそが、創価学会とＳＧＩの平和運動の永遠の原点となっております。

創価学会の牧口常三郎初代会長（右）と戸田城聖第2代会長（1930年頃）
©Seikyo Shimbun

リース　創価学会の三代にわたる会長の、平和と人道《じんどう》のための闘争は、実《じつ》に崇高《すうこう》なものです。

私は、池田会長が創立された創価大学との交流や、また戸田記念国際平和研究所*との研究協力などを通して、初代会長と第二代会長の精神が現代にも受け継がれ、希望の光を送り続けていることを知り、感銘《かんめい》を受けてきました。

以前（二〇〇〇年）、そうした思いを込《こ》めて、次のような一文を認《したた》めたことがあります。

「戦後の日本の発展は、大企業の経済的、技術的な成功のみによって評価されるべきではない。日本の人々と同様《どうよう》、世界の人々も、日本の非《ひ》暴力《ぼうりょく》運動の指導者、牧口、戸田、池田の三氏に感謝を表明《ひょうめい》すべきである」

「五十五回目の終戦《しゅうせん》記念日は、これら日本の非暴力《ひぼうりょく》運動の指導者たちの人生と、その業績《ぎょうせき》を祝《いわ》う日となるべきである」と。

池田　私のことはともかく、初代・二代の功績を正しく評価していただき、感謝に堪えません。リース理事長のお言葉を、両会長に謹《つつし》んで捧《ささ》げたいと思います。

牧口会長が常《つね》に青年に訴《うった》えていたのが、〝千匹の羊よりも一頭の獅子《しし》たれ！〟との指針《ししん》でした。困難《こんなん》に屈《くっ》せず、信念の人生を毅然《きぜん》と歩《あゆ》み抜《ぬ》かれた理事長のお父様は、まさに獅子たる存在です。

理事長がお父様から学ばれたことで、とくに胸に残っていることは何でしょうか。

リース　家庭が貧しく、学校を早くやめて海軍に入隊した父は、高校に行けませんでしたが、非常に賢明《けんめい》で確固《かっこ》とした人生観をもっていました。お金では買うことのできない人生教育を海上で受け、独自《どくじ》の知恵を身につけていたからです。

そんな父から私が学んだことは、「人生は真剣に受け止めろ。しかし、自分のことを深刻《しんこく》に思い詰《つ》めるな」ということでした。

幼少時代のリース理事長（右下）。両親と双子の兄とともに

また、父がよく言っていたのは、「一度始めたことは、途中で困難があっても最後までやり通しなさい」との言葉でした。

これは長距離を走り抜くときや、数学やラテン語のような難《むずか》しい勉強に取り組むとき、そして社会正義の運動で反対に遭《あ》ったときにいたるまで、人生万般《ばんぱん》に当《あ》てはまる教訓《きょうくん》といえるでしょう。

ほかにも、父の教えとして忘れられないのは、人への思いやりや、何事にも感謝して生きることの大切さです。

父は、負傷によって何年も療養《りょうよう》生活が続き社会復帰が妨《さまた》げられたことについても、決して愚痴《ぐち》をこぼすことはありませんでした。いつも快活《かいかつ》で、楽観《らっかん》的で、そして生き延《の》びることができたことに感謝していました。と同時に、父は多くの若き友人が戦争で命を失ったことの不正義を深く認識していました。

忘れられない空襲の記憶

池田　本当に素晴《すば》らしいお父様だったのですね。

そして、その心を理事長が深く継承《けいしょう》され、世界平和のために尊《とうと》い行動を重《かさ》ねておられる。まさに〝父子《ふし》一体の人生の勝利の劇〟といえましょう。

また、今のお話を伺《うかが》い、かつてイギリスの歴史家トインビー博士*からロンドン郊外《こうがい》のご自宅にお招《まね》きをいただいた折の思い出が蘇《よみがえ》りました。

私たちが対談を行《おこな》った応接間の隣《となり》に暖炉《だんろ》があり、その飾《かざ》り棚《だな》には小さな額《がく》に入れられた青年たちの写真が二十枚ほど置かれていました。

私が見つめていると、博士は「オックスフォード大学時代の友人たちです。皆、第一次世界大戦で戦死《せんし》しました」と言われたのです。

同年代の友人たちが次々と出征《しゅっせい》するなか、博士は開戦前にかかった病気のために入院を余《よ》儀《ぎ》なくされていました。当時、博士の同級生らは二十代後半。いよいよ人生の本舞台《ほんぶたい》で大きく羽ばたこうとしていたときでした。しかし、その最優秀の英才《えいさい》たちが戦争で命を落としていったのです。

「年をとるにつれて、戦争で犠牲《ぎせい》となった彼らのことが、一層《いっそう》、強く思い起こされます」と語る博士の目には、涙《なみだ》さえ浮かんでいました。

さらにまた、かつて戦死者を告《つ》げる掲示板《けいじばん》を見て激《はげ》しく泣いていた婦人の姿を忘れることができない、とも述懐《じゅっかい》しておられました。

博士は、その思いを『回想録《かいそうろく》』の中で、こう綴《つづ》られています。

「今日《こんにち》でもあの二人の気《き》の毒《どく》な婦人の顔を、あの日現実に見たのと同じくらいはっきりと心の目で見ることができる。あの恐《おそ》ろしい悲しみの原因となった悪《あ》しき制度を廃止《はいし》するために、私はまだ命のある間《あいだ》に働《はたら》かねばならぬ」(4)と。

私も、大好きだった長兄《ちょうけい》を戦争で失いました。一九四五年に戦争が終わり、出征していた他の兄たちが憔悴《しょうすい》しきった姿で帰国するなか、長兄の消息《しょうそく》だけは、二年間つかめない状態が続きました。それが、五月のある日、役所から公報《こうほう》が届けられ、ビルマ(現ミャンマー)で戦《せん》死《し》したことを、ようやく知らされたのです。

不安を抱《いだ》きながらも、無事に戻ってくることを毎日祈《いの》っていた母が、悲しみに肩を震《ふる》わせていた後ろ姿は、今も目に焼き付いています。

私が、戸田会長と出会い、世界平和と人類の幸福のための行動に挺身《ていしん》していくことになったのは、その三カ月後のことでした。

理事長が、戦争当時のことで記憶に残っていることは何でしょうか。

リース　まだ幼《おさな》かった私にとっても、鮮烈《せんれつ》なイメージとして残っているのは空襲《くうしゅう》の記憶です。ポーツマスは海軍基地のある軍事的要衝《ようしょう》であったため、ドイツ軍の激《はげ》しい空襲を受け、周辺一帯《いったい》にまで攻撃《こうげき》が及びました。

我《わ》が家の小さな庭にも大きな対空高射砲《たいくうこうしゃほう》の陣地《じんち》があったことや、近くの野原に爆撃《ばくげき》で穴《あな》があいていたのを覚《おぼ》えています。空襲が始まると防空壕《ぼうくうごう》に入り、そこで一夜を過《す》ごしました。普段《ふだん》はそこに庭で採《と》れた野菜が置かれていて、その野菜に囲《かこ》まれて寝たのです。

また、一九四四年、「ノルマンディー上陸作戦」の直前には、連合軍の戦車が家の外に待機していました。母が兵士たちのために食事の用意をしていた様子が記憶に残っています。

こうした幼少時の体験や、父が戦争で重傷を負《お》ったことが直接の動機となって、後《のち》に平和運動に身を投《とう》じるようになったわけではありませんが、その影響で「暴力《ぼうりょく》に対する強い嫌悪《けんお》感《かん》」を抱くようになったことは間違《まちが》いないと思います。

池田　空襲は本当に恐《おそ》ろしいものです。私の家族や親戚《しんせき》も、家を焼かれました。

父が長らく病気で倒《たお》れていたため家を手放《てばな》した後、私たちが移《うつ》り住んだ近所の家は、東京への空襲が激しくなった頃《ころ》、類焼《るいしょう》防止を理由に強制的に取り壊《こわ》されることになりました。

私たちは、やむなく親戚の家に建《た》て増《ま》しをして、そこで暮《く》らすことが決まったのですが、家具《かぐ》をすべて運《はこ》び終え、いよいよ新生活が始まるという前日の夜に空襲があり、新居《しんきょ》は親戚の家もろとも直撃《ちょくげき》を受けて全焼《ぜんしょう》してしまったのです。

別の日に激しい空襲があったときには、焼夷弾《しょういだん》が次々と落ちてきて、あたり一面が火《ひ》の海《うみ》となり、炎《ほのお》が夜空《よぞら》を赤く焦《こ》がしていった……。その光景は、弟の手を引いて一緒《いっしょ》に逃げまわったときの恐怖とともに、今もはっきりと記憶しています。

また、夜中の空爆《くうばく》のなか、年老《としお》いた夫婦が恐怖に怯《おび》えながら逃げていった姿も忘れることができません。

先ほど理事長は、戦時期の体験が「暴力《ぼうりょく》に対する強い嫌悪感《けんおかん》」を抱《いだ》かせる原因になったと言われました。私にとっても当時の体験が、消すことのできない心の刻印《こくいん》となったことは間《ま》違《ちが》いありません。それは理論や政治の次元《じげん》を超《こ》えたものです。

牧口会長と戸田会長から平和と人道《じんどう》の旗《はた》を受け継《つ》ぎ、行動を続けてきた半世紀は、険《けわ》しい尾《お》根《ね》を進むような苦難と試練《しれん》の連続でした。

心ない批判《ひはん》や中傷《ちゅうしょう》は、もとより覚悟《かくご》のうえでした。冷戦時代にソ連や中国を訪問したときには、脅迫《きょうはく》まがいの手紙や電話などが、ひっきりなしに寄せられたものです。しかし、私には絶対に譲《ゆず》れない信念がありました。

牧口会長は、自身にとっても他の人々にとっても、そして社会全体に対しても、「大善《だいぜん》」を成《な》し遂《と》げるためには、非難《ひなん》に紛動《ふんどう》されたり、付和雷同《ふわらいどう》することがあってはならないとして、こう訴《うった》えました。

「不善《ふぜん》を善と考え、悪と異《ちが》うと思い、法律に触《ふ》れさえせねば不善は構《かま》わぬと誤解《ごかい》する所に現代の病根《びょうこん》があり、独善《どくぜん》、偽善《ぎぜん》の主義が横行《おうこう》する所以《ゆえん》である」(5)

「誰《だれ》でも大悪《だいあく》に反対することは出来る。口では出来ると云《い》うが、事実は出来ないから妥協《だきょう》しつつ大善を圧迫《あっぱく》しているのである」(5)と。

先ほど触れたディケンズも、民衆と社会のために尽《つ》くすべき権力者たちが不正《ふせい》や腐敗《ふはい》に走ったとき、敢然《かんぜん》と正義の言論闘争《げんろんとうそう》を貫《つらぬ》きました。彼はその信条《しんじょう》を、こう宣言しています。

「わたしは考える力《ちから》と表現する力のある限り、この世《よ》の残酷《ざんこく》と抑圧《よくあつ》を追究《ついきゅう》します」(6)と。

この社会の悪を決して見逃《みのが》さない姿勢は、フランスの文豪《ぶんごう》ビクトル・ユゴー＊とも響《ひび》き合うものを感じます。

リース　牧口会長の言葉には千鈞《せんきん》の重みがあります。

現代のイギリスを代表する劇作家で、二〇〇八年に亡《な》くなったハロルド・ピンター＊氏も、そうした見事《みごと》な気骨《きこつ》と信念をもった市民の一人でした。

二〇〇五年にノーベル文学賞を受賞したとき、闘病中《とうびょうちゅう》だった彼は式典には出席できず、自宅で収録した録画テープが上映されました。

氏は、その講演の結《むす》びで、「生活と社会のなかにある本当の真実をはっきりと言葉にしていく」ことが、芸術家や詩人に限らず万人《ばんにん》が負《お》うべき責任であり、逃《のが》れられない責務《せきむ》であると訴えたのです。

社会の多数派が「正しい」とするものに疑問を呈《てい》し、たやすく服従《ふくじゅう》しないことが、あらゆる市民の責務《せきむ》であるとする彼の主張は、私の信念でもあります。

もちろん、ピンター氏のように率直《そっちょく》な物言《ものい》いをするためには大変な勇気がいります。ゆえに私たちの対談が、「正義に基《もと》づく平和」のために、精神と行動の両面において勇気を出していくための後押《あとお》しとなればと願っています。

その意味でも、最近、「ウィキリークス」*の活動に対して、表現の自由を規制しようとする動きが見られましたが、政治指導者が卑怯《ひきょう》な行動に出たときには、各国の多くの人々が「それは卑怯ではないか」と疑問の声を上げてほしい、また多数派とされる従来《じゅうらい》の考えや政策に与《くみ》してしまわないでほしいと思います。

池田　信念を貫《つらぬ》く勇気なくして、いかなる変革《へんかく》も成《な》し遂《と》げることはできません。

リース理事長は、その勇敢《ゆうかん》にして不屈《ふくつ》の信念をもつ知性の人です。

ともあれ、平和の創造《そうぞう》のためにも、非暴力《ひぼうりょく》の社会を築《きず》きゆくためにも、最も重要な鍵《かぎ》となるのは、民衆一人一人が強くなり、賢明《けんめい》になることです。そして、人間の善性《ぜんせい》を最大限に発《はっ》揮《き》しながら、民衆の連帯《れんたい》を堅固《けんご》なものにすることが絶対に欠かせません。その時代の潮流《ちょうりゅう》を力強《ちからづよ》く生み出すために、私たちＳＧＩも行動していきたい。そう決心しています。

2

「自他共の幸福」に生き抜く

時代を変革する精神の力

池田　「私の王冠《おうかん》はこの胸のなかにある、頭の上にではなく。それはダイヤモンドや真珠《しんじゅ》で飾《かざ》られたものではないし、目に見えるものでもない。私のは『満足』という王冠だ(1)」

シェークスピア*の有名な史劇《しげき》『ヘンリー六世』の一節です。かつて私も、この言葉に深い感銘《かんめい》を受けました。

人生の真実の王冠は、権力でもなければ財力でもない。我《わ》が胸中《きょうちゅう》の生命の輝きにこそある。なかんずく、無名無冠の民衆一人一人が、人生勝利の王冠を輝かせゆく時代を開いていきたい――そう願って私は、仏法の人間主義を基調《きちょう》とした平和運動に挺身《ていしん》してきました。

前節では、リース理事長の故郷にほど近いイギリス・ポーツマスゆかりの文豪《ぶんごう》ディケンズが話題となりました。このディケンズからさかのぼること二百年、十六世紀末から十七世紀に活躍し、世界文学に大きな足跡《そくせき》を残したのがシェークスピアですね。

今年（二〇一一年）で、発表四百十周年を迎《むか》える『ハムレット』をはじめ、『リア王』や『マクベス』など多くの作品は、今も各国で活発《かっぱつ》に上演され、世界中の人々に愛され親しまれています。

主役であれ、脇役《わきやく》であれ、シェークスピアの劇中の人物が語る言葉には、喜怒哀楽《きどあいらく》に揺《ゆ》れ動く〝心の表情〟が巧《たく》みに映《うつ》し出され、人生の機知《きち》や歴史の教訓《きょうくん》がちりばめられています。

そしてまた、あらゆる権勢《けんせい》や虚飾《きょしょく》を取り払《はら》った人間の実像《じつぞう》に、鋭《するど》く探究《たんきゅう》の光を当《あ》てている。そうした点などにも、時代や国境を超《こ》えて人々の心をつかんで離さないシェークスピアの魅《み》力《りょく》があるのではないでしょうか。

魂《たましい》から発せられた真実の言葉には、人間の心を奮《ふる》い立たせ、生きる勇気をわき上がらせる力《ちから》があります。

こうした珠玉《しゅぎょく》の指針《ししん》が、次代《じだい》を担《にな》う青年たちの精神の糧《かて》になればとの思いから、私は折々に古今東西《ここんとうざい》の哲人《てつじん》が残した名言を紹介してきました。

リース　素晴《すば》らしいことです。

私も、小説や戯曲《ぎきょく》や詩の名作を教えてくれた高校時代の先生のことが、とても心に残っています。文学の先生です。作家や詩人たちが人生について語った深い言葉を、たくさん教えてくれました。

シェークスピアの作品に親しむようになったのも、その先生のおかげです。劇中の登場人物の多くが戦争を嫌《きら》い、その代《か》わりに周《まわ》りの人々との愛や信頼や忠誠《ちゅうせい》に生きるとともに、陰謀《いんぼう》や疑惑《ぎわく》、裏切《うらぎ》りに頭を悩《なや》ませている姿を見せてくれました。

以来、シェークスピアの戯曲や詩歌《しいか》を本格的に学び始め、自分でもさまざまな詩作《しさく》を試《こころ》みるようになりました。

また二十代の頃《ころ》から、権威《けんい》への追従《ついじゅう》に警鐘《けいしょう》を鳴らしたいとの思いが募《つの》り、権力者や権威主義を風刺《ふうし》するために詩を用《もち》いるようになりました。風刺を通して、弱い者いじめをする人々に疑問をぶつけ、同じ人間としての意識が欠如《けつじょ》した人々の仮面《かめん》をはぎ取ってきたのです。

こうしたなかで、「詩というものは、楽しくてユーモラスなだけではない。武力で問題を

リース理事長の詩集『戦争の真実を教えてほしい』の表紙
©Seikyo Shimbun

解決することの愚《おろ》かさなど、シリアスな問題も訴《うった》えることができるのだ」との確信を抱《いだ》くようになりました。

二〇〇四年に発刊《はっかん》した詩集に、『戦争の真実を教えてほしい』とのタイトルをつけたのも、そんな思いからでした。

池田　以前、理事長から頂戴《ちょうだい》したその詩集は、私どもの大切な宝《たから》とさせていただいております。理事長の詩集は、戦争の愚かさや残酷《ざんこく》さを訴え、平和への行動を呼びかけてきた私の心を、力強《ちからづよ》く勇気づけてくれました。

詩集に添《そ》えられた書簡《しょかん》に、「私の詩には〝人間にはより深い人生を目指《めざ》す特性《とくせい》が備《そな》わっていることを認識せよ〟との祈《いの》りとともに、暴力《ぼうりょく》に誘惑《ゆうわく》された政治指導者たちへの直接・間接の諫言《かんげん》を込《こ》めています」と認《したた》められていたことに、深く胸打たれました。まさに言論《げんろん》の真価《しんか》を知る人の獅子吼《ししく》です。

詩には人々に真実を気づかせ、警鐘《けいしょう》を打ち鳴らす力《ちから》が凝結《ぎょうけつ》している。そして人間を鼓舞《こぶ》し、賢明《けんめい》にし、高めゆく力が備《そな》わっています。

理事長が強調された「祈《いの》り」と「諫言」こそ、その源泉《げんせん》にほかなりません。

私も、言論は〝正義の宝剣《ほうけん》〟であらねばならない、邪悪《じゃあく》に対する鋭《するど》き牙《きば》がなければならない、との思いを抱《いだ》いてきました。

こうした詩のもつ本然《ほんねん》の力に着目《ちゃくもく》し、韻律《いんりつ》や様式美《ようしきび》よりも、詩に脈《みゃく》打つ思想そのものを重視したのが、アメリカの哲人《てつじん》エマソン*でしたね。

彼は、こう述《の》べています。

「詩は、宝石《ほうせき》をケースに入れて運《はこ》ぶように、文章をのせて運ぶための車ではない(2)」

「詩は、生命をもち、その内容と不可分《ふかぶん》でなければならない(2)」

「自分の賦《ふ》を、言葉をもって書くのではなく、人間によって書く人こそ、真のオルフェウス(詩人)である(2)」と。

まさに、人間の勇敢《ゆうかん》な魂《たましい》という〝楽器〟によって奏《かな》でられてこそ、言葉は人々の心に響《ひび》くものとなるのではないでしょうか。

ところで先ほどは、文学の先生との心の交流も味《あじ》わい深く伺《うかが》いました。ほかに学校時代のことで思い出に残っていることがあれば、お聞かせください。

人間教育の柱

リース　そうですね、中学・高校時代、私が通《かよ》ったのは男子校でした。全員が「勉学」と「音楽」と「スポーツ」に秀《ひい》でることが求められました。かりに何か一つが苦手《にがて》であっても、残りの二つで頑張《がんば》るように促《うなが》されたものです。

このうち音楽については、父から強い影響を受けました。前にもお話ししたように、父は天性《てんせい》のテノールの声に恵《めぐ》まれており、歌うことに喜びを感じ、私たち家族にもその喜びを分けてくれました。

父は、ヘンデル*の「メサイア」やベートーベン*の「交響曲《こうきょうきょく》第九番」をはじめ、合唱の名作の演奏会に何度も出演しました。

私たち家族には、そうした演奏会を聴《き》きにいくことが何よりの楽しみでした。

「将来は、豊《ゆた》かな歌唱力《かしょうりょく》のあるテノール歌手になって舞台《ぶたい》に立ちたい」との夢を抱《いだ》いたこともあり、短い間《あいだ》でしたが、私も父のように聖歌隊《せいかたい》で歌った経験があります。

そのほかにも両親は、よくピアノやバイオリンの演奏会に連《つ》れていってくれました。おかげで音楽や演劇が大好きになり、古い蓄音機《ちくおんき》で父の好きなクラシック音楽のレコードを繰《く》り返しかけては楽しんだものです。

家でピアノを弾《ひ》いたり、ピアノを囲《かこ》んで歌ったりするのが私の趣味《しゅみ》であり、習慣でもありました。バイオリンも長年、本格的に学びました。

またスポーツも、子どもの頃《ころ》から大好きでした。近くの野原を友だちと駆《か》け回ったり、クリケットやサッカーなどをしたりして遊んだものでした。

土曜の午後になると、父に連れられて地元のサッカーチーム「ポーツマスＦＣ」の試合を観戦したことも、懐《なつ》かしい思い出です。

池田　理事長が少年時代に〝心の窓《まど》〟を開き、〝可能性の翼《つばさ》〟を鍛《きた》え育《はぐく》むうえで、お父様の存在は実《じつ》に大きかったのですね。

私も、東京や関西の創価学園の生徒たちに、本分《ほんぶん》である勉学は当然として、社会に生き生きと関心を広げ、心身を健《すこ》やかに鍛《きた》えることの大切さを訴《うった》えてきました。

私自身も時間の許《ゆる》すかぎり、学園の諸行事にも参加し、生徒たちの絵画や書の展示を見て回ったり、演奏や合唱を聴いたりしました。また、皆の健康を願い、一緒《いっしょ》にテニスや卓球をして汗《あせ》を流したり、ラジオ体操をしたりしたものです。

かつて関西の創価学園で行《おこな》われた健康祭（体育大会）で、こんなことがありました。マラソン競技で次々とランナーがゴールしていくなかで、体調を崩《くず》したために、皆から大きく遅れてしまった一人の生徒がいました。

彼は、苦しそうに脇腹《わきばら》を押さえながらも、懸命《けんめい》に前へ前へと進み続けた。全校生徒の大声援に支《ささ》えられ、最後まであきらめずに完走《かんそう》を果《は》たした彼を、私はゴールで出迎《でむか》えました。

ふらふらで今にも倒《たお》れそうでしたが、彼の顔には、「負けじ魂《だましい》」が輝いていた。その健闘《けんとう》を最大に讃《たた》える思いで、私の白バラの胸章《きょうしょう》を彼に付けてあげたのです。

彼は現在、信念の弁護士として活躍しています。最難関《さいなんかん》の司法試験に何度も挑《いど》むなかで、一時は断念《だんねん》しかけたこともあったそうですが、あのときと同じ「負けじ魂」を再び燃やし、見事《みごと》に合格を勝ち取りました。庶民《しょみん》のため、正義のために奔走《ほんそう》しています。

リース　彼にとって、当時のマラソンの思い出が、かけがえのない人生の原点となったわけですね。

何より、池田会長が深い思いをもって創価学園の生徒たちに接してこられたことを知り、教育者の一人として胸が熱くなりました。

二年前の春（二〇〇九年四月）、シドニー平和財団のメンバーとともに、東京の創価学園を訪《おとず》れたときのことが思い起こされます。

なかでも、生徒たちが生き生きと演奏してくれた美しい琴《こと》の音《ね》は、忘れ難《がた》いものでした。いにしえの楽器が現代にまで継承《けいしょう》され、その音色《ねいろ》に触《ふ》れる機会《きかい》を得《え》たことに、私たち一同は感動したものです。

また懇談会《こんだんかい》では、「平和のために、私たちは何をすべきか」といった活発《かっぱつ》な質問の声が上がり、社会問題や国際問題に関心を寄せる生徒たちを頼《たの》もしく思いました。

池田　理事長一行に懇談していただいた生徒たちは、平和への決意をいっそう深めておりました。

関西創価学園の第4回健康祭で健闘した生徒に、自らの白バラの胸章を付けて激励する創立者の池田SGI会長（1985年10月、大阪・交野）
©Seikyo Shimbun

先ほどの「負けじ魂《だましい》」とともに、創価学園における人間教育の柱《はしら》となってきたのが、何のために生き、何のために学ぶのかを追求《ついきゅう》する精神です。

「英知《えいち》を磨《みが》くは　何のため」

「情熱燃やすは　何のため」

「人を愛すは　何のため」

「栄光めざすは　何のため」

「平和をめざすは　何のため」と。

長い人生には、さまざまな困難《こんなん》や試練《しれん》があります。しかし卒業生たちは、この「何のため」との問《と》いかけを胸に自身を磨き、悔《く》いなき使命の人生を歩《あゆ》んでくれています。早いもので、東京校の一期生は、まもなく還暦《かんれき》を迎《むか》える年代です。

リース　いずれの問いかけも、人間として生きるうえで見失ってはならないものですね。そうした精神の基盤《きばん》があってこそ、教育の真価《しんか》はいやまして輝いていくのではないでしょうか。

私が小学生の時、「教育こそ『広がりのある人生』を歩む唯一《ゆいいつ》の道である」と常《つね》に力説《りきせつ》していた女性の校長先生がいたことを覚《おぼ》えています。この考えは、私の両親の人生の姿勢とも相《あい》まって、私の心に深く残っています。

父と同じく、母も早い時期に学校へ通《かよ》うのをやめていました。当時のイギリスでは、上流階級出身の女子でなければ、正規の教育など受けられなかったのです。

ゆえに母は、子どもたちには何としても十分な教育を受けさせて、自分よりもずっと幅広《はばひろ》い人生の選択肢《せんたくし》を与《あた》えたいと心に決めていました。

母は、とても働《はたら》き者で愛情深い人でした。体は小柄《こがら》でしたが、意志と価値観は確固《かっこ》として揺《ゆ》らぎませんでした。

とくに父が戦争で重傷を負《お》ってからは、さらに自分がしっかりしなくてはと決意し、家族を気丈《きじょう》に支《ささ》えてくれたのです。

母は、満足な教育を受けられなかったことに愚痴《ぐち》を言うどころか、生涯《しょうがい》にわたって「教育への情熱」と「燃えるような向上心」を失いませんでした。

七十代半《なか》ばにしてフランス語講座に通い、八十代からは自宅の庭に育つ草花や木々や果実のことをイラスト付きで綴《つづ》った本の執筆《しっぴつ》を始めたほどです。

そのほか、高齢者の世話などにも熱心に取り組み、優《すぐ》れたまとめ役として、また発想力の豊《ゆた》かなリーダーとして、周囲の人々の尊敬《そんけい》を受けていました。

母も父も、「自分の家族さえよければいいというのは利己《りこ》主義だ」という信念の持《も》ち主《ぬし》で、自《みずか》ら進んで地域社会に奉仕《ほうし》していたのです。

「個人の問題は政治の問題でもある」という私の信念は、間違《まちが》いなく両親の姿に影響を受けています。人間関係における振《ふ》る舞《ま》いは、政治的価値観や信念と別々のものではないのです。

人々に尽くす貢献の人生

池田　本当にその通りですね。

政治をはじめ社会が直面《ちょくめん》する問題は、利己主義の蔓延《まんえん》に起因《きいん》するものが少なくありません。そうした風潮《ふうちょう》を改善《かいぜん》するためには、理事長のご両親が身をもって示されたように、自らの姿で地域を明るく照らしながら、人間性輝く花園《はなぞの》を広げていくことが欠かせないと思います。

生涯《しょうがい》教育、生涯学習、そして生涯貢献《こうけん》の道を歩《あゆ》まれた素晴《すば》らしい正義のお父様であり、慈《じ》愛《あい》のお母様であられます。

〝創価教育の父〟である牧口初代会長も、理事長のご両親と共通する信条《しんじょう》を、教育の目的の根幹《こんかん》に据《す》えて、こう訴《うった》えていました。

「自分だけが仕合《しあわ》せであれば、他は如何《どう》でもよいという利己主義の幸福ではなくて、その中心に自分が居《い》るにせよ、吾々《われわれ》の生活は社会と共存共栄《きょうそんきょうえい》でなくては、暫《しばら》くでも真の安定は得《え》られない(3)」「真の幸福は、社会の一員として公衆《こうしゅう》と苦楽《くらく》をともにするのでなければ得る能《あた》わざるもの(3)」と。

とくに人生の基礎を築《きず》く子ども時代に、周囲の大人から〝率先《そっせん》して人々に尽《つ》くす生き方〟を学び、自らも実践《じっせん》する経験を積《つ》むことが重要になると考えていたのです。

実際、牧口会長は関東大震災《だいしんさい》*（一九二三年九月）の際には、校長を務《つと》めていた小学校の生徒や卒業生に、援助物資を集めて被災者《ひさいしゃ》に届けるボランティア活動を呼びかけました。

こうした取り組みに対して、地域行政の関係者や校長会の面々は、〝独断《どくだん》的な行動ではないか〟と冷《ひ》ややかな視線を向けたといいます。しかし、牧口会長は意《い》に介《かい》さなかった。苦しむ人々を放ってはおけないとの一心《いっしん》だったからです。

何より、活動の意義は、参加した子どもたちの瞳《ひとみ》の輝きが物語っていました。友だちと一緒《いっしょ》に荷車《にぐるま》を引いて、被災を免《まぬか》れた家々を一軒《いっけん》一軒回りながら、被災者に届ける衣類《いるい》や学用品《がくようひん》などを喜々《きき》として集めていった様子が、当時の子どもたちの作文にも綴《つづ》られています。

「はじめは何だか恥《は》ずかしかったが、これもお気《き》の毒《どく》な人々のためにと思えば何ともない」

「たくさん集まった品物を車に積《つ》んで、校内に戻ってきた時には、私たちは子どもながら、何となくうれしく感ぜずにはいられなかった」と。

牧口会長は、目指《めざ》すべき地球社会のビジョンとして「人道的競争《じんどうてききょうそう》」の理念を掲《かか》げましたが、その核《かく》にあるものこそ、「自他共《じたとも》の幸福」のために学び行動することだったのです。

リース　他の人々が困っていたり、苦しんだりしているときに、手を差し伸《の》べることができるかどうか——その一点に、人間の真価《しんか》は現《あらわ》れると思います。

それには、社会的な地位や立場など関係ありません。困っている人々のために、無私《むし》の心で行動を起こせるかどうか。そこに、人格と信念が表《あらわ》れます。

私の母は、地域社会に奉仕《ほうし》するリーダーとしての役割を長年にわたって果《は》たしたのですが、それも私たち家族はもとより、自身の両親の面倒《めんどう》を見ながらの活動でした。母は、他の人々のために無償《むしょう》で働《はたら》き続けたのです。

その意味において母は、牧口会長が提唱《ていしょう》された「人道的競争」の理念を体現《たいげん》していたと思

東京・白金尋常小学校の校長時代、子どもたちと写真に納まる牧口初代会長（左から2人目）　©Seikyo Shimbun

います。

私は、こうした無私の行為こそ、正義の構成要素であると考えてきました。まさに母の行動は、ドイツの劇作家ブレヒト*の「正義は民衆にとってのパンである」との言葉と響《ひび》き合うものだったのです。

正直に申し上げますと、私にとっては、「正義」に根差《ねざ》した価値観のほうが、「平和」に対する理想よりも先にありました。

両親は、クリスチャン（キリスト教徒）として「公平性《こうへいせい》」や「正義」に対して強い信念をもっており、我《わ》が家ではよく政治が話題となりました。

子どもの頃《ころ》、両親が読んでいた新聞も、聴《き》

いていたラジオ番組も、第二次世界大戦で打撃《だげき》を受けたイギリスを、いかに復興《ふっこう》するかといった政治的な内容に関するものが多かったことを覚《おぼ》えています。それらはまさに、すべての人々に対する「公平性《こうへいせい》」という課題に直結《ちょっけつ》するものでした。

池田　理事長は、一貫《いっかん》して、社会の弱い立場にある人々や、苦しんでいる人々のために、世界各地で献身《けんしん》的な活動を続けてこられました。その原点に、偉大《いだい》なご両親の信念の生き方があったことが、よくわかります。

理事長が、人々に貢献《こうけん》しゆく尊《とうと》い使命の道に進まれたのは、大学院を卒業されてからと伺《うかが》っています。学生時代に最も興味をもった分野は何でしたか。また、影響を受けた方はいらっしゃいますか。

尊敬の念を抱いた人々

リース　大学では、政治学と歴史を専攻《せんこう》しました。時事《じじ》問題に対する解釈が歴史からどのような影響を受けるのか、興味をもっていました。
研究を進めるなかで、歴史家プレビテ＝オートン*の学識《がくしき》の深さと、古代史においても細部《さいぶ》に大変な注意を払《はら》う姿勢に感銘《かんめい》を受けたものです。

大学院に進んでからは、社会福祉《ふくし》理論学者のリチャード・ティトマス*教授に影響を受けました。ティトマス教授の研究や著作《ちょさく》は、戦後の復興期にあって、ヨーロッパ諸国だけでなく、ソ連の福祉国家システムの構築にも大きな影響を与《あた》えました。

実《じつ》は、教授は正規の大学教育をまったく受けておらず、学位《がくい》もありませんでした。にもかかわらず、第一級の学者として、国家の社会政策に多大《ただい》な影響を及ぼしてこられた業績《ぎょうせき》に、驚《おどろ》きと尊敬《そんけい》の念を抱《いだ》かずにはいられませんでした。

そのティトマス教授の有名な著作の一つに、各国の献血《けんけつ》組織を研究した『贈与関係《ぞうよ》』があります。ここでいう「贈与」とは、何の見返りや報酬《ほうしゅう》も期待することなく人々に与える行為を意味します。

教授は、たとえ見知らぬ人に対しても貢献していく「贈与」の関係性こそが、互《たが》いに支《ささ》え合う家庭や緊密《きんみつ》な地域社会、そして市民社会の基盤《きばん》をつくっていくと訴《うった》えたのです。

池田　大事な指摘《してき》ですね。

仏法では、真心《まごころ》の贈与を「布施《ふせ》」とも「喜捨《きしゃ》」とも言います。仏典には、「人のために火をともせば・我《わ》がまへあきらか《明》なるがごとし」（『日蓮大聖人御書全集』〈創価学会版〉一五九八ページ。以下『御書』と略す）とも説《と》かれています。

〃他者のために〃との一念で行動の炎《ほのお》を燃やせば燃やすほど、その光は周囲の人々の心を明るく照らすだけでなく、自身の尊厳《そんげん》を照らし返す光となり、自《みずか》らの使命の人生を大きく輝かせる光となっていくという教えです。

師の戸田第二代会長が、そうした仏法の本義《ほんぎ》を踏《ふ》まえつつ、信仰者が貫《つらぬ》くべき生き方について、わかりやすく教えてくださったことがあります。

「自分が幸福になるぐらいは、なんでもない。かんたんなことです。他人まで幸福にしていこうというのが信心の根底《こんてい》です(4)」と。

リース　とても重要な考え方ですね。

ティトマス教授の信念も、「社会政策は常《つね》に、エゴイズムに対する利他《りた》主義の勝利となるものでなければならない」との一点にありました。

また、私の大学院時代に、自身の成長にとって知性の面から最も影響を与《あた》えてくれたのが、社会学者のレイモンド・イルズリー教授でした。

教授は私に、研究を進めるうえでの手法を指導して、博士課程《かてい》への道を開いてくれました。のみならず、社会正義のための行動は精力的な研究や執筆《しっぴつ》活動と両立できることを、身をもって示してくださったのです。

この二人の教授と並《なら》んで刺激《しげき》を受けたのが、〝コミュニティー・オーガナイズ（地域組織化運動）の祖《そ》〟として知られるソウル・アリンスキー*の著作《ちょさく》と運動でした。アメリカ各地で貧困《ひんこん》に苦しむ人々の状況を改善《かいぜん》するための組織づくりに取り組んだ人物です。

池田　よく存じ上げています。

地域組織化運動といえば、アメリカのオバマ*大統領も、青年時代にシカゴで三年間ほど活動に携《たずさ》わっていたことは、よく知られています。アリンスキーの後継者《こうけいしゃ》たちと行動をともにし、地域社会に貢献《こうけん》するなかで多くのことを学んだようです。

アリンスキーが、この運動に取り組むようになったきっかけは、大恐慌《だいきょうこう》による混乱《こんらん》が続く一九三〇年代のアメリカで悲惨《ひさん》な生活を送る人々の姿を目《ま》の当《あ》たりにして胸を痛めたことと、自身も貧困に苦しんだ体験が大きかったといわれていますね。

――彼は当時、大学を卒業したばかりで、優秀な成績を修《おさ》めていたにもかかわらず、何の職にも就《つ》けず、毎日の食事にも事欠《ことか》くありさまだった。

しかし幸運にも、大学院で学ぶ奨学金《しょうがくきん》を得《え》ることができ、犯罪学を専攻《せんこう》して、社会の底辺《ていへん》に追いやられた人々の状況を研究するようになる。

その後も、犯罪学の研究者として州の監獄《かんごく》で勤務するなかで、なぜ人々が犯罪に走ってしまうのか、またそのような事態を防《ふせ》ぐためにはどうしたらよいのかを、真剣に考えるようになった——と。(5)

理事長も大学院を卒業後、イギリスでは保護観察官を、またカナダでは仮釈放者《かりしゃくほうしゃ》に対する監察官《かんさつかん》を経験されています。こうした仕事に携《たずさ》わるようになったきっかけは何でしたか。

社会の悪に打ち勝つ民衆の連帯を

リース 大学院で研究を進めるなかで、〝法を犯《おか》してしまった人々を罰《ばっ》するのではなく、助ける方法はないだろうか〟と考え始めた時期がありました。そんな折、両親が暮《く》らす地域のソーシャルワーカー（社会福祉《ふくし》事業に従事《じゅうじ》する人）が、『保護観察——二度目のチャンス』と題する本を紹介してくれたのです。

読み進めていくうちに、刑罰《けいばつ》に対する嫌悪《けんお》が募《つの》るようになり、どの国であれ、死刑はあってはならないとの怒《いか》りを覚《おぼ》えるようになりました。

また禁固刑《きんこけい》についても、社会的、財政的に莫大《ばくだい》なコストがかかるだけでなく、更生《こうせい》の方法としても効果が薄《うす》いとの分析《ぶんせき》があることを知りました。

その後、私の博士課程《かてい》の研究を、イギリスの内務省が助成《じょせい》してくれることになり、社会学から法学、社会政策、心理療法《りょうほう》、ケースワークまで幅広《はばひろ》く学び、訓練を受ける機会《きかい》を得ました。

それで、保護観察官や仮釈放者の監察官の仕事に就き、地域組織化の活動にも取り組むようになったのです。

当時、こうした仕事や活動に携わる仲間から得た連帯感《れんたいかん》や応援、そしてユーモア溢《あふ》れる交流は、鮮《あざ》やかな思い出となって、今も胸に残っています。

その仲間たちのほぼ全員が、〝問題を起こしてしまう人〟の背景には、十分な教育が受けられなかったために社会適応《てきおう》能力に乏《とぼ》しかったり、貧困《ひんこん》などの過酷《かこく》な生活環境があったりすると考えていました。

私も、ロンドンとカナダで、ソーシャルワーカーとしての経験を積《つ》むなかで、人々の置かれた境遇《きょうぐう》の差が人生を大きく左右することを痛感《つうかん》しました。

例《たと》えば、罪《つみ》を犯《おか》して刑務所《けいむしょ》への道を歩《あゆ》んでしまうのか、それとも大学に入って自身の可能性を追求《ついきゅう》する道に進むことができるのか、といった具合《ぐあい》にです。

また、すべての人々を平等に遇《ぐう》すべき法律や教育などの社会制度が、逆に不平等と不公正《ふこうせい》を温存《おんぞん》している面があることに気づきました。

私は、一九六〇年代に、アメリカで行《おこな》われた貧困撲滅《ひんこんぼくめつ》キャンペーンに参加したことがあります。そのとき、人種差別やその有害な考え方が、いかに人的損害《そんがい》をもたらすかを目《ま》の当《あ》たりにしました。

私は、責任ある政治家たちが、そうした不正義に立ち向かおうとしていないことに強い憤《いきどお》りを感じました。しかし当時、まだ経験の浅い一活動家の私には、どのような戦略を取ればいいのか、わかりませんでした。

池田　多くの人々を苦しめる貧困や人権抑圧《よくあつ》を根本的に解決するには、どうすればよいのか。そのためには、民衆一人一人が目覚《めざ》め、連帯《れんたい》して行動する以外にない――。そう訴《うった》えたのが、

若き日のリース理事長（右）。両親と妹（上段）とともに

先ほどのアリンスキーでした。リース理事長の行動も、そうした信念に連《つら》なるものですね。

アリンスキーは、自《みずか》らの活動経験を踏《ふ》まえてまとめた『市民運動の組織論』で、次のように述《の》べています。

「民主主義を発展させるために必要な、また、生活を不幸かつ不安定にするような問題を解決するために必要な巨大な力《ちから》は、民衆組織または民衆団体から、あるいは民衆自体からのみ生《しょう》ずる[5]」

「民衆がみずから行動することの非常なる重要性は、いくら強調してもしすぎることのないほど重要なものである[5]」

「自分自身の知性と努力を通《つう》じて物事に成功

することは、尊厳《そんげん》をもって生きることにほかならない。それは、人間として生きることである[5]」

深い共鳴《きょうめい》を禁《きん》じえない洞察《どうさつ》です。

リース　いずれも、アリンスキーの思想の核心《かくしん》部分を象徴《しょうちょう》した言葉ですね。

彼は、人間の尊厳が守られ、平等と正義と自由が促進《そくしん》される社会をつくるには、民衆が自身の力《ちから》を主体的に発揮《はっき》していくことが欠かせないと考えました。そして、その民衆の力をもって、よりよき未来を一歩一歩、勝ち取っていく必要性を訴《うった》えたのです。

池田　ゆえにアリンスキーは、民衆を踏《ふ》み台《だい》にするファシズム*を絶対に許《ゆる》さず、厳《きび》しく批判《ひはん》しました。そして、その再来《さいらい》を防《ふせ》ぐ最強の障壁《しょうへき》として、目覚《めざ》めた民衆の連帯《れんたい》と信頼の絆《きずな》を築《きず》こうとしました。

牧口初代会長は、軍国主義が台頭《たいとう》し始めた八十年前（一九三〇年）の日本において『創価教育学体系《たいけい》』を発刊《はっかん》し、混迷《こんめい》を深める社会に警鐘《けいしょう》を鳴らしました。

「強くなって益々善良《ますますぜんりょう》を迫害《はくがい》する悪人に対し、善人は何時《いつ》までも孤立《こりつ》して弱くなって居《い》る。一方が膨大《ぼうだい》すれば他方は益々畏縮《いしゅく》する。社会は険悪《けんあく》とならざるを得《え》ないではないか[6]」と。

そして、弟子の戸田第二代会長とともに創価教育学会（のちの創価学会）を創立したのです。理論や理屈だけでは、戦争をはじめとする〝社会の悪〟を押し止《とど》めることはできない。ゆえに民衆の大地に根を張った、何ものにも壊《こわ》されない〝平和と正義の連帯〟をつくろう――これが、創価学会の創立に込《こ》められた二人の師の心でした。

牧口会長が、あるとき一人の演劇青年にかけた励《はげ》ましの言葉があります。それは、「劇よりも更《さら》に大きなこの世《よ》の劇を何《なん》と見る」との問《と》いかけでした。

すなわち、不幸や苦難に溢《あふ》れた現実社会を人生の舞台《ぶたい》として、悩《なや》み苦しむ人々を平和と幸福の人生へと導《みちび》いていく。これこそ最高に価値ある〝使命の劇〟ではないか、と励まされたのです。

私どもSGIは、この牧口会長と戸田会長の精神を受け継《つ》ぎ、〝目覚めた民衆の連帯〟を百九十二カ国・地域に広げてきました。そして、一人一人がよき市民として地域に励ましと希望の輪を広げるとともに、さまざまな団体と協力して、平和・文化・教育の運動を進めています。

今後も、リース理事長をはじめ「自他共《じたとも》の幸福」を目指《めざ》す世界の知性と連帯して、〝民衆の民衆による民衆のためのエンパワーメント（内発《ないはつ》的な力《ちから》の開花）運動〟に全力で取り組んでいきたいと思っております。

3 オーストラリアの風土と魅力

非暴力に基づく精神闘争

池田 〝多様性《たようせい》〟は豊《ゆた》かな力《ちから》の源泉《げんせん》です。

〝多様性の国〟オーストラリアは、さまざまな文化が互《たが》いに触発《しょくはつ》し合い、時に融合《ゆうごう》しながら、多彩《たさい》な魅力《みりょく》と活力《かつりょく》を生み出しています。

シドニーでオリンピック、パラリンピックが開催された二〇〇〇年の一月、シドニー都市圏《けん》にあるオーバン市*のリー・ラム市長を、私どもの創価大学にお迎《むか》えして親しく語り合いました。

リー・ラム市長は、ベトナムのご出身です。少女時代にベトナム戦争*を逃《のが》れて大変な苦労をされた。そして、マレーシア、カナダ、そしてオーストラリアへと移住《いじゅう》されました。開かれた世界市民としての気風《きふう》をたたえられた市長の姿に象徴《しょうちょう》されるように、オーバン市は人口の半分以上が外国の出身者で、「共生《きょうせい》と調和《ちょうわ》」を目指《めざ》す都市と伺《うかが》いました。

オーバン市のオリンピック・パークには、私どもオーストラリアSGIの会館があります。メンバーも多彩《たさい》な文化的背景をもち、皆がよき市民として、社会の発展のために貢献《こうけん》しております。

多種多様《たしゅたよう》な文化の顔をもつオーストラリアは、無限《むげん》の可能性に満《み》ちた、希望の大国《たいこく》です。

リース理事長が、この希望の天地《てんち》オーストラリアに、生まれ故郷のイギリスから渡られたのは、いつ頃《ごろ》だったのでしょうか。

リース　あれは一九七八年、ちょうどサッチャー*政権誕生《たんじょう》の前年のことでした。

当時、私は、スコットランドにあるアバディーン大学で働《はたら》いていました。

学問の師であるレイモンド・イルズリー教授が、同大学で欧州最大級の社会科学研究組織を創設したため、私は大学院で博士号を取得《しゅとく》した後、しばらくアバディーン大学に残っていたのです。

オーストラリア・オーバン市のリー・ラム市長（右）から名誉市民証を授与される池田SGI会長（2000年1月、東京・八王子）　©Seikyo Shimbun

そんな折、シドニー大学の人文《じんぶん》・社会科学学部で社会福祉《ふくし》学科の教授を募集《ぼしゅう》していることを知りました。あの頃、イギリスやオーストラリアの有名大学の教授職は、大々的な募集をしたうえで、各国の応募者《おうぼしゃ》のなかから選《せん》抜《ばっ》していました。親しい同僚《どうりょう》から「君も、ぜひチャレンジすべきだ」と後押《あとお》しされた私は、意《い》を決《けっ》して応募することにしたのです。

その結果、採用《さいよう》が決まり、イギリスを離れることになりました。新天地のオーストラリアで、それも国内最古《さいこ》のシドニー大学の教壇《きょうだん》に立つことは、私にとって〝新たな冒険《ぼうけん》〟でした。その〝冒険〟は、今も続いています。

実《じっ》は、もう一つ、オーストラリアに移《うつ》ろう

と決めた理由がありました。兄が、すでに十年ほど前に渡豪《とごう》していて、そのことが少なからず影響したのです。

池田　もともと深い縁《えにし》があったのですね。

私が、憧《あこが》れのオーストラリアを訪問したのは半世紀前になります。理事長のお兄様が渡豪された少し前の、一九六四年五月でした。

貴国への第一歩を印《しる》した場所はシドニーでした。六日間ほどの滞在《たいざい》でしたが、各地に誕《たん》生《じょう》していた草創《そうそう》のSGIメンバーを激励《げきれい》するために、メルボルンやブリスベンにも足を運《はこ》び、有名なゴールド・コースト（黄金海岸《おうごんかいがん》）にも立ち寄りました。

美しい砂浜《すなはま》が延々《えんえん》と続く海岸線は実《じつ》に壮観《そうかん》で、岸辺《きしべ》を洗う波のきらめきは、今も瞼《まぶた》に残っています。本当に素晴《すば》らしい場所で、いつか再び青年部のメンバーと訪《おとず》れたいと感じたことを懐《なつ》かしく思い起こします。

滞在中に、ABC（オーストラリア放送協会）のテレビ局からインタビュー取材を受けました。ABCといえば、リース理事長も、ABCのラジオ番組でキャスターを務《つと》められたことがあるそうですね。

オーストラリアを訪問した池田SGI会長は、現地メンバーを激励するかたわら、シドニーのタロンガ動物園などを視察（1964年5月） ©Seikyo Shimbun

リース　ええ、その通りです。ラジオ・インタビューで「『正義に基《もと》づく平和』の方法と意義」を取り上げました。

平和研究に取り組むかたわら、ラジオ番組を通して、平和についての意識を人々に広く啓発《けいはつ》する活動を続けたのです。

いうまでもなく、テレビやラジオや新聞に代表されるマスメディアは、人々に大きな影響を与《あた》える存在ですが、その内容の多くは攻《こう》撃《げき》的で、どうも暴力《ぼうりょく》的なものばかりです。そこには「〝暴力〟を描《えが》いた作品には集客《しゅうきゃく》力《りょく》がある」といった、ハリウッド映画界にありがちな発想の影響もあります。

アメリカには殺伐《さつばつ》とした「銃《じゅう》文化」があり

ますね。それがメディアの攻撃《こうげき》的なインタビューや、あからさまに人権を踏《ふ》みにじる人種差別的、原理主義的な思想の増長《ぞうちょう》と、どこかでつながっている気がしてなりません。こうした傾向は、多かれ少なかれ、オーストラリアや日本でも見られるのではないでしょうか。

これに対抗するには、教育界や宗教界、政界や芸術関係、そしてジャーナリズムの世界において、それぞれのリーダーたちが、「本当の意味で人生に豊《ゆた》かな価値をもたらすのは、非《ひ》暴力《ぼうりょく》の言葉と実践《じっせん》にほかならない」と声を上げていくことです。

非暴力や社会正義の闘争《とうそう》についての報道や、そこに表現される優《すぐ》れた人間性が、メディアを席巻《せっけん》している暴力的な内容に取って代《か》わるべきです。テレビやラジオも、平和や非暴力の歴史を取り上げることで、戦争を美化《びか》する映画や番組に魅了《みりょう》される人々の心を変えることができるはずです。

例《たと》えば、SGIの皆さんが文化や教育に関する活動を通して成《な》し遂《と》げてきたこと、とくにマハトマ・ガンジー*やマーチン・ルーサー・キング博士*と同じく、創価学会の牧口会長、戸田会長、池田会長という三代の会長が貫《つらぬ》いてきた非暴力に基《もと》づく精神闘争を、もっと取り上げ、紹介すべきだと思うのです。

人間主義の言論を目指して

池田　深いご理解に感謝いたします。

理事長が指摘《してき》された暴力に対する意識変革《へんかく》は、まさに喫緊《きっきん》の課題にほかなりません。博士が非暴力の言論《げんろん》の力《ちから》で、平和への意識啓発《けいはつ》を進めてこられたことに、心からの敬意《けいい》を表《ひょう》します。私どもSGIも、希望の言葉、勇気の言葉を送りながら、多くの人々を励《はげ》まし、心と心を結《むす》ぶ運動を続けてきました。

一九五一年に創刊した創価学会の機関紙「聖教新聞」に続くかたちで、私がアメリカでの英文機関紙の創刊を提案《ていあん》したのは、貴国を初訪問した折（一九六四年）のことでした。

アメリカの機関紙には、古代ローマにおいて貴族の横暴《おうぼう》から民衆を守った護民官《ごみんかん》「トリビューン」*の名に、正義の言論による民衆厳護《げんご》の意義を込《こ》めて、「ワールド・トリビューン」と名付《なづ》けました。こうして現地メンバーを中心に準備を進め、三カ月後の一九六四年八月に創刊を果《は》たしました。これが、私どもの海外初の機関紙となったのです。

以来、アジア、オセアニア、ヨーロッパ、アフリカ、北米、南米とすべての大陸で機関紙

（誌）を発行しており、その数は五十を超《こ》えています。

名称も国ごとにさまざまで、カナダの「ニュー・センチュリー（新世紀）」やフィリピンの「パガサ（希望）」をはじめ、イタリアの「イル・ヌオーヴォ・リナッシメント（新しいルネサンス）」等々——多彩《たさい》なものとなっています。

そして、オーストラリアSGIの機関誌の名は「インディゴ（青藍《せいらん》）」です。これまでリース理事長にも、大変に啓発《けいはつ》的なエッセイなどを寄せていただき、心から感謝しております。

リース　今年（二〇一一年）の三月、日本は大地震や津波、福島第一原発《げんぱつ》の事故などに見舞《みま》われました。創価の機関紙（誌）には、この大災害《だいさいがい》がもたらした影響についても論じていただければと願っております。

大震災《だいしんさい》によって、日本の人々は「人道上《じんどうじょう》の危機《きき》」に直面《ちょくめん》し、厳《きび》しい試練《しれん》に晒《さら》されています。その意味で、創価の機関紙（誌）は必要とされる情報を伝え、希望を届けるという重大な責《せき》務《む》を担《にな》っていると思うのです。

ただ、今日《こんにち》のようなデジタル時代に、新聞や雑誌を「生きたメディア」として維持《いじ》することが、いかに難《むずか》しいかも、よく承知《しょうち》しております。今回のように、国家的な危機ともいうべ

オーストラリアSGIの機関誌「インディゴ」

き状況において多大《ただい》な責務のある場合には、なおさらです。

池田　おっしゃる通りですね。

新聞を発行することが、どれほど難《なん》事業か。六十年前（一九五一年）、師の戸田第二代会長とともに「聖教新聞」を創刊したときの悪戦《あくせん》苦闘《くとう》が思い起こされます。

最初はスタッフも少なく、二十代だった私は、戸田会長の指揮の下《もと》で懸命《けんめい》に編集作業に携《たずさ》わりました。新聞を近所の人々に紹介し、配《くば》って歩いたことも懐《なつ》かしい思い出です。

新聞の紙面に生き生きとした生命力を漲《みなぎ》らせていくためには、不断《ふだん》の努力と研鑽《けんさん》が欠かせません。

「聖教新聞」は創刊以来、人間主義の言論《げんろん》によって社会的使命を果《は》たしていくとの信念で編集されてきました。

一般の新聞には、世間の出来事や事件を大きく取り上げ、問題点を指摘《してき》し、警鐘《けいしょう》を鳴らすという重要な役割があります。その一方で、人間社会の負《ふ》の部分や暗部《あんぶ》をクローズアップしすぎる面があることも否《いな》めません。

「聖教新聞」は、社会を支《ささ》える一人一人の善性《ぜんせい》に光を当《あ》てつつ、希望と勇気のメッセージを発信し続けてきました。

人間には誰《だれ》にも無限《むげん》の可能性があり、苦難や試練《しれん》を乗り越《こ》える大いなる力《ちから》が、本来備《そな》わっています。そして無名の民衆こそ、よりよき社会を創造《そうぞう》しゆく時代変革《へんかく》の担《にな》い手にほかなりません。

今回の東日本大震災《だいしんさい》においても、私どもの「聖教新聞」は総力をあげて、未曾有《みぞう》の悲劇《ひげき》に立ち向かう被災者《ひさいしゃ》の方々に連帯《れんたい》の声を送ってきました。

震災の直後から「聖教新聞」に対して、「元気になる」「生きる心の糧《かて》になる」など、被災地域の方々からも多くの感謝の声をいただいております。

「聖教新聞」のモットーは、民衆の幸福と社会の発展、そして世界の平和のために尽《つ》くしゆくことです。この原点に常《つね》に立ち返りながら、紙面の充実と向上を目指《めざ》していきたいと思っております。

あるとき、師の戸田会長の語った言葉が、今も耳朶《じだ》を離れません。

「世《よ》の中が不幸であることはよくわかる。では、どうすれば幸福になれるか。誰も、何も答えていない。しかし、聖教新聞には幸福への道が書かれている。こんな新聞はほかにはありません」と。

私自身も、その心を胸に、本年（二〇一一年）で創刊六十周年を迎《むか》えた「聖教新聞」に、小説『新・人間革命《かくめい》』や随筆《ずいひつ》などの執筆《しっぴつ》を続けております。

リース　実《じつ》に素晴《すば》らしいことです。

平和提言《ていげん》を読んでも感じることですが、池田会長はいつも、青年のようなエネルギーに満《み》ち、楽観《らっかん》主義に裏打ちされ、詩的な表現に溢《あふ》れた文章を綴《つづ》られていますね。多くの可能性のなかから〝最良の世界〟を希求《ききゅう》し、そのあり方を論じる内容はとても啓発《けいはつ》的です。

「聖教新聞」や各国のＳＧＩの機関紙（誌）も、池田会長の実践《じっせん》と同じく、世界で起こりうる多くの可能性のなかから、より平和で、より幸福で、より人間的な社会を希求《ききゅう》する精神に支《ささ》えられているのですね。

豊かな大自然と共生の精神

池田　過分《かぶん》なお言葉、重《かさ》ねて感謝いたします。

ところで、一月二十六日は、「オーストラリアの日（建国記念日）」ですね。この日は、私どもＳＧＩの発足《ほっそく》の日でもあり、不思議《ふしぎ》な縁《えにし》を感じ、親しみを覚《おぼ》えます。

オーストラリアは、日本でも非常に人気が高い国の一つです。近年では、観光やビジネス、留学や研修などで、年間約四十万人もの人々が貴国を訪《おとず》れるまでになっています。私が訪問したときは、両国を結《むす》ぶ直行便《びん》もなく、交流はまだまだ進んでいない時代でしたから隔世《かくせい》の感があります。

現在、日本の地方自治体が交流を結んでいる世界の姉妹都市は、アメリカ、中国、韓国に次いで、オーストラリアが多く、その数は百を超《こ》えています。

ところで、「オーストラリア」という国名は、〝未知《みち》の南方《なんぽう》大陸〟を意味するラテン語の

「テラ・アウストラリス・インコグニタ」に由来《ゆらい》するそうですね。

古代ギリシャの時代から、南半球にも北半球と同じような広大《こうだい》な大陸があると信じられていて、ヨーロッパ人が十七世紀に上陸し始めた頃《ころ》に、その伝説上の大陸にちなんで名付《なづ》けられた、と。

リース理事長は、北半球の海洋国イギリスから、南半球の広大な大陸国家オーストラリアに移《うつ》られた際、自然や風土《ふうど》などで最も大きな違《ちが》いを感じられた点は何でしたか。

リース　シドニーで暮《く》らすようになってまず受けた印象は、曇《くも》り空《ぞら》が多いロンドンとは違い、輝く陽光《ようこう》に恵《めぐ》まれた場所だということでした。年間を通《つう》じて温暖《おんだん》な気候ですが、降雨量《こううりょう》はかなり多いですね。

それに何といっても大きな違いは、季節が北半球と〝逆〟になることでしょうか。クリスマスを迎《むか》える十二月は、イギリスや日本では冬の寒い季節です。しかし、オーストラリアでは十二月は真夏にあたります。ですから、半袖《はんそで》・半ズボン姿のサンタクロースを街の中で見かけたりします（笑）。

またオーストラリアでは、部屋の日当《ひあ》たりがよいのは「北向き」で、北風のほうが暖《あたた》かいのです。

池田　それでは、イソップ物語*の「北風《きたかぜ》と太陽」の話も、ストーリーが変わってしまいますね。北風が吹くと、暖《あたた》かすぎて旅人《たびびと》は上着《うわぎ》を脱《ぬ》いでしまう（笑）。

近年、この季節の違《ちが》いを活用《かつよう》して、オーストラリアから北海道などに、スキー旅行などで来日する観光客が増えています。私の北海道の友人たちも、オーストラリアの方々に深い親しみを抱《いだ》いています。こうした面でも交流が進めば、両国の友好と相互《そうご》理解が深まります。

オーストラリアの景勝地《けいしょうち》で、日本人の間《あいだ》でも人気が高く、よく知られているのが、クイーンズランド州の沿岸《えんがん》にある世界最大の珊瑚礁《さんごしょう》といわれるグレート・バリア・リーフ*です。

貴国には、ロード・ハウ島群*やフレーザー島*など、ユネスコ（国連教育科学文化機関）の世界遺産《いさん》*（自然遺産）が、数多くありますね。

リース　ええ。フレーザー島をはじめ、オーストラリアの自然は、息をのむような美しい所ばかりです。

とくに私は、グレート・バリア・リーフの美しさに魅了《みりょう》されて飽《あ》きるということがありません。実《じつ》は、北米のグランド・キャニオン*など世界の絶景《ぜっけい》をほかにも見ていましたから、グ

世界最大の珊瑚礁グレート・バリア・リーフでは、色鮮やかな魚が群れ泳ぐ
©AFLO

レート・バリア・リーフといっても、期待するほどではないかもしれないと思っていたのです。

ところが実際は、その景観《けいかん》に圧倒《あっとう》されました。ターコイズブルーの海、数々の鮮《あざ》やかな色を身にまとった魚たち、そして多彩《たさい》な珊瑚が、海中で幻想《げんそう》的な世界を織《お》り成《な》しています。誰《だれ》も想像がつかないような驚《おどろ》きの別世界が広がっているのです。

私が最も驚嘆《きょうたん》するのは、〝オーストラリアの赤い心臓〟と呼ばれるウルル*です。

ウルルは、周囲約十キロに及ぶ大きさですが、一つの岩塊《がんかい》でできています。六億年前に海底《かいてい》の堆積《たいせき》によって形成され、四億年を超《こ》す浸食《しんしょく》と風化《ふうか》によって現在の形になったといわれています。鉄分《てつぶん》が多く含まれているため、表面が酸化《さんか》して赤茶色《あかちゃいろ》を帯《お》びています。太陽の光によってその色彩《しきさい》は、茶、赤、黒と、刻々《こっこく》と変化していきます。

少しでも思慮深《しりょぶか》い人ならば、あの広大《こうだい》な砂漠《さばく》に立ったとき、過ぎ去った歳月《さいげつ》のもつ力《ちから》と、先住民《せんじゅうみん》アボリジナル*の人々の「夢の時代*（アルチェリンガ）」が遺《のこ》したものに敬意《けいい》と感謝の念を抱《いだ》くはずです。

それは、先祖伝来《せんぞでんらい》の土地を守り続けてきたアボリジナルの人々への敬意、そしてオーストラリアの真髄《しんずい》を目にし、呼吸できることへの感謝です。

このことは、「キャプテン・クック*による発見」をオーストラリアの起源《きげん》とする、ヨーロッパの誤《あやま》った歴史観に対して、あえて言っておきたい。つまり、一七七〇年にイギリスの海軍士官《しかん》ジェームズ・クックが上陸し、探検《たんけん》してから、オーストラリアの歴史が始まったわけでは決してないのです。それよりもはるか昔、一説によると五万年以上も前から、アボリジナルの祖先《そせん》は暮《く》らしていました。

池田　グレート・バリア・リーフも、ウルルも、残念ながら訪《おとず》れたことはありませんが、理

高さ335メートル、周囲約10キロという巨大な一枚岩ウルル　©AFLO

事長の話を伺《うかが》っているだけで雄大《ゆうだい》な景色が眼前《がんぜん》に広がるようです。

ウルルは、長らく「エアーズ・ロック」という名でも呼ばれていた場所ですね。一九八五年にアボリジナルの人々に返還《へんかん》されて以来、古くからの呼び名であった「ウルル」として、幅広《はばひろ》く定着するようになったと聞いています。

アボリジナルの人々は、昔からその聖地《せいち》を訪れ、先祖の息づかいと、天と地の間《あいだ》に存在する自身の生命を感じつつ、大自然の中からエネルギーを得《え》て、生きる糧《かて》としてきたのですね。

オーストラリアの先住民の文化は、現代に生きる世界最古《さいこ》の文化ともいわれています。

大自然と共生《きょうせい》するなかでアボリジナルの人々が育《はぐく》んできた〝人間も動物も植物も、すべて生命の強いつながりで結《むす》ばれている〟という世界観は、環境破壊《はかい》が進む現代において、誠《まこと》に重要な視座《しざ》を提示していると思います。

六年前（二〇〇五年五月）になりますが、アボリジナル保健大学の創立者で、先住民《せんじゅうみん》の文化を守る活動を献身《けんしん》的に続けておられるジョーン・ウィンチ氏一行を創価大学や創価学園にお迎《むか》えしたことがありました。

一行は、オーストラリア西部の先住民の地域社会であるヌンガー・コミュニティーの方々でした。その際、創価大学の南太平洋研究会をはじめ、学園生たちが交流の機会《きかい》を得《え》ましたが、両国の大切な友好の柱《はしら》として、若い世代を中心にさらなる交流が広がっていくことを願ってやみません。

環境保護を支える意識

リース　私もまったく同じ思いです。
かつて私は、ニューサウスウェールズ州のアボリジナル和解《わかい》委員会の活動に六年ほど携《たずさ》わ

創価学園を訪問したアボリジナル保健大学の創立者ジョーン・ウィンチ氏（2005年5月、東京・小平）　©Seikyo Shimbun

ったことがあります。

州都のシドニーから各地に出向いては、アボリジナルの人々と他の住民との対立を引き起こしている諸問題を話し合う「対話の場」を設《もう》け、また参加してきました。

その経験を通して私は、双方《そうほう》にとって、例《たと》えば環境破壊といった〝共通の脅威《きょうい》〟がある場合に、対話が比較的スムーズに進むことを学びました。

まず目に入ってくるのは、西欧的な文化と、アボリジナルの文化との差異《さい》ですから、互《たが》いの伝統・文化に対する理解を深めるような対話の必要性を痛感《つうかん》したのです。

その意味で、オーストラリアを代表する詩

人ジュディス・ライト*は、我《わ》が国において鑑《かがみ》となる存在であると、常々《つねづね》思ってきました。

アボリジナルの価値観と伝統を愛したライトは、アボリジナルの詩人ウジュール・ヌナカル*（キャス・ウォーカー）との親交《しんこう》を深めながら、先住民《せんじゅうみん》の福祉《ふくし》の向上や、環境保護のための行動を貫《つらぬ》いた人物でした。

ライトの詩で、私が強い印象を覚《おぼ》えたのは、自然を見つめるなかで得《え》られる啓示《けいじ》を詠《よ》んだものです。例《たと》えば、「アオギリの木」と題する詩からは、真っ赤なゴウシュウアオギリのもつエネルギーと色彩《しきさい》に心打たれるライトの姿が伝わってきます。

「どのようにしてあのアオギリのように生きれるか、と私は問《と》うた――

どのようにしてアオギリの知ることを知り
あの烈《はげ》しい木のように惜《お》しみなくこの命を与《あた》え尽《つ》くし
しかもあのように情念《じょうねん》を身にまとえるのか、と(1)」

「この大地が木から受け取るものは、やがて木に返される。

これこそ心を一つとする恋人どうしの感謝の姿なのだ(1)」

ライトは、こうしたゴウシュウアオギリに脈《みゃく》打つ生命のエネルギーを通して、人々に〝生きる情熱を燃やしなさい〟、また〝広大《こうだい》な宇宙とともに生きる情熱をもちなさい〟とのメッセージを伝えているのです。
池田　そうした自然生命の不可思議と力強《ちからづよ》さを深く感じとる詩心《しごころ》こそ、現代人に必要なものですね。
ジュディス・ライトの作品は英語圏《けん》だけでなく、さまざまな言語に翻訳《ほんやく》されて幅広《はばひろ》く親しまれ、日本でも詩集が紹介されています。ニューサウスウェールズ州北東部の牧場《ぼくじょう》で生まれ、隣《となり》の家まで数時間もかかるような、美しい大自然の中で育ったライト――。
彼女の詩からは、自然への深い感謝と共感の心が伝わってきます。
「木よ、その枝を強く私の躯《からだ》にまわし
粗《あら》い幹《みき》の樹皮《じゅひ》で私を囲《かこ》み
おまえの命の中へ引き入れ、溢《あふ》れる花で包《つつ》んでくれないか――(2)」
「星が昇り、光の槍《やり》が
この身を貫くのを私は待つ。
そのはるかかなたの世界の沈黙《ちんもく》に

真の心で私は応《こた》えねばならない――(3)」

彼女は「クイーンズランド野生動物保護協会」を創立したほか、オーストラリア自然保護委員会のメンバーを務《つと》めるなど、環境保護の重要性を訴《うった》え、貴国の自然を守り抜《ぬ》くために奔《ほん》走《そう》しました。

現在、貴国では、ユネスコの世界遺産《いさん》に登録されている場所以外にも、五百五十以上の国立公園、六千もの保護区があり、「全国自然保護制度」に基《もと》づいて、絶滅《ぜつめつ》の恐《おそ》れのある生物種や生態系《せいたいけい》を守るための対策が積極的に進められていますね。

そして何よりも、貴国の人々は自然や環境保護の意識が強く、千以上の保護団体があり、約八十万人のメンバーが活動していると伺《うかが》いました。

日本でも自然保護は重要な課題であり、貴国の広範《こうはん》な取り組みに学んでいかねばならないと感じております。

4 心のグローバリゼーション

多文化主義と開かれた精神性

池田　本年（二〇一一年）の四月、貴国オーストラリアのギラード首相[*]が来日されました。

その折、ギラード首相は、海外の国家首脳《しゅのう》として初めて東日本大震災《だいしんさい》の被災地《ひさいち》を見舞《みま》ってくださったのです。

宮城県の南三陸町《みなみさんりくちょう》で、子どもたちにコアラのぬいぐるみをプレゼントしながら、被災者の方々を励《はげ》まされた様子は、新聞やテレビでも大きく報道され、感動を呼びました。

貴国は、震災直後から大規模な救助隊を派遣《はけん》し、さらには被災地の学生や教育者を受け入れるプログラムを新設するなど、温《あたた》かい支援の手を差し伸《の》べてくださっています。

貴国の政府並《なら》びに市民の皆さま方の友情と真心《まごころ》に、多くの日本人が感謝しています。私たちは、この御恩を決して忘れません。

将来、必ずや、この東日本の被災地《ひさいち》からも、貴国とのさらなる友好の懸《か》け橋《はし》となり、深き信頼の絆《きずな》を結《むす》びゆく青年たちが、陸続《りくぞく》と育ちゆくことを確信しております。

リース　ギラード首相の日本訪問は、すべての人々が相互《そうご》に依存《いそん》していること――東日本大《だい》震災《しんさい》が甚大《じんだい》な被害をもたらした現在のような状況においては、とくにそうであることを、私たち一人一人にあらためて示してくれました。

「他者への奉仕《ほうし》」こそ、まさに池田ＳＧＩ会長と私が、この平和と正義のための対談で語り合ってきた「友好の懸け橋」の柱《はしら》となるものです。

ギラード首相が、あえてこのようなときに日本を訪《おとず》れ、勇気と友情を示してくれたことを、私もうれしく思っております。その意義を評価してくださり、感謝いたします。

池田　こちらこそ、ありがとうございます。

さて貴国は、多様性《たようせい》を重んじる「多文化主義」の国家として、新たな共生《きょうせい》と調和《ちょうわ》のモデルを築《きず》いてこられました。

その試《こころ》みの一つとして、小学校も含めて、公用語《こうようご》である英語以外の言語を学ぶことが、国の政策として奨励《しょうれい》されていますね。

日本語をはじめ、フランス語やドイツ語、イタリア語やギリシャ語、スペイン語やアラビア語、中国語やインドネシア語、マレー語といった多彩《たさい》な言語も授業で学べるなど、実《じつ》に国際性豊《ゆた》かです。

うれしいことに、日本語学習人口は、世界の国のなかでも常《つね》に上位にあると伺《うかが》っています。

私どもの関西創価学園と長年にわたり交流を重《かさ》ねてきた、ビクトリア州の一貫《いっかん》教育校「ティンブーンP－12校」でも、日本語を選択《せんたく》する生徒が多く、授業の一環《いっかん》として、日本訪問のプログラムが設《もう》けられています。

語学学習は、異《こと》なる文化を理解するための大切な一歩であり、意義深い取り組みです。

貴国は、一九七三年に多文化主義政策を採用し、さまざまな改革を行《おこな》ってこられました。

こうした努力の背景には、どのような歴史があるのでしょうか。

リース　オーストラリアは、移住者《いじゅうしゃ》によって築かれてきた国です。

現在も、一定の数の新しい移住者と、少数ながら難民《なんみん》を継続《けいぞく》して受け入れていますが、過去の政策は必ずしも、他国からの移住者《いじゅうしゃ》を温《あたた》かく歓迎《かんげい》するものとはいえませんでした。

二十世紀の前半は、イギリス人とアングロサクソン系ヨーロッパ人以外はお断《ことわ》りとでもいうような「白豪政策《はくごう》」*がとられ、白人でもキリスト教徒でもない、見慣《みな》れない食習慣や服装、宗教や習慣をもつ「よそ者」への猜疑心《さいぎしん》が煽《あお》られていたのです。

亡命者《ぼうめいしゃ》や難民《なんみん》を援助する多くの人々が、保守的で偏見《へんけん》に満《み》ちた考えの打破《だは》に常《つね》に挑戦《ちょうせん》してきたものの、「よそ者」への猜疑心は、今なお社会に残っています。

ただ、オーストラリアは、民族や習慣や文化の多様性《たようせい》のおかげで、政治家たちが〝アングロサクソン系白人だけの単一民族国家〟を標榜《ひょうぼう》していた時代よりも、はるかにダイナミックで豊《ゆた》かな、深みのある国になりました。

他文化に対する寛容《かんよう》は、相互《そうご》理解を生み、すべての民族が互《たが》いに依存《いそん》しながら存在していることへの認識につながります。オーストラリアは、新たにやって来た人々のもたらす食べ物、音楽、衣服、宗教、映画、建築、そして勤勉《きんべん》な精神によって、以前よりもはるかに奥行《おくゆ》きのある面白《おもしろ》い国となりました。

経済の発展も、そうした移住者による産業や、発想の力《ちから》に負《お》うところが大きい。オースト

オーストラリアの「ティンブーンP-12校」の生徒たちが来日し、関西創価学園の生徒たちと交流（2010年7月、大阪・交野）
©Soka Gakuen

ラリアの多文化・多民族社会は、新しい習慣を取り入れ、差異《さい》に対する寛容を身につけることを通してでき上がったものです。その寛容が、自分とは異《こと》なる人々や習慣の素晴《すば》らしさを認める心へとつながったとき、新しいエネルギーが躍動《やくどう》を始めるのです。

人間への深い信頼

池田　まさに貴国には、未来への若々《わかわか》しいエネルギーが躍動していますね。

リース理事長が、多くの学生を指導してこられたシドニー大学も、早くから異なる文化や思想との交流の舞台《ぶたい》となってきました。

東洋学科の開設にあたり、主任教授として

尽力《じんりょく》したジェームズ・マードック＊も、貴国と日本を結《むす》んだ人物の一人です。スコットランド生まれの彼は、リース理事長の母校でもあるアバディーン大学で学び、オーストラリアに渡りました。その後、一八八九年から二十年以上にわたり、日本の学校で英語や歴史を教えました。教え子には、文豪《ぶんごう》の夏目漱石《なつめそうせき》＊や、首相を務《つと》めた幣原喜重郎《しではらきじゅうろう》＊などがいます。

このマードックが、オーストラリア政府の要請《ようせい》を受けて再び渡豪《とごう》した後、彼が選んだ二人の日本人が、シドニー大学などで日本語教育に携《たずさ》わっていたことが記録に残っています。

そのうちの一人の小出満二《こいでみつじ》＊は、国際連盟の事務次長を務めた新渡戸稲造《にとべいなぞう》＊に師事《しじ》した人物でした。新渡戸は、今回の被災地《ひさいち》である岩手県の出身です。青年時代に「太平洋の橋に」との志《こころざし》を抱《いだ》き、アメリカなどに留学した人で、牧口初代会長とも親交《しんこう》がありました。

新渡戸は、後に続く若い人たちにも、海外雄飛《ゆうひ》を目指《めざ》すよう呼びかけました。しかしそれは、当時の帝国主義的な植民地《しょくみんち》政策を後押《あとお》しするようなものでは決してなく、あくまで平和的な移住《いじゅう》を奨励《しょうれい》したのです。

小出満二が日本語教育の普及《ふきゅう》のためにオーストラリアに渡ったのも、新渡戸による感化《かんか》が大きかったとも伝えられています。あるとき、新渡戸は自《みずか》らの信念をこう記《しる》しています。

「今後東西相触《あいふ》れる機のますます増加するに際し、お互《たが》いにあるいは敵愾心《てきがいしん》をもって相接《あいせっ》し猜疑心《さいぎしん》をもって相当《あいあ》たれば、互いに真相を得《え》ずして、誤解《ごかい》はますます深まり、国交上に不幸を来たすの憂《うれ》いがある。

虚心坦懐《きょしんたんかい》、表面上の事情や形式を捨て去り、人間という共通の立場に立って国際的了解に力《つと》めかつこれを進むることが、現代および将来の我《わ》が国人の為《な》すべきことで、東西を相《あい》結びつけるのが邦人の義務ではあるまいか[1]」と。

この〝開かれた精神性〟への促《うなが》しは、相互《そうご》理解のための、よりよき対話が必要とされるグローバル化（地球一体化）時代において、ますます大きな意義をもつのではないでしょうか。

リース　ええ。私も長年、各国で社会福祉《ふくし》に携わり、社会正義を実現する事業などに関《かか》わってきた経験から、紛争《ふんそう》というものは、その大半《たいはん》が「人間のアイデンティティー」に端《たん》を発するものだということを学びました。

すなわち、人々が自らのアイデンティティーを追求《ついきゅう》するところから疑問が生まれる。そして対話が、その答えを与《あた》えてくれるのです。

その疑問とは、例《たと》えば「あなたは私を真剣に受け止めてくれるか？」「たとえ意見が違《ちが》ったとしても、私の意見を尊重《そんちょう》してくれるか？」「私が何を必要としているかについて、心にかけ時間を確保して耳を傾《かたむ》けてくれるか？」といったものです。

さまざまな紛争《ふんそう》の和平交渉《わへいこうしょう》に参加するようになるずっと前から、こうした日々の体験が、私の対話の技術を磨《みが》き上げ、対話の重要性について理解を深めてくれたのです。

このことを考えるにつけ、私の胸に浮かぶのは、南アフリカのマンデラ元大統領*の振《ふ》る舞《ま》いです。直接お会いして強く実感したのですが、マンデラ氏にはユーモアがあり、他の人々の幸福を心から願い、自身の利益を顧《かえり》みることがありません。

そしてまた、〝人間は時に、同じ人間に対して酷《ひど》い仕《し》打《う》ちができるものである〟という一《いち》抹《まつ》の不信感も抱《いだ》いていました。

だからこそ氏は、意見が異《こと》なる相手に対しても、あからさまな敵意《てきい》を見せることなく、人権に対する抑圧《よくあつ》やあらゆる暴力《ぼうりょく》を否定する自身の立場を、きちんと伝えることができたのではないでしょうか。

氏は、ある種の威厳《いげん》を身にまとっていました。そして常《つね》に「なぜか？」と問《と》うことで、暴力や不正《ふせい》の原因を明らかにしてきたのです。

マンデラ氏（中央）へのシドニー平和財団「金メダル」の授与式で。マンデラ氏と笑顔で語り合うリース理事長（2000年、シドニー）

池田　マンデラ元大統領のことは、私も深く敬愛《けいあい》しています。あの一瞬にして周《まわ》りの人々を大きく包《つつ》み込《こ》まずにはおかない、春風のような慈顔《じがん》を忘れることはできません。

一万日にも及ぶ獄中闘争《ごくちゅうとうそう》という言語に絶《ぜっ》する苦難を勝ち超《こ》え、釈放《しゃくほう》されてまもないマンデラ氏に、東京で初めてお会いしたのは一九九〇年十月のことでした。

話題が日本と南アフリカとの交流に及び、私が「ぜひとも、創価大学に留学生をお迎《むか》えしたい」と申し出ると、マンデラ氏はことのほか喜んでくださいました。

同席していた秘書のミーア氏も、自分たちはアパルトヘイト*（人種隔離《かくり》）政策によって長年苦しんできただけに、「留学生を創価大学で育てていただくことは、私たちをまさに『人間』として遇《ぐう》し、『人間』として招《まね》いてくださるという心を感じます」と、赤裸々《せきらら》な思いを語っておられました。

創価大学ではこれまで、南アフリカをはじめ、エジプト、ガーナ、ケニア、セネガルなど、アフリカ各国の大学と交流協定を結《むす》んできました。また、スワヒリ語の授業を実施しているほか、年間で千人を超《こ》える学生がアフリカに関連する授業を履修《りしゅう》しています。マンデラ氏との約束が、このように大きく実《みの》ってきたことをうれしく思います。

青年の交流は、新しい友好の道を開きます。そこで大切なのは、理事長が指摘《してき》されたマンデラ氏のような、人間への深い洞察《どうさつ》と哲学に裏付けられた行動でしょう。

また、私の胸に深く刻《きざ》まれているのが「教育こそ、世界を変革《へんかく》しゆく最も強力な武器である」との氏の信念の言葉です。

教育の重要性については、以前（二〇〇〇年十一月）、理事長も同席されたシドニー大学のクレーマー総長との会談の際にも話題になりましたね。

総長が「今は、知識をたくさん伝えていても、学生が『よき人間』に育つ教育になっていないのではないか」と憂慮《ゆうりょ》しておられたことが、強く印象に残っています。

すべての人々に開かれた大学

リース　世界的にみて、大学は今、二つの大きな危機《きき》に直面《ちょくめん》していると思えてなりません。

一つ目の危機は、大学が企業のように営利《えいり》を第一とし、教育機関としての役割を二の次と考える傾向があることです。

その結果、大学は資金調達を最優先させ、授業料は値上げするが、授業の質は下がり、教員は大人数の授業を押し付けられ、限られた研究費をいかに確保するかに存在意義をかけるといったことになりかねません。これは有害な風潮《ふうちょう》で、私は断固《だんこ》反対するものです。

二つ目は、今述《の》べた風潮がもたらした副産物《ふくさんぶつ》でもあるのですが、大学が名声《めいせい》を上げ、卒業生が社会で成功するためには、「効率的な経営《こうりつ》」こそが不可欠《ふかけつ》であるという考え方です。

そこでは想像力や創造性《そうぞうせい》、また従来《じゅうらい》の枠《わく》を打破《だは》する力《ちから》といったものは軽視《けいし》され、むしろ服従《ふくじゅう》と効率――いかにコストを抑《おさ》えて、より多くを得《え》るか――を重視する管理主義者たちが幅《はば》を利《き》かせるようになります。

こうした管理主義にも、私は断固《だんこ》反対です。その悪弊《あくへい》を打ち破ることなくして、優《すぐ》れた人間性を育《はぐく》むという大学本来の使命など、果《は》たすことは絶対にできないはずです。

池田　日本では現在、少子化が進むなかで、大学経営をめぐる環境も一段と厳《きび》しさを増していますが、理事長が懸念《けねん》される点に十分留意《りゅうい》していくことが強く求められると思います。

そもそも、大学は誰《だれ》のために存在するのか――。私は「大学に行けなかった人のためにある」と訴《うった》え続けてきました。

高等教育を受けることは、それだけで特別な社会的恩恵《おんけい》です。学びたくても学べない人が、依然《いぜん》として、どれだけ多くおられることか。学問を修《おさ》めることができた人々は、その人たちに尽《つ》くし、恩を返していく責任があると思うのです。

それはまた、先師《せんし》である牧口会長と戸田会長の心でもありました。創価教育とは、全人《ぜんじん》教育を目指《めざ》したものにほかなりません。

牧口会長は、小学校の校長として、貧《まず》しい地域の子どもたちも学校に通《かよ》えるようにと、早くから給食制度を取り入れたのをはじめ、さまざまな教育改革に挑《いど》みました。

先ほどの新渡戸稲造《にとべいなぞう》も、留学時代に貧困《ひんこん》や家庭の事情で学校に行けない大勢《おおぜい》の子どもを目

民俗学研究の「郷土会」の会合で記念撮影に納まる牧口初代会長（前列左端）。左上の枠内は新渡戸稲造
©Seikyo Shimbun

にして胸を痛め、日本に帰国後、札幌に夜学校を設立しました。

また、経済的な理由などで大学に進学できなかった人々のために門戸《もんこ》を開く「庶民《しょみん》大学」の創設も提唱《ていしょう》していたのです。(2) こうした人間教育の理想は、牧口会長と相通《あいつう》ずるものがありました。

リース　現在のオーストラリアでは、いったん社会に出てから大学に入るという人々が多く、国全体でみると、二十五歳以上の学生が四割近くを占《し》めます。

多くの大学が、社会人の学生の受け入れに積極的で、「橋渡し課程《かてい》」と呼ばれる入学準備の制度を設《もう》けるなど、いろいろな支援を行《おこな》っているからです。

池田会長が創立された創価大学でも、早い時期から、通信教育を通して、幅広《はばひろ》い年齢層《そう》への教育の道を広げておられますね。

池田　ええ。通信教育部の開設は、私が創価大学の設立を誓《ちか》ったときからの大きな目標の一つでした。

その淵源《えんげん》は、二十世紀の初頭、牧口会長が若い女性たちのために推進した通信教育にまでさかのぼります。後継《こうけい》の戸田会長が、終戦《しゅうせん》を受けて真っ先に着手《ちゃくしゅ》したのも、戦争のために学びたくても学べなかった青少年のための通信教育にほかなりませんでした。

この精神を受け継《つ》いだ私たちは、〝すべての民衆、すべての人々に開かれた大学の建設〟をモットーに、創価大学の開学と同時に通信教育部を設置することを目指《めざ》しました。

しかし残念ながら、そうした前例《ぜんれい》はないとの理由で認可《にんか》を受けることができず、創価大学で最初の卒業生を送り出した翌年（一九七六年）、待ちに待った通信教育部のスタートを切ることができました。

以来、三十五年――。今や創価大学通信教育部の輪は、日本だけでなく、世界に広がっています。スクーリング（面接授業）も夏・秋期に実施するほか、地方スクーリングやインターネットによるスクーリングも開設しています。夏期スクーリングには、アメリカ、カナダ、イギリス、フランス、ドイツ、中国、韓国、タイ、シンガポール等々、そして貴国オーストラリアからも、青年から年輩の方まで〝尊《とうと》き民衆の学友《がくゆう》〟が集《つど》うまでになりました。

現在では、在籍者数で日本一の規模となり、着実《ちゃくじつ》に発展を遂《と》げています。卒業生には博士号の取得者《しゅとくしゃ》をはじめ、弁護士や公認会計士や税理士、さらに教師となって活躍している人も数多くいます。皆がそれぞれの立場で、社会に希望を送る存在として光を放《はな》っているのです。

生涯学び続ける心

池田　私はかつて、そうした方々の偉大《いだい》な人生行路《こうろ》を讃《たた》える思いで、「人生の哲人《てつじん》の誇《ほこ》り！新世紀へ学の光を」と題する長編詩を詠《よ》み、贈《おく》りました。その中で、こう綴《つづ》りました。
「あの無限《むげん》の学問を
見つめゆく
燃えて輝く

探究《たんきゅう》の眼《まなこ》よ！
私の人生の花は
実《みの》りある学問を
継続《けいぞく》し抜《ぬ》いていくことだ！
形式的な言葉など
私には必要ない(3)」
「ゆえに
私の勉学は
百歳になっても
誇《ほこ》りである。
勝利と栄光と誉《ほま》れは
年齢で決まるものではない。
永遠に
学問し抜く心こそが

勝利なのだ！」(3)

リース　より公正《こうせい》で、より充実した人生を送り、未来へのビジョンをもった世界を構築するうえで、最も確かな道こそ教育です。その価値を表現するために、「詩」を贈《おく》られるとは、味《あじ》わい深いですね。

詩人として詩を詠《よ》むには、人間の想像力と希望を引き出そうとする特別な視点を備《そな》えていることが必要です。ある意味で、教育への情熱とは、表現の自由や精神世界・政治・文化への理解など、あらゆる可能性の扉《とびら》を開いてくれる「生の詩」への真剣な取り組みであるといえます。

この対談においても、ぜひとも啓発《けいはつ》的な詩人や詩を取り上げたいと思いますが、いかがでしょうか。そうした「生の詩」を味わうことによって、生涯《しょうがい》学習のお役にも立てるのではないでしょうか。

池田　大賛成です。大いに語り合いましょう。

生涯学習に関連して思い起こされるのは、先ほど紹介したマードックが日本語の学習を始めたのは、五十歳を過ぎてからだったということです。

彼は、日本で長く暮《く》らすうちに、なぜ日本が明治維新《いしん》後、わずか数十年で西欧諸国に並《なら》ぶような発展を遂《と》げたのかに興味をもつようになり、日本の通史《つうし》を本格的に研究しようと思い立ちました。

しかし、十六世紀にポルトガル人が来日する以前の歴史については、日本語の文献《ぶんけん》しかない。一念発起《いちねんほっき》した彼は、まず英語のアルファベットに相当《そうとう》する〝いろは文字〟から習い始めた。その後、『古事記《こじき》』や『万葉集《まんようしゅう》』のような古典にまで目を通し、できうるかぎりの史料《しりょう》を読み込《こ》んで、ついに七百ページに及ぶ大著《たいちょ》『日本歴史』の第一巻を発刊《はっかん》するにいたったのです(4)。

教え子だった夏目漱石《なつめそうせき》は、この著作《ちょさく》の意義を宣揚《せんよう》すべく、新聞で次のように綴《つづ》りました。

「西洋の雑誌を見ると、日本に関した著述《ちょじゅつ》の広告は、一週に一、二冊はきっと出ている。近《ちか》頃《ごろ》ではこれらの書籍を蒐集《しゅうしゅう》しただけでも優《ゆう》に相応《そうおう》の図書館は一杯《いっぱい》になるだろうと思われる位《くらい》である。けれども真の観察と、真の努力と、真の同情と、真の研究から成《な》ったものは極《きわ》めて乏《とぼ》しいと断言《だんげん》しても差支《さしつかえ》はあるまい。余《よ》はこの乏しいものの一として、先生の歴史をわれら日本人に紹介する機会《きかい》を得《え》たのを愉快《ゆかい》に思う(5)」

発刊は一九一〇年ですから、一世紀も前のことになります。今では、当時とくらべて他国のことを知る手段は格段《かくだん》に増えたといえますが、異《こと》なる文化や歴史を互《たが》いに理解し合おうという努力は、残念ながら、まだまだ十分とはいえません。もっと人間の顔が見える、心と心の通《かよ》い合う交流が求められています。

リース　本当にその通りですね。私が、世界各地の紛争《ふんそう》解決の現場に足を運《はこ》び、研究を進めるなかで痛感《つうかん》したことがあります。

一点目は、より実《みの》りある対話を進めるためには、互いの国の歴史を学ぶことはもとより、対話する相手の個人的な経歴《けいれき》を知ることが重要だということです。

そうした歴史や経歴への関心は、必ずや「敬意《けいい》」となって現《あらわ》れ、相手の国や対話者も、その真摯《しんし》な姿勢を受け止めてくれるはずだからです。

二点目は、そうした相手への関心にとどまらず、個人的な理解を深め、信頼を醸成《じょうせい》することが欠かせないということです。

もちろん、信頼は簡単に築《きず》けるものではありません。いくつもの段階を経《へ》て、信頼関係をひとたび築くことができたとしても、崩《くず》れるときはあっという間《ま》です。

それほど、信頼を勝ち取ることは難《むずか》しい。どれだけ困難《こんなん》に直面《ちょくめん》しても、また一時的に関係が悪化したり、後退したりしてしまう局面があったとしても、絶対に信頼を築《きず》き上げるのだという覚悟《かくご》が求められるのです。

人間と人間をつなぐ文化交流

池田　いずれも大切なポイントですね。私自身の体験に照らしても、頷《うなず》けることばかりです。また、心と心が共鳴《きょうめい》し合う、より深い相互《そうご》理解のためには、文化・芸術の交流も不可欠《ふかけつ》です。

一九九三年二月のことです。アメリカを訪問していた私のもとに、コロンビアの大統領府から連絡が入りました。

「池田会長は本当にコロンビアに来てくれますか?」との問《と》い合わせです。

当時、コロンビアでは、大きな爆弾《ばくだん》テロが起きて、国内は緊迫《きんぱく》した状況にありました。しかし、私の意志は変わりませんでした。「勇気あるコロンビア人の心で伺《うかが》います」と、ご返事しました。

首都ボゴタのコロンビア国立博物館で、その数日後から、私が創立した東京富士美術館等との共催《きょうさい》による「日本美術の名宝《めいほう》」展が開催されることになっていたのです。

実《じつ》は、その三年前（一九九〇年四月）、駐日《ちゅうにち》コロンビア大使《たいし》はじめ関係者の方々の多大《ただい》な協力を得《え》て、東京富士美術館で「コロンビア大黄金展《だいおうごんてん》」を開催させていただきました。開幕式には、当時のバルコ＊大統領の夫人が同展の名誉総裁《そうさい》として、わざわざ来日し出席してくださったのです。同展は、大変な反響を呼びました。

コロンビアでの「日本美術の名宝」展は、その御恩返しの意義もありました。誠実《せいじつ》には大誠実で応《こた》える――これが、私が師の戸田会長から受け継《つ》いだ精神にほかなりません。ましてや相手が一番大変なときであれば、なおさらです。それこそが人間としての真の道である、と私の心は決まっていました。

私は、展示会の開幕式で、「文化の交流による民衆の連帯《れんたい》こそ『蛮性《ばんせい》』に対する『人間性』の勝利の道である」との信念を申し上げ、さらなる両国の友好拡大を誓《ちか》いました。

私たちは、地道《じみち》であっても、世界の多くの国々と、こうした交流を重《かさ》ねてきました。

リース　私は、池田会長による東京富士美術館の創立は、〝詩心《しごころ》に基《もと》づく実践《じっせん》〟の一つにほかならないと受け止めています。

それは、偉大《いだい》な芸術のもつ「人生を豊《ゆた》かにする力《ちから》」を魅力《みりょく》的に伝えようとする偉業《いぎょう》といえるでしょう。また、芸術家の精神性と創造性《そうぞうせい》の尊《とうと》さを伝えてくれます。

芸術家は慣習《かんしゅう》の壁《かべ》を打ち破り、世界市民としてのビジョンを広げることで、多くの人々の心を揺《ゆ》さぶるのです。そして彼らは、芸術作品を通して、自《みずか》らの考えを公《おおやけ》にし、信念という名の勇気を示してくれます。

精神の昇華《しょうか》である芸術作品を通して、彼らは国や文化を超《こ》えた対話に貢献《こうけん》しているのです。世界中から集まった私の教え子たちも、平和と社会正義に献身《けんしん》する詩人について学ぶと、自分の国にも不正《ふせい》や権威《けんい》主義的統治《とうち》や人権侵害《しんがい》に対して、声を大《だい》にして抗議《こうぎ》した芸術家や作曲家、音楽家や詩人たちがいたことを必ず発見します。

それで私は、東京富士美術館に展示されている作品に強い関心を抱《いだ》いたのです。

池田　東京富士美術館の活動に対する温《あたた》かなご理解に、創立者として深く感謝いたします。

理事長がおっしゃった通り、芸術には人間の精神を高め、人間と人間の心を結《むす》ぶ大きな力が備《そな》わっています。その芸術をはじめ、さまざまな国が育《はぐく》んできた多様《たよう》な文化を尊重《そんちょう》し、交流を重《かさ》ねていくなかで、〝人間の心の内《うち》なるグローバリゼーション〟も着実《ちゃくじつ》に進んでいくと、

サン・カルロス大十字勲章の叙勲式で、コロンビアのガビリア大統領夫妻から祝福を受ける池田SGI会長（1993年2月、ボゴタの大統領府）©Seikyo Shimbun

私は確信しております。

先ほどのコロンビア訪問の折には、バルコ大統領の後任《こうにん》であるガビリア*大統領とも親しく懇談《こんだん》する機会《きかい》を得《え》ました。

そのとき、大統領はこう強調されました。

「日本の指導者、国民、識者の方々に知っていただきたいのは、コロンビアには多面性《ためんせい》、多様性があるということです」

つまり、爆弾《ばくだん》テロのような深刻《しんこく》な問題があるとしても、それがコロンビアではない。国内には美しい自然があり、豊《ゆた》かな資源《しげん》もある。心配な面ばかりに目を奪《うば》われるのではなく、コロンビアの真実の姿を見つめてほしい、と。

四十代の若き大統領として一国を双肩《そうけん》に担《にな》

う、強い責任感がひしひしと伝わってきました。

私も、率直《そっちょく》に申し上げました。

「『真実』は、表面的な事象《じしょう》だけを見ていてはわかりません。相手の立場に立って、自分の目で見、確かめる必要があります。とくに、今後の〝世界一体化〟の時代には、こうした相《そう》互理解《ご》への、地に足の着いた努力が求められてきます」と。

その言葉に、ガビリア大統領も深く頷《うなず》いておられました。

時は経《た》ち、二十一世紀の〝第二の十年〟を迎《むか》えた今、私は、その思いをより強くしております。

第二章

「平和の文化」を社会の基盤に

1

母子《ははこ》の笑顔が輝く社会を

国家の真の価値を測る指標

リース　池田会長と私とのこれまでの対談を貫《つらぬ》いているテーマは、「非暴力の哲学《ひぼうりょく》」「非暴力の言語」「非暴力の実践《じっせん》」に対する取り組みです。マハトマ・ガンジーは、非暴力の哲学を「生命の法則」と呼びました。
ところが、さる七月二十二日（二〇一一年）、ノルウェーで八十人近くを殺害*した犯人は、悲しいことに、そのような思想や生き方を、まったく知りませんでした。結果として、ノルウェーの国民全体が深い悲しみに暮《く》れ、あまりにも多くの人々が大切な人を失った現実を背《せ》負《お》っていくことになりました。

私の妻ランヒルはノルウェー出身ですから、あの事件は他人事とは思えません。

妻は、生来《せいらい》の性分《しょうぶん》もありますが、母国ノルウェーの平和を愛する文化のなかで育っていますので、一貫《いっかん》して「正義に基《もと》づく平和」「普遍《ふへん》的人権」「あらゆる分野における非暴力《ひぼうりょく》」を信念としてきました。

今回は、そのような信念とは、あまりにも対照的な事件が起こってしまいました。

池田　平和を愛する国として名高《なだか》いノルウェーの人々に襲《おそ》いかかった爆破《ばくは》・乱射《らんしゃ》事件でした。あまりにも痛ましい出来事であり、日本も大きな悲しみに包《つつ》まれました。

私も、世界百九十二カ国・地域のSGIメンバーを代表して、ストルテンベルグ首相とストーレ外相に、心からの哀悼《あいとう》とお見舞《みま》いの書簡《しょかん》をお送りしました。

また、現地のSGIのメンバーとも連絡を取り合いました。衝撃《しょうげき》的な事件でしたが、ノルウェーのメンバーは〝平和と非暴力の連帯《れんたい》〟への誓《ちか》いを新たにしていました。

リース　この悲惨《ひさん》な事件から、私たちは何を学ぶべきか。その答えは、ストルテンベルグ首相が、威厳《いげん》をもってこのように述《の》べています。暴力に抵抗する最善の道は、より民主的で開かれた寛容《かんよう》な社会を築《きず》き、平和を愛する人々の連帯を広げゆくことである——と。

リース理事長夫妻と語り合う池田SGI会長（2009年4月、東京・八王子）
©Seikyo Shimbun

私たちの対談には、どのページをとっても、この思想と同じビジョンと希望が脈打《みゃくう》っているといえるでしょう。

読者の皆さんも、ノルウェーでの事件の教訓《きょうくん》を決して忘れることなく、全人類にとって不可欠《ふかけつ》な「生命の法則」である非暴力を、あらゆる分野で拡大していっていただきたいと願っています。

池田　私も、まったく同じ思いです。幾多《いくた》の波瀾《はらん》に遭遇《そうぐう》しながら、民主社会としての優《すぐ》れた特質と模範《もはん》を示してこられたのが、ノルウェーの人々の歴史であると思っております。

例《たと》えば、「母と子」が生活するうえで最も環境が整《ととの》っている国はどこか——本年（二〇一一年）の五月、そのランキングが報道されました。

これは、世界の子どもたちのために活動する国際ＮＧＯ「セーブ・ザ・チルドレン」が、世界の百六十四カ国を対象に分析《ぶんせき》したもので、一位がノルウェー、そして二位がオーストラリアとなっていました。日本は、二十八位です。

調査では、女性にとって望ましい社会の度合《どあ》いを示す指標《しひょう》も発表され、こちらは一位がオーストラリアで、二位がノルウェーでした。(1)

「母と子」がどれだけ大切にされているか――これは国家の成熟度《せいじゅくど》を示すうえでも重要な指標といってよいでしょう。

これまで、国に関する指標といえば、ＧＤＰ（国内総生産）や、一人あたりのＧＮＩ（国民総所得）といった経済規模の大小を示す指標が一般的でした。しかしそれだけでは、各国のさまざまな優《すぐ》れた点や、将来の可能性を測《はか》ることはできません。

そうしたなか、国連開発計画*（ＵＮＤＰ）が発表している「人間開発指数《しすう》*（ＨＤＩ）」やブータンの前国王が提唱《ていしょう》された「国民総幸福量*（ＧＮＨ）」のように、人々の尊厳《そんげん》がどれだけ守られ、幸福を感じられるかといった、人間を基準とした指標に対する関心が、年々高まっています。

人間の「幸福」や「平和」という観点からも、やはり注目される国はノルウェーですね。

リース　その通りです。先ほどの「セーブ・ザ・チルドレン」による調査結果でも一位を占《し》めていましたが、ノルウェーは〝人間という存在は、それほど捨てたものではない〟との希望を、私に呼《よ》び覚《さ》ましてくれる国です。

軍備の大きさの代《か》わりに、「平和」と「非暴力《ひぼうりょく》」に対する取り組みで各国を評価する「世界平和度指数*（ＧＰＩ）」というものがあります。その指標においても、ノルウェーは、ほとんど毎回のように一位です。

それ以外の面でも、例《たと》えば、ノルウェーの人々は、他国への援助を惜《お》しまず、国連や人権保護の活動を積極的に支持してきました。また国内の政策においても、平等が徹底《てってい》されているのです。

池田　お話を伺《うかが》い、ノルウェー出身であることを誇《ほこ》りとされていた友人の方々との語らいを思い起こします。

平和学者のヨハン・ガルトゥング*博士や、ノルウェー国際問題研究所のルードガルド*元所長、また「平和研究の母」として名高《なだか》いエリース・ボールディング博士*——。

ボールディング博士との対談では、第二次世界大戦中、ナチスに侵攻《しんこう》されたときのノルウエー国民の勇気ある闘争《とうそう》が話題になりました。

ノルウェーの人々は、地下連絡網《もう》を築《きず》いて、占領《せんりょう》軍に協力することなく「非暴力《ひぼうりょく》による抵抗」を連帯《れんたい》して貫《つらぬ》きました。そして戦時中も、子どもたちに平和教育を行《おこな》ったのです。

なぜ人々は、命にも及ぶ厳《きび》しい環境にあっても、勇敢《ゆうかん》にして賢明《けんめい》な行動をとることができたのか——この問《と》いに対して、博士はこう答えておられました。

「その理由は、ノルウェーが数世紀にわたり、『差異《さい》』への対処法《たいしょほう》を備《そな》えた、強力な地域社会を築きあげていたからです。当時、私たちは、まだそれを『平和の文化』とは呼んでいませんでした。でも、いま振《ふ》り返ってみれば、ノルウェー人が行ってきたことは、自国の山《さん》峡《きょう》地域社会に広く『平和の文化』を構築することだったのです[2]」と。

守り合い、支《ささ》え合う地域の絆《きずな》が、いかに人々を勇気づけるか。市民社会の連帯が平和の創《そう》造《ぞう》に果《は》たす役割は重要です。

二〇〇九年にSGIは、オスロ国際平和研究所とノルウェー国際問題研究所の共催《きょうさい》を得《え》て、

エリース・ボールディング博士と池田SGI会長の対談集『「平和の文化」の輝く世紀へ！』
©Seikyo Shimbun

「核兵器《かくへいき》廃絶《はいぜつ》への挑戦《ちょうせん》」展をオスロで開催しました。その折には、ストーレ外相がこう語って、平和の市民運動を進める私どもに力強《ちからづよ》いエールを送ってくれました。

「我々《われわれ》は選択《せんたく》をすることができ、文明の針《しん》路《ろ》を自《みずか》ら決定する力《ちから》を持っています。つまり我々は、『暴力の文化』か『平和の文化』か、そのいずれかを選ぶことができるのです」と。

ノルウェーには、こうした誉《ほま》れ高き平和の伝統精神が脈《みゃく》打っています。

ところで、ノルウェーのご出身である奥様と、リース理事長は、どのようなきっかけで出会われたのでしょうか。

人生をともに歩むパートナー

リース　妻のランヒルと初めて出会ったのは、ロンドンのキングス・クロス駅の十三番ホームでした。彼女はノルウェーから到着《とうちゃく》したばかりで、私はケンブリッジで週末を過ごすため、ひょっとしたら列車に間《ま》に合うかもしれないと、偶然《ぐうぜん》、キングス・クロス駅に行ったところでした。

ちょうど学生としてソ連に二、三カ月ほど滞在《たいざい》し、意気揚々《いきようよう》と戻ってきたばかりの頃《ころ》で、ホームで戸惑《とまど》っている様子の美しい女性を見て、私のほうから「何かお困《こま》りですか?」と話しかけたわけです(笑)。

それで、ロンドンの地下鉄に一緒《いっしょ》に乗りながら、彼女の名前を聞き出し、一週間後にトラファルガー広場のセントマーチンズ・イン・ザ・フィールド教会の階段で会う約束を取り付けました。

その後、交際が進み、一年半後に大雪が降る真冬のノルウェーで結婚しました。式を挙《あ》げる古い教会へ向かうのに、妻の実家の周《まわ》りの雪かきを大わらわで済《す》ませて、ようやく車を出せたことを懐《なつ》かしく思い出します。

結婚以来、私たち夫婦は、さまざまな国でいくつもの〝冒険《ぼうけん》〟を体験してきましたが、それができたのも、ひとえに妻が優《すぐ》れた女性で、新しい環境に上手に適応《てきおう》する能力があったからです。

世界各地の紛争《ふんそう》解決を専門としながら、時には自《みずか》らが〝紛争（周囲との意見対立）〟を引き起こす夫をもちながら（笑）、凛《りん》としたなかにも優しい物腰《ものごし》と穏《おだ》やかな雰囲気で人々を包《つつ》み込《こ》んでくれました。

これまで私たちは、ロンドンからスコットランド、そしてカナダへと移《うつ》った後、アメリカには数度にわたって赴任《ふにん》し、現在のオーストラリアには三十三年前（一九七八年）から住むようになりました。

私がキャリアを積《つ》み、著書の執筆《しっぴつ》に没頭《ぼっとう》し、インドやスリランカなど他の国でも仕事をしてこられたのは、妻の献身《けんしん》の賜物《たまもの》です。その間、妻は家庭を守り、子どもたちの面倒《めんどう》を見て、客人《きゃくじん》を温《あたた》かくもてなし、いろいろな手工芸《しゅこうげい》を教える自身のキャリアまで築《きず》いてしまいました。

いずれも最高を目指《めざ》して取り組んでいましたから、その意味で彼女は完璧《かんぺき》主義者といえるかもしれません。料理についてもアイデアが豊富で、私と違《ちが》って素晴《すば》らしい腕前《うでまえ》なのです（笑）。

池田　本当に素晴らしい方であることは、よく存じ上げております。

二〇〇九年四月に、理事長ご夫妻にお会いした際、春風のような笑顔をたたえておられたランヒル夫人の姿が、実《じつ》に印象的でした。

リース　池田会長の奥様である香峯子《かねこ》夫人とは、シンガポールと東京でお会いしましたね。

香峯子夫人の真心《まごころ》のおもてなしに、心がぱっと打《う》ち解《と》けて、くつろぐことができました。

会長にとって、夫人の支《ささ》えがなくてはならないものであること、また同時に夫人も、「正義に基《もと》づく平和」に生涯《しょうがい》を賭《と》してきた方であることが、すぐにわかりました。

これまで、お会いするたびに、どれほど勇気づけられたことか。それを日本語でお伝えできないのが残念ですが、私はずっとそう思ってきました。

池田　温《あたた》かいお言葉、大変にありがとうございます。妻もきっと喜ぶと思います。私ども夫婦にとって、理事長ご夫妻との語らいは、一つ一つが懐《なつ》かしく尊《とうと》い宝《たから》の思い出です。

若き日のリース理事長夫妻と長女

私は、若いときから肺結核《はいけっかく》などの病気に苦しみ、医師から「三十歳まで生きられない」と言われたこともありました。

そんな私が、日本全国はもとより、世界各地を駆《か》け巡《めぐ》りながら、多くの人々と対話を重《かさ》ね、平和行動を続けてこられたのも、やはり妻がこまやかに気を配《くば》り、支《ささ》えてくれたからにほかなりません。

海外で強行軍《きょうこうぐん》の日程が続くなか、あるときは看護師《かんごし》のように、またあるときは栄養士のように、食事や健康管理に最大に心を砕《くだ》いてくれたのも妻でした。まさに、〝同志《どうし》〟であり、かけがえのない〝戦友《せんゆう》〟ともいうべき存在です。以前、そうした尽《つ》きせぬ感謝の思いを込《こ》めて、妻に次のような句《く》を贈《おく》ったことがあります。

「道ひらく　君と歩《あゆ》みて　不二《ふに》の杖《つえ》」

リース　池田会長ご夫妻が、いかに強い絆《きずな》で結《むす》ばれているか、そしてその絆が、お二人の人生にとって、どれほど大切かがよくわかります。

私も、妻を心から尊敬《そんけい》しています。とくに尊敬しているのは、彼女の無私《むし》の心であり、柔《にゅう》和《わ》な性格が醸《かも》し出す人間的な魅力《みりょく》であり、私と人生をともにする苦労を厭《いと》わず、子育てや人生の苦難に対しても非常に辛抱《しんぼう》強いところです。

私は以前、三十代の半《なか》ばに、数カ月にわたって、うつ状態に陥《おちい》った経験があります。反応性のうつ病で、ひどい無力感《むりょくかん》に襲《おそ》われ、自分を無価値な存在だと感じ、人生は自分の力《ちから》ではどうにもならないと悲観《ひかん》的な気持ちに沈《しず》みました。

そんなとき、私を救ってくれたのが妻の愛情と支えだったのです。また、私のことで妻に辛《つら》い思いをさせたくないという気持ちが回復の助けとなりました。

その際、思い切って休暇を取り、数カ月間、海外で過ごしたのですが、環境や気候の変化とともに、別の土地での異《こと》なる文化との出あいも、病状《びょうじょう》の快復《かいふく》を促《うなが》してくれたような気がします。

支え合う夫婦の絆

池田　理事長ご夫妻も、さまざまな人生の春秋《しゅんじゅう》を、ともに支え合いながら乗り越《こ》えてこられたのですね。その尊《とうと》き足跡《そくせき》は、多くの人々に励《はげ》ましの光を放《はな》っています。
仏法には「日月《にちがつ》・両眼《りょうがん》・さう《雙》のつばさ《翼》と調《ととの》ひ給《たま》へ」（『御書』一一一八ページ）と、夫婦が太陽と月、二つの眼《まなこ》、鳥の二つの翼《つばさ》のように、心を合わせて人生を切り開いていくように示した言葉があります。

また、「や《箭》のはしる事は弓のちから」「をとこ《夫》のしわざはめ《婦》のちからなり」（『御書』九七五ページ）とも説《と》かれています。

これは、女性という存在が、家庭にあっても、社会にあっても、いかに重要な存在であるかを教えたものです。

私も、これまで世界で活躍する各界のリーダーにお会いしてきましたが、とくに男性リーダーの場合でいえば、その隣《となり》には常《つね》に偉大《いだい》な女性の存在があると強く実感してきました。

あのゴルバチョフ*元ソ連大統領もそうでした。ライサ夫人という聡明《そうめい》なパートナーとともに、よりよき社会のために、尊《とうと》き志《こころざし》を燃やし、あえて険《けわ》しき峰《みね》に挑《いど》まれたのです。

ゴルバチョフ氏自身が、「彼女なくして、ペレストロイカ*は不可能でした」と語られたことがありました。そのライサ夫人が、ゴルバチョフ氏が大統領職を退《しりぞ》いてからしばらくして語られた言葉が忘れられません。

「この数年間、私たちは生き抜《ぬ》いてきたのです。よくぞ生きてこられたと思います。生きの

関西創価学園を訪れたゴルバチョフ元ソ連大統領夫妻と池田SGI会長夫妻（1997年11月、大阪・交野）　©Seikyo Shimbun

びるように頑張《がんば》ってきたのです」

「主人は苦しみや、裏切りを味《あじ》わいました。しかし、世界のために戦い続けました。自分のためではないことは、そばにいて、私が証明できます」

残念ながら、その後、ライサ夫人はご病気となり、亡《な》くなられましたが、夫人との語らいは、私たち夫婦にとって忘れ得《え》ぬ思い出となっています。

この夫婦の絆《きずな》という点で、理事長が深く印象にとどめられているご夫妻はいらっしゃいますか。

リース　そうですね、私にとって非常に身近《みぢか》な存在で名前を挙《あ》げるとすれば、ブルース・

トムズご夫妻でしょうか。

もともと教師をされていたトムズご夫妻は、シドニーで毎週開催している「パブで政治を」という市民フォーラムの運営に二十年も携《たずさ》わるなど、オーストラリアの市民社会に多大《ただい》な貢献《こうけん》を果《は》たしてこられました。

先日亡《な》くなられたパット夫人は、体の弱い方でした。ご主人のブルース氏もご高齢です。しかし、ご夫妻は、そうしたことをものともせず、これまで毎週欠かさずフォーラムに参加し、社会正義や社会変革《へんかく》のための政治について、常《つね》に新たな発想の源泉《げんせん》となってきたのです。

お二人は、とても寛大《かんだい》でユーモアに溢《あふ》れた行動の人で、『オーストラリアン・ソーシャリスト』という社会正義を論じる定期刊行誌も、夫妻が中心になって企画・編集し、配信してきました。

池田　社会のために生き生きと貢献された素晴《すば》らしいご夫妻の姿ですね。地域に根付《ねづ》いた市民運動こそが民主主義の土台《どだい》です。その一つの模範《もはん》を見る思いです。

夫婦で力《ちから》を合わせての発刊《はっかん》作業といえば、かのマハトマ・ガンジーが南アフリカで始めた新聞「インディアン・オピニオン」の発行を受け継《つ》いだのも、ガンジーの次男マニラールとスシーラー夫人でした。

マラリアの薬の副作用《ふくさよう》のために耳が不自由となったスシーラー夫人は、南アフリカに渡ったときは英語がまったくできなかったそうですが、努力の末にマスターしました。懸命《けんめい》に新聞の活字拾《ひろ》いを手伝ったほか、インド西部の言葉であるグジャラート語も習得《しゅうとく》して、グジャラート語による記事まで執筆《しっぴつ》したといいます。

夫妻は南アフリカの地で、人種差別反対の論陣《ろんじん》を徹底《てってい》して張り続けました。

以前、当時の様子を、夫妻の子息《しそく》であるアルン・ガンジー氏から伺《うかが》ったことがあります。

「私も、十歳くらいのころから、新聞の印刷の手伝いをしました。当時、新聞は活字も手で組み、一枚一枚、手作業で刷《す》りました。しかし、父にはもっと大きな二つの困難《こんなん》がありました。一つは、政府の弾圧《だんあつ》です。政府は記事の内容を検閲《けんえつ》しようとしてきました。父は絶対に従《したが》いませんでした。二つめは、金銭的な問題です。新聞発行を援助してくれる人がいなくて、父は資金の工面《くめん》で大変な思いをしました。

私も、新聞をとってもらおうと歩いて回りましたが、『そんな新聞は読んだことも聞いたこともない』とか『そんなに大変なら、読まないけど、代金だけはくれてやるよ』とか、本当に屈辱《くつじょく》的なことを言われました。

愚痴《ぐち》を言いながら、そうした体験を話すと、父は励《はげ》ましてくれたものです。

『気にするな。ひとり不親切な人がいれば、親切な人は十人いる。不親切な人のことは気にしないで、親切な人のほうを見ていけばいいいんだよ』と」

堅固《けんご》な信念と、人間への力強《ちからづよ》い信頼に裏打ちされた、非常に味《あじ》わい深い言葉です。

私が、「もし父君《ちちぎみ》が、アルンさんと一緒《いっしょ》になって怒《おこ》ったり、涙《なみだ》していたならば、お二人とも敗北の方向に向かっていたかもしれない。お父さまの一言が、二人の人生を勝利の方向に導《みちび》いたのですね」と申し上げると、アルン氏は深く頷《うなず》いておられました。

子どもの人権を尊重する

リース　子どもが、くじけそうになったときや、困難《こんなん》に直面《ちょくめん》したときに、父親としてどのように接していくかは、とても大事ですね。
私には息子が一人と娘が二人いますが、それぞれが違《ちが》う国で生まれましたので、しばらくはカナダ、イギリス、オーストラリアと、別々のパスポートを持っていました。

子どもたちを育てるうえで最も重視したのは愛情ですが、だからといって何をしてもよいと甘《あま》やかしてきたわけではありません。

私たち夫婦の哲学は、昔も今も「愛情があるなら放任《ほうにん》は無責任であり、『こういう価値観をもって生きてほしい』と、親の考えを穏《おだ》やかに、しかし毅然《きぜん》と示すこと」です。

また、もう一つの信念として、子どもたちには可能なかぎり、さまざまな経験をさせるようにしました。そのほうが、より豊《ゆた》かな人生になると思うからです。

「自分が好きなことは大いにやりなさい、ただし、他人に迷惑《めいわく》をかけてはいけない」という一点は、明確にしました。

休暇には、子どもたちをキャンプに連《つ》れて行ったり、スポーツや音楽に親しむ機会《きかい》を設《もう》けたりして、あらゆる面で教育に力《ちから》を入れました。

カナディアン・ロッキー山脈のそばで生まれた長女ハイディは、言語聴覚士《ちょうかくし》で二児の母です。現在、弁護士の夫とメルボルンに住んでいます。

スコットランド生まれの次女タニアは、音楽出版社を経営しています。クイーンズランド音楽学校で学び、そこで知り合った夫はシドニー交響楽団《こうきょうがくだん》でベテランのクラリネット奏者《そうしゃ》として活躍しています。次女も二児の母でシドニー在住です。

長男はシドニー生まれで、さまざまな意味で典型的なスポーツ好きのオーストラリア人です。スポーツ科学の博士号を取得《しゅとく》して、オーストラリア国立スポーツ研究所で教壇《きょうだん》に立っています。現在、シドニー市内に恋人と一緒《いっしょ》に住んでいます。

池田　ご家族が集まるだけで、実《じつ》に多彩《たさい》な文化を学ぶ学校ができそうです（笑）。

理事長ご夫妻のように、親が子どもたちに、人間としての根本の価値観を教えていくことは、とても重要ですね。

使命感や責任感のない人生は、長い目で見れば、柱《はしら》のない家のような不安定さを免《まぬか》れることはできません。〝人格の背骨《せぼね》〟なくして、充実と満足の人生を歩《あゆ》めるはずがないからです。

その意味からも私は、子どもたちに、よき書物と親しむことの大切さを語ってきました。

十九世紀イギリスの指導者ジョン・ブライト*は、こう綴《つづ》っています。

「書物を、こよなく愛するということは、どういうことか。それは過去のあらゆる時代における、偉大《いだい》で善良《ぜんりょう》な人々に、直接、会うことが出来るようなものである(3)」

青年時代に、読書を通して、古今東西《ここんとうざい》の偉人《いじん》と出会い、多くの啓発《けいはつ》を受けた人は幸せです。

優《すぐ》れた人格や思想との邂逅《かいこう》は、人生の視野《しや》を広げ心の栄養となる。それは、自身を成長させる大きな力《ちから》となります。

リース　ええ。私の子どもたちも、あらゆる場所に本が溢《あふ》れ、知的な刺激《しげき》を与《あた》えてくれる客《きゃく》人《じん》が訪《おとず》れるような家で育ったことで、勉強することの意味を学ぶとともに、投げ出したくなっても最後までやり抜《ぬ》くことの大切さを身につけたと思っています。

我《わ》が家にたくさんの本があったことと、頻繁《ひんぱん》に時事《じじ》問題を論じ合う気風《きふう》が、教育を重んじる雰囲気を醸《かも》し出していたと思います。

父親として私は、「教育の恩恵《おんけい》なしに人生の広がりはありえない」と常《つね》に言い聞かせてきました。

子どもの性格を見極《みきわ》めるために、時々ですが、わざと意地悪《いじわる》なことを言って困らせてみたこともありました（笑）。一方で妻は、もっと優しく広い心をもって、「言行一致《げんこういっち》」と「思いやり」の大切さを家庭のなかで身をもって示してくれました。

そのほかにも私は、人生を歩むうえで、個人の努力とともに公共サービスも重要であることを、子どもたちに強調してきました。

公教育の制度はもとより、公衆衛生《こうしゅうえいせい》や社会福祉《ふくし》といったサービスは、市民社会の建設を助け、家族のあり方にも影響を及ぼしてくるからです。

池田　大切な視点です。自助《じじょ》（自身の努力）とともに、共助《きょうじょ》（隣人《りんじん》や地域の支《ささ》え合い）、そして公《こう》助《じょ》（公共の支援）があってこそ、健全《けんぜん》な市民社会が形づくられていきます。

そうした多元的《たげんてき》な支え合いなくして、安全で安心な社会を築《きず》くことはできません。このことは、東日本大震災《だいしんさい》に際しても痛切《つうせつ》に実感《じっかん》されたところです。

ともあれ、教育のうえで欠かせないことは、子どもを一個の人格として尊重《そんちょう》することです。子どもの心の中には立派な大人がいる。その人格に向かって真摯《しんし》に語りかけることでしょう。

先ほど触《ふ》れたアルン・ガンジー氏ですが、十歳の頃《ころ》、南アフリカで人種差別のために暴行《ぼうこう》を受けたことがあったそうです。憤《いきどお》りを抑《おさ》えきれない氏は、早く大人になって、どんな相手だろうと腕力《わんりょく》で打ち負かせるぐらいに強くなりたいとの思いを募《つの》らせた、と。

そのとき両親は、アルン氏を、インドにいる祖父《そふ》マハトマ・ガンジーのもとに送り出しました。話を聞いたガンジーは、孫にこう諭《さと》したといいます。

「怒《いか》りを覚《おぼ》えることがあったら、それをすべて日記に書き出しなさい。ほかの人や、ほかの

アメリカSGIのデンバー文化会館で講演するアルン・ガンジー氏(2000年1月)
©Seikyo Shimbun

何かにそれをぶつけてはいけない。私たちは怒りを覚えると、必ず誰《だれ》かにそれをぶちまけたり、誰かを殴《なぐ》ったり、何かほかのものにあたったりする。だが、そうする代《か》わりに、すべてを日記に書き出すのだ。解決の糸口《いとぐち》を見つけるために書くのであって、怒りを持続させるために書くのではない[4]」

以来、アルン氏は、祖父のこの言葉をかみしめながら、怒りに心を支配されるのではなく、怒りが生み出すエネルギーを使って、よい解決策を見つけ出すことを心がけるようになったというのです。

仏典には「瞋恚《しんに》は善悪《ぜんあく》に通《つう》ずる者なり」(『御書』五八四ページ)という言葉があります。

つまり、人間の「怒《いか》り」のエネルギーも、高い目的と倫理観《りんりかん》に立つならば、平和と正義のための勇敢《ゆうかん》な行動、非暴力《ひぼうりょく》の行動へと向かわせることができる。その意味でも、人間教育の使命は大きいといえます。

非暴力を日々の行動に根付かせる

リース　これまで私は、世界各地でさまざまな紛争《ふんそう》解決のための仕事に取り組んできましたが、当事者には、その都度《つど》、〝自分たちの手で、もめごとにどう対処《たいしょ》したかを記録し、反省してもらう〟という方法を実践《じっせん》してきました。これは、「非暴力」の思想に根差《ねざ》した「言語」を人々が身につけるうえで、とても効果的でした。どのような言語でも、実際に身につけるには練習が必要です。

その意味でも、家庭や職場、信仰に基《もと》づくグループ、政治活動やボランティアの組織など、あらゆる状況での人間関係が、「非暴力」を実践する貴重《きちょう》な機会《きかい》となるのです。

「非暴力」の本質は言葉であり、言葉を通して自身のアイデンティティーをどう表現するかということです。非暴力の言葉とは——その国によって表現は違《ちが》っても——「愛」「正義」

「美」「優しさ」「平和」を表《あらわ》す言葉のことです。

また言葉は、芸術や音楽や詩歌《しいか》、私たちが着ている服、食べるもの、住まいを快適《かいてき》にする家具《かぐ》やしつらえ、人に対するもてなしとも関係しています。

私はＳＧＩの皆さんとの友情をずっと大切にしてきましたが、それは皆さんが心からのもてなしをしてくださり、音楽や芸術を重視されているからです。もてなしの心と、それに対する感謝の心は、日常生活のなかでも表現できるものだと思います。

以前、日本を訪《おとず》れた際、池田会長が創立された民音《みんおん》文化センターを訪問したのですが、そこでも音楽の演奏に触《ふ》れて心躍《おど》る体験をさせていただきました。

その思い出をとどめておこうと、英語で俳句《はいく》を詠《よ》みました。

「音楽の癒《いや》し　万人《ばんにん》の希望へと　愛が調べを生み出す」

「沈黙《ちんもく》のことば　非暴力という共通語　詩が交流の道」

ここで私は、「愛」という言葉を使っています。ごく親しい人だけを対象とする愛ではなく、「一つの人類」に対する愛こそ、人を感動させる演劇や素晴《すば》らしい音楽・写真・絵画・詩歌に共通するものではないでしょうか。

池田　まさに、その通りですね。

そうした「非暴力《ひぼうりょく》の言葉」が表《あらわ》す精神性を、日々のさまざまな活動や人間関係のなかで深め、自身の生き方に体現《たいげん》していくことが大事ですね。

信仰は、一人の人間には無限《むげん》の可能性があり、偉大《いだい》な力《ちから》があることを教えるものです。また、優《すぐ》れた詩や芸術や音楽も、人間の心を豊《ゆた》かにし、尊厳性《そんげんせい》を高め、人々を結《むす》ぶ力があります。

牧口初代会長、戸田第二代会長は、仏法の平和思想に基《もと》づいて、日本の軍国主義と対峙《たいじ》し、「言論《げんろん》」と「対話」という非暴力の行動によって戦い続けました。投獄《とうごく》にも屈《くっ》せず、獄中《ごくちゅう》での過酷《かこく》な取り調べにあっても、堂々《どうどう》と自《みずか》らの信念を貫《つらぬ》き、正義を叫《さけ》び抜《ぬ》かれました。この歴史は、私どもＳＧＩの平和運動の誇《ほこ》り高き原点です。

かつて、その思いを凝縮《ぎょうしゅく》させて、次のように述《の》べたことがあります。

「創価学会の社会的役割、使命は、暴力や権力、金力などの外的拘束力《こうそくりょく》をもって人間の尊厳を冒《おか》し続ける〝力〟に対する、内《うち》なる生命の深みより発する〝精神〟の戦いである」と。

これこそが、私どもが進める「人間革命《かくめい》」運動の核心《かくしん》なのです。

「母と子」が笑いさざめく社会の建設を願った、フランスの作家アンドレ・モロワ*も、「最も深い革命は精神的なものである。精神的革命は人間を変革《へんかく》し、こんどはその人間が世界を変革する」(5)との言葉を残しました。

私たちの対談の中心テーマである「正義に基づく平和」実現への行動は、そうした人間一人一人の内面における変革と社会における挑戦《ちょうせん》との、たゆまざる往還《おうかん》作業のなかで、確かな輪郭《りんかく》を帯《お》びてくるのではないでしょうか。

2

〝名もなき英雄〟こそ平和の担い手

人間は人間のなかで磨かれる

池田　創価教育の父である牧口初代会長が深く心にとどめていた東洋の箴言《しんげん》に、「従藍而青《じゅうらんにしょう》（青は藍《あい》より出《い》でて、而《しか》も藍より青し）」があります。

青色の染料《せんりょう》が植物の藍からつくられ、しかも藍より青くなるように、未来を担《にな》う世代には先輩たちを乗り越《こ》え、より立派に成長してもらいたいとの思いからです。

牧口会長は常々《つねづね》、〝教師は教え子たちの成長を支《ささ》えるよき伴侶《はんりょ》たれ！〟と訴《うった》えていました。

「弟子をして己《おのれ》を超《こ》えても無上《むじょう》最高の人格にまで導《みちび》こうとするのが、指導主義に立脚《りっきゃく》する教師の理想[1]」である――そう力説《りきせつ》して、真の「人間教育」の道を開こうとされたのです。

創価大学を訪問し、出迎えた学生たちに励ましの言葉を送るリース理事長（2009年4月、東京・八王子）　©Seikyo Shimbun

同じく教育者であった戸田第二代会長も、「論語《ろんご》に『後生畏《こうせいおそ》るべし』という言葉がある。君たちは『後生』だから、私よりも偉《えら》くなれ」と、青年であった私たちの発奮《はっぷん》を促《うなが》し、成長を願っておられました。

私もまた、まったく同じ思いで青年の育成《いくせい》に取り組んできました。

リース　教育者にとって、学生の成長した姿を見ることに勝《まさ》る喜びはありません。

私自身も、これまで教えた学生から「リース教授の授業は、やる気を刺激《しげき》されるし、研究を応援してくれたおかげで納得《なっとく》のいく論文を書き上げられた」といった声を聞くのが、一番、ありがたいです。

学生との交流は今でも大切にしていますが、そのような交流を阻《はば》み、学問への情熱さえ削《そ》ぎかねない風潮《ふうちょう》が二つあるように思います。

一点目は、大学の授業料の高騰《こうとう》に伴《ともな》い、学生の経済的な負担《ふたん》が増えていて、フルタイムで学ぶことが難《むずか》しくなっていることです。

そして二点目は、スマートフォンやタブレット端末《たんまつ》などのコンピューター機器に学生が頼《たよ》りすぎていることです。いくらコンピューターを使っても、従来《じゅうらい》の教育にあるような打《う》ち解《と》けた雰囲気や対話の代《か》わりにはなりません。私も、学生が真剣に学ぶ姿や、ともに過ごした楽しい時間は忘れられませんが、ただEメールをやりとりしただけの相手を、同じように覚《おぼ》えているとは考えにくいのです。

池田　ダイヤは、ダイヤによってしか磨《みが》かれないように、人間は人間のなかで磨かれてこそ、さらに輝きを放《はな》ちます。学生たちには、啓発《けいはつ》的で心通《かよ》う環境のなかで、伸《の》びやかに学ばせてあげたいものです。青年の生き生きとした成長の姿ほど、うれしいものはありません。

アメリカ創価大学（SUA）も、今年（二〇一一年）で十周年の佳節《かせつ》を刻《きざ》みました。五月には、第七回の卒業式を晴れやかに行《おこな》い、八月には第十一期生を迎《むか》えました。

皆、それぞれの国で、伝統ある名門大学への進学も可能であったはずの優秀な学生ばかりです。しかし、あえて私の創立した大学に集《つど》ってくれました。私は、全員の成長と活躍と勝利を、生涯《しょうがい》にわたって祈《いの》り、見守っていく決心です。

おかげさまで、SUAは昨年(二〇一〇年)、アメリカの「ニューズウィーク」誌が選ぶランキングにおいて、全米三千の大学のなかから「優《すぐ》れた小規模大学」「最も多様性《たようせい》のある大学」など四部門で、二十五位以内に選ばれました。

歴史はまだ浅いですが、一人一人の学生に光を当《あ》てながら、それぞれの個性と人格を尊《そん》重《ちょう》し伸ばしゆく、「学生第一」の人間教育の取り組みが高く評価されたことを、創立者として心からうれしく思っております。

リース　これまで私が、世界のさまざまな大学の教壇《きょうだん》に立つなかで感じてきたことは、SUAのような少人数制ではなく、アメリカの一部でみられるような大人数のクラスで授業を行う大学では、「試験のための知識」を詰《つ》め込《こ》む傾向があるということです。こうした詰め込み式の教育は、学生たちにとって退屈《たいくつ》で無味乾燥《むみかんそう》で残念なものです。

カナダやイギリスの大学では、〝自《みずか》ら学ぶ〟というヨーロッパの教育の伝統を身につけ、それが生涯《しょうがい》にわたる習慣となるよう教えられます。そこでは、単にテストに向けた準備をさせるのではなく、「やる気」や「刺激《しげき》」を与《あた》えることが教師の役割とされています。

文化や芸術との出あい

池田　大事な点です。リース理事長が実践《じっせん》してこられたように、学生たちの自主性をどう育《はぐく》み、才能を発揮《はっき》できるようにするかですね。

また、青年たちが優《すぐ》れた文学や芸術に触《ふ》れる機会《きかい》を数多くもつことも重要です。

以前（二〇〇〇年十月）、タイのアナン元首相と、語り合ったことを思い起こします。

アナン元首相は、「創造性《そうぞうせい》を薫発《くんぱつ》する教育」を行《おこな》うための要諦《ようてい》を、こう述《の》べていました。

「良い本、良い芸術作品、良い文化、良い人間――何にせよ、『良いもの』に出あわせることだと思います。『良いもの』を見せ、触れさせてあげることだと思います」と。

私どもも創価教育の伝統として、アナン氏が強調された点を常《つね》に心がけてきただけに、深く共鳴《きょうめい》したものでした。

ＳＵＡでは、創造性を育む教育環境づくりの一環《いっかん》として、このたび「創価芸術センター」

アメリカ創価大学にオープンした「創価芸術センター」で行われた第7回卒業式（2011年5月、カリフォルニア） ©Seikyo Shimbun

が、新たにオープンしました（二〇一一年）。

私がこれまで訪問してきた世界の多くの大学でも、キャンパスに設《もう》けられた文化施設が、平和と芸術の発信拠点《はっしんきょてん》となり、地域市民との交流の舞台《ぶたい》となっていました。

各国の伝統ある大学に学びながら、文化と芸術の創造性に溢《あふ》れる教育を大きく開花させていきたいと考えております。

リース　「創価芸術センター」のオープン、誠《まこと》におめでとうございます。

我《わ》がシドニー大学にも、ニコルソン博物館*や戦争記念ギャラリーといった文化施設があります。これらの文化施設は、専門分野の学生や職員だけでなく、社会見学で訪《おとず》れる子どもたちや観光客など、幅広《はばひろ》い層《そう》を惹《ひ》きつける存在となっています。

ここで専門分野と申し上げたのは、考古学《こうこがく》や古代史や美術史などを学ぶ学生のことです。大学内にこうした施設があることで、大学というものの証《あか》しともいうべき、「あらゆる思想に開かれている」「歴史への崇敬《すうけい》の念が脈打《みゃくう》っている」「偉大《いだい》な芸術に触《ふ》れ、学ぶ機会《きかい》が提供《ていきょう》されている」といった国際色豊《ゆた》かな雰囲気が醸《かも》し出されているのです。

池田 素晴《すば》らしいことです。多彩《たさい》な文化や芸術との出あいと啓発《けいはつ》があってこそ、大学は真に〝人間の英知《えいち》と創造性《そうぞうせい》を無限《むげん》に輝かせゆく殿堂《でんどう》〟たりえますね。

シドニー大学の紋章《もんしょう》の中央には、「開かれた本」が配《はい》されています。開かれた心で学ぶ世界市民の精神を象徴《しょうちょう》していると私は感じてきました。

創価大学の隣接《りんせつ》地に東京富士美術館を開設したのも、そうした大学の社会的意義を踏《ふ》まえてのことでした。

ところで、我《わ》がSUAの卒業生たちは、一期生の時代から、皆が〝若き創立者〟としての誇《ほこ》りに燃えて、各分野で道なき道を開いてくれております。

また「後輩のために道を開こう!」との思いで、多くの学生が世界各国の大学院への合格

シドニー大学のニコルソン博物館

を勝ち取ってきました。

ハーバード大学やスタンフォード大学、コロンビア大学、また、ケンブリッジ大学やオックスフォード大学をはじめ、世界の大学院に卒業生たちが進学し、研鑽《けんさん》を重《かさ》ねております。

大学を卒業後、さらに専門的な研究を続けるにあたって大切なポイントは何か――。

長年にわたり、大学院での教育にも携《たずさ》わってこられたリース理事長のご経験から、何かアドバイスをいただけますでしょうか。

リース　喜んでお答えしたいと思います。

これまで数百人に及ぶ修士課程《かてい》や博士課程の院生たちを指導してきたなかで、私が最も留意《りゅうい》してきたことは、彼らが〝どのようなことを信念に掲《かか》げ、何を目標に生きているのか〟という点です。

学問以前に、「一人の人間としての自分」というテーマにきちんと向き合っていなければ、研究や論文の書き方、分析《ぶんせき》方法などを指導することはできません。ゆえに、彼らとは知的な挑戦《ちょうせん》だけでなく、友情も基盤《きばん》にした関係を確立できるように心を砕《くだ》いてきました。

一方で私は、学生たちに対し、研究と論文にはもてるかぎりの力《ちから》を注《そそ》ぎ、最高のものを完成させるように指導しています。

そして、社会問題について明確な意見をもった「有言《ゆうげん》実行の行動の学者たれ」と激励《げきれい》してきました。社会で実際に行動することで率先垂範《そっせんすいはん》になりますし、彼らにとっても貴重《きちょう》な学びの体験が得《え》られます。

このような場面で教師が果《は》たせる役割は、いくつもあります。以前（第一章第二節、第三節）お話しした、指導教授のレイモンド・イルズリー教授と私の関係がそうであったように、「教師と学生」の絆《きずな》は素晴《すば》らしいと思うのです。

民衆の決意と勇気と忍耐

池田　貴重なアドバイスに感謝いたします。

学究《がっきゅう》の道に進んでも、「何のため」という確固《かっこ》たる人生の羅針盤《らしんばん》がなければ、目的のない航海《こうかい》となってしまう。言い換《か》えれば、自身が人間として、生涯《しょうがい》にわたってどう生きていくのか――常《つね》に謙虚《けんきょ》に学び、原点に立ち返りながら成長していく努力が大切ですね。

昨年（二〇一〇年）の五月、カナダが誇《ほこ》る名門ラバル大学の一行を、創価大学にお迎《むか》えしました。一六六三年に創立された、フランス語系で北米最古《さいこ》の歴史をもつ大学です。

このラバル大学のブリエール学長*が、変化を続ける激動《げきどう》の時代のなかで勝利の人生を歩《あゆ》み通すための鍵《かぎ》として強調しておられたのも、まさに「生涯学び続けること」にほかなりませんでした。

伝統あるラバル大学の教育学部では、「地球市民学」における学位《がくい》の設置が目指《めざ》されています。光栄なことに、ブリエール学長は、その取り組みのうえで、「創価教育システムの根《こん》幹《かん》を成《な》す基本理念」にも注目されていました。

これまで創価大学やアメリカ創価大学では、新たな世界市民教育の一環《いっかん》として、国際的に活躍される各界のリーダーや識者の方々を招《まね》き、特別講座や講演会を積極的に開催してきました。

今年（二〇一一年）の四月には、マーチン・ルーサー・キング博士の盟友《めいゆう》で歴史学者のビンセント・ハーディング博士*が、アメリカ創価大学で、「非暴力《ひぼうりょく》の心を持つ市民の育成《いくせい》」について、パネル・ディスカッションを行《おこな》ってくださいました。

このテーマは、私とハーディング博士が対談の中で論じ合ったものでもあります。

キング博士らが中心となって進めた「バス・ボイコット運動*」などの人権運動が、なぜ成功したのか——ハーディング博士は、私との語らいの中で、こう述《の》べておられました。

「たった一人のカリスマ的指導者の奮闘《ふんとう》に、運動の成否《せいひ》がかかっているという見方では、『民衆による運動』という理念そのものに反してしまいます。キングは民衆から勇気をもらい、民衆もまた、キングから勇気を得《え》ました。両者は、常《つね》に互《たが》いに〝与《あた》え合う関係〟にあったのです(2)」

そのうえで、博士はこう強調されたのです。

キング博士の盟友で歴史学者のハーディング博士と池田SGI会長（1994年1月、東京）
©Seikyo Shimbun

「民衆の決意、勇気、忍耐《にんたい》が、この運動を成功に導《みちび》いたことは、疑《うたが》いようのない事実です。彼らは、市営《しえい》バスの乗車拒否《きょひ》を一年間も貫《つらぬ》き通しました。バスに依存《いそん》していた人のほとんどは、メード、料理人、掃除夫《そうじふ》、ポーターといった労働階級の庶民《しょみん》でした[2]」

「また彼らは、価値あることを成《な》し遂《と》げるには、必ず犠牲《ぎせい》が伴《ともな》うことも理解していました。これ以上、侮辱《ぶじょく》に甘《あま》んずるよりは、歩こうと決意していたのです[2]」と。

リース　示唆《しさ》に富《と》むお話ですね。

実《じつ》は私も、同じく「人々の模範《もはん》となるような人物は、たとえ無名であったとしても、最も地味《じみ》な庶民のなかにいる」との信念をもってきました。

ですから、以前（二〇〇〇年九月）、シドニー・オリンピックの開催に合わせて、各分野の傑出《けっしゅつ》した人物を招《まね》いて、「チャンピオン（闘士《とうし》）をつくるのは何か」という会議が行《おこな》われたとき、正直なところ、若干《じゃっかん》の違和感《いわかん》を抱《いだ》かざるをえませんでした。

この会議が開かれたことが、南アフリカのマンデラ元大統領をオーストラリアに招くきっかけになったとはいえ、会議のあり方に、私の年来《ねんらい》の信念とは異《こと》なるものを感じたのです。

実際、私の周《まわ》りにも、〝名もなき英雄《えいゆう》〟ともいうべき人々がたくさんいます。

以前（第二章第一節）にも紹介した、シドニーで「パブで政治を」と題する市民フォーラムを毎週開催してきたブルース・トムズ夫妻がそうでした。知名度《ちめいど》はそれほど高くありませんが、我《わ》が国における市民社会の発展に着実《ちゃくじつ》に貢献《こうけん》してこられました。

また、私の同僚《どうりょう》で、シドニー平和財団で専務理事を務《つと》めるハンナ・ミドルトン博士も、私が〝名もなき英雄〟として、ぜひとも紹介したい一人です。

彼女は、命を脅《おびや》かされるような難病《なんびょう》にも負けず、夫のデニス・ドアティー氏とともに、社会正義を求め不正《ふせい》と闘《たたか》うリーダーとして献身《けんしん》的に行動しています。

「非暴力《ひぼうりょく》」と「非軍事化」という信念が、ユーモアや政治的手腕《しゅわん》と合体しているのも、彼女の仕事や生き方の得難《えがた》い特徴《とくちょう》です。

「人生史の約束」に焦点を当てる

池田　庶民《しょみん》のなかに、真の英雄を見いだされる慧眼《けいがん》に感動しました。

確かに、キング博士やマンデラ元大統領のような人物は、人々に勇気と希望を送り、時代変革《へんかく》の重要な役割を果《は》たしてきました。しかし一方で、模範《もはん》となりうる存在は〝人道《じんどう》のチャンピオン〟や〝平和の英雄〟と讃《たた》えられる偉人《いじん》たちに限られるものでは決してない。むしろ、市井《しせい》の庶民のなかに「尊《とうと》い生き方」を貫《つらぬ》く人々が厳然《げんぜん》と存在し、人知れず輝いていることに、しっかりと目を向けるべきであるとのお考えに、私もまったく同感です。

その対比《たいひ》は、思想家カーライルとエマソン*の英雄観の違《ちが》いにも通《つう》じるものといえましょう。カーライルが、普通の人々とは違う特別な力《ちから》をもっている人間を「英雄」と見なしたのに対して、エマソンは、人間は誰《だれ》しも偉大《いだい》な力を秘《ひ》めており、その力を開花させ、発揮《はっき》しうると考えていました。

エマソンは、「私自身が見てきた有名ではない多くの人に、私を驚嘆《きょうたん》させ、熟考《じゅっこう》させ、喜ばせる天分《てんぶん》を持っている人が、なんと多いことか(3)」と述《の》べました。彼は、たとえ社会で脚光《きゃっこう》を浴《あ》びる存在でなくとも、自分はそうした人々を尊敬《そんけい》し、敬愛《けいあい》してきたと強調しています。

私の人生を振《ふ》り返ってみても、このエマソンの言葉には、深い真実の響《ひび》きがあると実感します。

リース　池田会長が紹介されたエマソンの英雄観《えいゆうかん》、人間観は、私の信条《しんじょう》と重《かさ》なり合うものです。実《じつ》のところ、そうした〝名もなき英雄〟こそが、平和を築《きず》くための基盤《きばん》となっているのです。

紛争《ふんそう》を解決した社会について、どのように平和を根付《ねづ》かせることができたかを調べてみますと、無名であっても勇敢《ゆうかん》で優《すぐ》れた女性たちが、そこで重要な役割を果《は》たしていることがわかります。

池田　非常に重要なポイントですね。私も、平和創造《そうぞう》の鍵《かぎ》は女性たちの勇気と行動にあると、一貫《いっかん》して訴《うった》えてきました。

たとえ目立たなくても、そうした女性たち、また名もなき庶民《しょみん》たちが、平和な社会を築きゆく、かけがえのない原動力《げんどうりょく》となるのです。

もう三十年以上前になりますが、『忘れ得《え》ぬ出会い』と題する本を発刊《はっかん》したことがあります。ある雑誌での連載をまとめたもので、そこで私は、歴史家のトインビー博士やローマクラブ*の創設者であるペッチェイ*博士など、対話を重ねてきた世界の識者と並《なら》ぶかたちで、若き日に接した市井《しせい》の人々との忘れ得ぬ思い出を綴《つづ》りました。

新聞配達をしていた小学生の私をいつも気にかけて、「発明王エジソン*も少年時代に新聞の売り子をしながら勉強した。小さい時に苦労した人が幸せなんだよ」と励《はげ》ましてくれた近所の若い夫妻。

戦後に私が通《かよ》った夜学《やがく》の院長で、ご自身が開かれた学校に、当初は病院から通い、その後は学校の一室で起居《ききょ》しながら、私たち青年の育成《いくせい》に全力を注《そそ》がれた高田勇道《ゆうみち》先生。高田先生は、自《みずか》らの学校を短期大学に発展させるべく病《やまい》を押して奔走《ほんそう》し、その開学直後に逝去《せいきょ》されたのです。

そして当時、私が働《はたら》いていた印刷所の社長で、自らは〝仕事の鬼《おに》〟としていかなる苦労も厭《いと》わず、日夜奔走の日々を送りながら、終業《しゅうぎょう》時間がくると、私を快《こころよ》く夜学の授業に送り出してくれた黒部武男さん……。

ほかにも多くの市井《しせい》の人々との思い出を紹介しました。「懸命《けんめい》に自分らしく生きる庶民《しょみん》のなかにこそ確かな人格の輝きがある」との思いを込《こ》めて――。

崇高《すうこう》な人格の輝きを放《はな》つ無名の庶民の英雄《えいゆう》は、「平和と人間の尊厳《そんげん》の世紀」の創造《そうぞう》のために、長年にわたり、私と苦労をともにしてくれたSGIのメンバーにも数多くいます。

私は、そうした方々の尊《とうと》い人生を顕彰《けんしょう》し、後世《こうせい》に残したいとの思いで一九八〇年に執筆《しっぴつ》を開始し、何度かの連載を経《へ》ながら、百人を超《こ》える〝忘れ得ぬ同志《どうし》〟の黄金譜《おうごんふ》を「聖教新聞」に綴《つづ》りました。

また、小説『人間革命《かくめい》』や『新・人間革命』をはじめ、折々の随筆《ずいひつ》でも、幾《いく》千、幾万の庶民の英雄のドラマを描《えが》いてきました。

リース　非常に意義深い取り組みだと思います。

私も以前、ある著書で「人生史の約束（the promise of biography）」という概念《がいねん》を提唱《ていしょう》したことがありました。そこには〝誰《だれ》であれ、人間には創造性が備《そな》わっている〟という意味が込《こ》められています。

残念なことに、現実の社会では、性別や人種の違《ちが》いのために差別を受けたり、自分の価値を見いだせなかったり、また基本的な教育の機会《きかい》が得《え》られなかったなどの理由から、その可能性を開花するにいたらない場合があります。

私は、今後、社会活動を大きく展開していくうえで、この「人生史の約束」――とくに政治や芸術などの面で、活動の表舞台《おもてぶたい》には登場することがないような人々の体験――に焦点《しょうてん》を当《あ》てることが重要ではないかと考えています。

その意味から申し上げれば、SGIの皆さんは普段《ふだん》から、大勢《おおぜい》の人々の前で自分が歩《あゆ》んできた人生について語り、その行為を通して「自信を深める」と同時に、「周囲の人々に理解を広げる」という経験をしておられますね。私はその事実に感銘《かんめい》を受けています。

同じ悩みの人に勇気を灯す

池田　ありがとうございます。大乗《だいじょう》仏教の精髄《せいずい》である法華経《ほけきょう》には「種種因縁《しゅじゅいんねん》」「種種譬喩《ひゆ》」という言葉が出てきます。仏《ほとけ》は難解《なんかい》な法門を、さまざまな因縁や譬喩など具体的な話を用《もち》いて、わかり易《やす》く説《と》いたことを表《あらわ》しています。

戸田第二代会長は、この言葉を通して、さまざまな苦境《くきょう》を乗り越《こ》えた人間の姿ほど、同じ問題に直面《ちょくめん》する人々にとって大きな励《はげ》ましとなるものはないと強調していました。

病気の悩《なや》みにしても、家庭や仕事の問題にしても、親しい人を失った悲しみにしても、そうしたことを体験した人でなければ、同じような悩みをもつ人たちの心の痛みは、なかなかわからないものです。

戸田会長は、よく言われていました。

「なぜ会長になったのか。それは、私は妻も亡《な》くしました。愛する娘《むすめ》も亡くしました。そして、人生の苦労を、とことん、なめつくしました。だから会長になったのです」と。

私どもは、苦しみを重《かさ》ねながら、信仰を通して乗り越えた自身の体験を、人間としての一つの勝利の「実証《じっしょう》」として示していくなかで、同じ悩みをもつ人々に勇気と希望の光を送り、自身の苦難をも〝他の人々の人生を明るく照らす薪《たきぎ》〟へと転《てん》じていく――そうした利他《りた》の精神に基《もと》づく生き方を、ともに目指《めざ》してきたのです。

私は「自《みずか》らが味《あじ》わった苦難」を「人々の心に勇気の炎《ほのお》を灯《とも》す使命」へと変えゆく挑戦《ちょうせん》の心を、仏法が説《と》く「地涌《じゆ》の菩薩《ぼさつ》」の精神に託《たく》して、私どもの愛唱歌《あいしょうか》に次のように綴《つづ》りました。

「人間革命の歌」の碑の前に立つ池田SGI会長夫妻（2003年5月、東京）
©Seikyo Shimbun

「君も征《ゆ》け　我《われ》も征く
吹雪《ふぶき》に胸はり　いざや征け
地よりか涌《わ》きたる
我なれば　我なれば
この世《よ》で果《は》たさん　使命あり」
リース　この歌詞には、苦難のなかを生き抜《ぬ》く不屈《ふくつ》のエネルギーにこそ、人間としての真の力《ちから》があり、「吹雪に胸はり」前進する姿が、順境《じゅんきょう》にある人々にさえ大いなる勇気を与《あた》えるとの意義が込《こ》められているように感じます。
二〇一一年の七月現在、私がこう申し上げながら思い浮かべるのは、ソマリアの女性たちが栄養失調《しっちょう》に苦しむ我《わ》が子の手を引きながら、ケニアの難民《なんみん》キャンプを目指して、何日も、時には何週間も歩き続ける不屈《ふくつ》の姿です。

食べる物はなく、飲み水もほとんどないまま歩き続けるという、あまりにも過酷《かこく》な状況下でさえ勇気と誇《ほこ》りを失わない、あの尊《とうと》き女性たちの姿です。

ソマリアでは多くの母子が尊い命を落としていますが、国連の関与《かんよ》によって人道危機《じんどうきき》が回避《かいひ》できることを祈《いの》りたいと思います。

池田　私もまったく同じ思いです。

生きるか死ぬかという、きわめて過酷な状況にあって、我《わ》が愛する家族を守るため、友を助けるために勇敢《ゆうかん》に立ち上がった人々の姿ほど、深く胸を打つものはありません。

このたびの東日本大震災《だいしんさい》でも、多くの方々が被災《ひさい》による苦しみや悲しみに直面《ちょくめん》しながらも必死に生き抜《ぬ》き、それぞれの地域にあって助け合い、支《ささ》え合う〝励《はげ》ましの輪〟を広げてきました。

リース理事長が述《の》べられたように、そうした尊き姿が、日本の多くの国民に大きな感動を与《あた》え、勇気を与えています。

岩手県釜石《かまいし》市のある壮年の方は、津波による浸水《しんすい》で〝陸の孤島《ことう》〟と化《か》した集落《しゅうらく》を救うため、消防団や町内会の人々とともに、震災の翌朝から三日間かけて瓦礫《がれき》を取り除《のぞ》いて、約四キロの〝命の道〟を開き、臨時のヘリポートまでつくりました。

その壮年は、「大好きなこの町の人を助けたかった。皆で協力し合い、無我夢中《むがむちゅう》で動きました」と語っていました。

人々に尽《つ》くし、人々の役に立ちたいという〝やむにやまれぬ思い〟が、自身の中にあった〝大いなる力《ちから》〟を引き出したと証言される人もいます。

各地の被災地では、青年たちも立ち上がり、献身《けんしん》的な活躍を続けています。

まさに、使命を深く自覚した青年の息吹《いぶき》と情熱は、新しい時代の希望となります。どんなに闇《やみ》が深かろうとも、青年が立ち上がった場所から、太陽は厳然《げんぜん》と昇りゆくのです。

リース　今のお話とも関連しますが、池田会長は今年（二〇一一年）一月に発表された平和提言《ていげん》においても、そうした「青年の果《は》たすべき役割」を強調されていましたね。

私たちは昨今、チュニジアやエジプトなどの中東各国で、教育を受けた勇気ある青年たちが立ち上がり、行動している姿を目の当《ま》たりにしてきました。

それぞれの家庭環境や教育環境は異《こと》なっていたとしても、民主主義や人権を守るために立ち上がった青年たちは、非暴力《ひぼうりょく》的な手段によって意義深い勝利を成《な》し遂《と》げたのです。

中東の青年たちは、つかんだチャンスを生《い》かしました。世界中の青年も、今こそ一丸《いちがん》となって、あらゆる核兵器《かくへいき》の廃絶《はいぜつ》を訴《うった》えてほしい。普遍《ふへん》的人権が尊重《そんちょう》される社会を実現するためには、「核兵器のない世界」であることが大前提《だいぜんてい》です。青年が「核兵器のない世界」を目指《めざ》して行動すれば、人類の未来は、必ずや今よりも明るいものとなるでしょう。

非暴力の戦いには「勇気」が必要です。反対に、相手を威嚇《いかく》したり、脅威《きょうい》を与《あた》えるために暴力を使用したりすることは、臆病者《おくびょうもの》の行為にほかなりません。

こうした非暴力の実践《じっせん》を人々に――とりわけ青年たちに促《うなが》しておられる池田会長の主張は、マハトマ・ガンジーの〝生命の法則としての非暴力〟の思想と共鳴《きょうめい》するものだと、私は思うのです。

3 核兵器のない世界への道

白瀬探検隊とシドニーとの絆

池田　本年（二〇一一年）の十一月で、日本の白瀬南極探検隊《しらせなんきょくたんけんたい》の船が、貴国オーストラリアのシドニー港を出航《しゅっこう》し、南極大陸に向かってから、ちょうど百周年の佳節《かせつ》を刻《きざ》みました。

「何事をなすにも困難《こんなん》と障害《しょうがい》はある。否《いな》、辛酸《しんさん》なき成功は真の成功ではない、僥倖《ぎょうこう》である。富籤《とみくじ》のごとき成功である」(1)

これは、白瀬矗《のぶ》*隊長が残した言葉です。

白瀬隊長は、東北の秋田の出身で、あの有名なアムンゼン*とスコット*が南極点の一番乗りを目指して激《はげ》しく競《きそ》い合っていた時期に、日本から隊を率《ひき》いて南極探検に挑《いど》みました。

実《じつ》は白瀬隊《しらせたい》は、その年（一九一一年）の二月に南極《なんきょく》大陸への上陸を試《こころ》みたものの、厚い氷に阻《はば》まれて断念《だんねん》し、失意《しつい》のなか引き返していました。その後、再起《さいき》を期《き》して、解氷期《かいひょうき》を迎《むか》えるまでシドニーに逗留《とうりゅう》していたのです。

当時は、日本人に対する偏見《へんけん》や猜疑心《さいぎしん》もあり、白瀬隊がシドニーに到着《とうちゃく》すると、彼らを警《けい》戒《かい》する中傷《ちゅうしょう》記事が地元新聞の紙面をにぎわせました。

そのとき、日本からの探検隊《たんけんたい》を擁護《ようご》する論陣《ろんじん》を敢然《かんぜん》と張ったのが、貴シドニー大学の著名《ちょめい》な地質《ちしつ》学者であり、探検家であったエッジワース・デービッド*教授でした。

南極探検の経験もあるデービッド教授は、入港《にゅうこう》まもない白瀬隊のもとを訪《おとず》れて励《はげ》ましただけでなく、彼らの挑戦《ちょうせん》を高く評価する記事を新聞に投稿《とうこう》して、〝日本から来た探検隊をねぎらうことこそ我々《われわれ》の務《つと》めである〟と主張されたのです。以来、シドニー市民の空気は一変《いっぺん》し、隊員らは多くの人々の歓迎《かんげい》を受けるようになりました。

後《のち》に白瀬隊長は、人々の温《あたた》かさに包《つつ》まれて過ごした逗留期間を感謝を込《こ》めて振《ふ》り返り、シドニーの地を「なつかしき半年の故郷(1)」と呼んでいます。

リース　非常に興味深いお話です。

南極探検に挑んだ白瀬矗隊長（前列中央）と、隊員らを温かく励まし支援したデービッド教授（同右）
（写真提供：白瀬南極探検隊記念館）

今から百年も前に、我《わ》がシドニー大学の教授が、日本人への認識を正す先駆《せんく》的な役割を果《は》たしたこと、その結果、白瀬隊長がシドニーを〝故郷〟とまで呼ぶほど愛着《あいちゃく》を深められたことを、私もうれしく思います。

また、〝成功は、困難《こんなん》と障害《しょうがい》を乗り越《こ》えてこそ、つかむことができる〟という白瀬隊長の信念に感銘《かんめい》を受けました。

池田　シドニーに入港してから、しばらく孤《こ》立《りつ》無援《むえん》の状態にあった隊員たちにとって、デービッド教授の存在が、どれほど大きな支《ささ》えとなったことか。教授は、南極についての資料のほか、多くの貴重《きちょう》なアドバイスや情報も提供《ていきょう》してくれました。

白瀬《しらせ》隊長は、かけがえのない恩人《おんじん》であるデービッド教授について、日本に帰国して著《あらわ》した探検記《たんけんき》の中で、何度も言及《げんきゅう》しています。

一九一一年（明治四十四年）十一月十九日、いよいよ南極《なんきょく》に向けてシドニー港を出航《しゅっこう》した際、教授は探検隊の船を訪《おとず》れ、最後の最後まで見送ってくれました。

白瀬隊長は、このときの思いを「白髯《はくぜん》のデビット教授がわざわざ老体《ろうたい》をさげてわれらの行を送られたことは、長く忘るることができぬ(1)」と綴《つづ》っています。

教授と別れるにあたって、尽《つ》きせぬ深謝《しんしゃ》の印《しるし》として贈《おく》ったのが、彼が自分の命のように大切にしてきた日本刀でした。

その刀は、現在、シドニーのオーストラリア博物館に所蔵《しょぞう》されていますが、今年（二〇一一年）の七月から八月にかけて、白瀬隊長の生誕《せいたん》百五十周年を記念して開催された特別展のために、日本に〝里帰《さとがえ》り〟しました。

貴国と日本の先人《せんじん》たちが深く心を通《かよ》わせた、麗《うるわ》しき友情の象徴《しょうちょう》として、記念の展示会は大きな話題を呼びました。

リース　現代では、分断《ぶんだん》と分裂《ぶんれつ》を深めるような政治が世界を席巻《せっけん》しています。

以前も触《ふ》れましたが、今年の七月には、妻の祖国のノルウェーで、多くの若者が殺害されるという悲劇《ひげき》も起きてしまいました。そうしたなかで、日本とオーストラリアの国境を超《こ》えた友情の絆《きずな》の歴史は、大きな希望を与《あた》えてくれます。

言葉が通《つう》じなくても連帯《れんたい》しようとする人々の姿が、どれほど相互《そうご》の理解を深め、共通の目的観を育《はぐく》んでくれるか——。連帯への心があれば、すでにそれが「共通の言語」といえるかもしれません。

池田会長や私が生涯《しょうがい》をかけて取り組んできた「普遍《ふへん》的人権」や「非暴力《ひぼうりょく》」の推進、そして「核兵器《かくへいき》のない世界」への闘争《とうそう》を貫《つらぬ》く連帯は、あらゆる人々に恩恵《おんけい》をもたらすものです。

池田　平和への連帯こそ、二十一世紀の世界の合言葉《あいことば》となるべきものです。

残念ながら、近代の日本は軍国主義への傾斜《けいしゃ》を強め、戦争を繰《く》り返していきました。そして第二次世界大戦では、ダーウィン市をはじめ、貴国の美しい天地《てんち》にも爆撃《ばくげき》を行《おこな》い、多くの尊《とうと》き人命《じんめい》を奪《うば》ってしまった。

私たちは、軍国主義と戦い抜《ぬ》いた牧口初代会長と戸田第二代会長の精神を受け継《つ》ぐ者として、民衆を苦しめる戦争を二度と許《ゆる》してはならない——その深い決意に立ち、心ある人々と連帯《れんたい》し行動してきました。

とくに日本の侵略《しんりゃく》は、貴国の歴史において未曾有《みぞう》の事態であっただけに、その衝撃《しょうげき》は計《はか》り知れないものであったに違《ちが》いありません。

こうした過去の残念な歴史について、今なお深い心の傷を抱《かか》えている方々も多いのではないでしょうか。

他者の立場に身を置いて考える

リース　オーストラリア人が日本に対して抱《いだ》くイメージは、世代によって異《こと》なります。

第二次世界大戦や、日本軍による捕虜収容所《ほりょしゅうようじょ》の凄惨《せいさん》な記憶がある高齢の世代は、いまだに日本人は残虐《ざんぎゃく》だという考えをもっているかもしれません。

また、戦時中に中国や朝鮮半島、その他の国の人々に対して行《おこな》ってきた残虐で非人道《ひじんどう》的な行為について、政府が謝罪《しゃざい》しようとしない国であると考えているかもしれません。

自国の歴史を、どのように見つめ、歴史の教訓《きょうくん》から学んでいくかは、どの国にとっても大きな課題であり、オーストラリアも例外ではありません。

オーストラリアの歴史をめぐる論争は、今なお続いており、主なものとして「アボリジナル（先住民《せんじゅうみん》）の人々に対する暴力《ぼうりょく》はどの程度まで行われたのか」「非アングロサクソン系の住民に対する差別はどうであったか」「オーストラリアは、後発《こうはつ》の移住者《いじゅうしゃ》からどのような恩《おん》恵《けい》を受けてきたのか」といった問題点が挙《あ》げられます。

今日《こんにち》のオーストラリアでは、こうした問題点から目をそらすことなく、公《おおやけ》の場で議論が行われるようになりました。目障《めざわ》りな部分はなかったことにしようと史実《しじつ》を覆《おお》い隠《かく》すことには何のメリットもない、というのがオーストラリアの学んだ教訓です。

生き生きとした民主主義社会には、オープンな議論と、「栄光の歴史」だけでなく「歴史の暗部《あんぶ》」をも認める勇気が不可欠《ふかけつ》なのです。

池田　きわめて重要なご指摘《してき》です。

歴史と正しく向き合い「真摯《しんし》に過去を見つめる」ことなくして、「真摯に未来と向き合う」ことなどできません。ゆえに私は、ことあるごとに青年たちに、歴史から学び、深き史観《しかん》と洞察力《どうさつりょく》を磨《みが》くことの重要性を訴《うった》えてきました。

また、アジア諸国の識者との対談の際にも、歴史の真実を浮《う》き彫《ぼ》りにして、より深く心を通《かよ》わせ、理解し合うための挑戦《ちょうせん》を重《かさ》ねてきました。韓国の国立済州《チェジュ》大学の趙文富《チョムンブ》＊元総長との対談を開始した際、私は固い決意を込《こ》めて、こう述《の》べました。

「誤《あやま》った歴史認識が、いまだに根深く、くすぶっているからこそ、質量ともに、それらをはるかに凌駕《りょうが》する、正しい真実の史観《しかん》に立った平和教育を、断固《だんこ》として推進していかねばなりません。私たちの対談が、その礎《いしずえ》となればと念願《ねんがん》しています(2)」と。

また昨年（二〇一〇年）発刊《はっかん》した、中国を代表する歴史学者の章開沅《しょうかいげん》＊教授との対談集でも、私は過去の歴史を踏《ふ》まえ、「他者の立場に身を置いて考える」ことの重要性について申し上げました。章教授が深い洞察《どうさつ》をもって「多種多様《たしゅたよう》かつ有形無形《ゆうけいむけい》にして有声無声の『他者の立場に身を置いて考える』対話を通《つう》じてのみ、真相を求め、真理を究《きわ》めることができる(3)」と述べられた言葉が深く心に残っています。

そのほか、貴国では日本人について、どのような印象がもたれているのでしょうか。

リース　そうですね、若い世代による日本の捉《とら》え方はさまざまですが、世界的に有名な電機メーカーの技術力に対する評価や、日本車に象徴《しょうちょう》される製品の安全性が、日本に対するイメージを形づくっていると思われます。

私も実際に幾度《いくど》か訪問するなかで、日本というのは、几帳面《きちょうめん》で効率《こうりつ》を重んじる国であると強く感じました。加えて、滞在《たいざい》の際に市井《しせい》の人々が私にかけてくれた親切や優しさも忘れられません。

初めての訪日は一九九八年で、社会福祉《ふくし》に関する国際会議に参加するためでした。滞在したのが、東京の中でも英語の標識《ひょうしき》がまったくない地域で、私は日本語が話せませんし、最初の二、三日は電車に乗るのも大変でした。

しかし、一部の無愛想《ぶあいそう》な駅員を除《のぞ》いて（笑）、私が出会った日本の人々は、信じられないほど親切に助けてくれました。言葉がそれほど通じないにもかかわらず、私が何をしたいのか、懸命《けんめい》に理解しようと心を砕《くだ》いてくれたのです。

また、その他の人々の印象を挙《あ》げるとすれば、我《わ》が国の北西部にブルームという町がありますが、そこでは真珠貝《しんじゅがい》の採取《さいしゅ》に従事《じゅうじ》した日本人ダイバーの技術と勇敢《ゆうかん》さを、多くの人が記憶しているはずです。北西部のブルーム周辺の住民と、大胆《だいたん》で勇敢な日本人ダイバーとの間《あいだ》に生まれた強い絆《きずな》は、今なお消えていません。多くのオーストラリア人が、そのようなイメージを抱《いだ》いています。

池田　そうですか。今、お話のあった日本人のダイバーたちは、両国の民間交流の先駆《さきが》けになったといわれていますね。

高級ボタンの材料として重宝《ちょうほう》されていた真珠貝《しんじゅがい》を採取《さいしゅ》するため、日本人がオーストラリアに移《うつ》り住みました。明治から昭和初期にかけて、ブルームや木曜島《もくようとう》（サーズデイ島）、またダーウィン市でも、危険と隣《とな》り合わせの仕事に携《たずさ》わっていたことが記録に残っています。

この真珠貝と並《なら》んで、古くから日豪《にちごう》両国を結《むす》んでいたのが羊毛《ようもう》です。戦前の重要産業の一つであった日本の毛織物《けおりもの》産業は、実《じつ》は貴国の羊毛によって大きく支《ささ》えられていました。

牧口初代会長は、その事実を踏《ふ》まえつつ、身の回りの品々から〝世界と自分とのつながり〟を感じ取ることの大切さを、著作《ちょさく》『人生地理学』の中で、こう強調していました。

「片田舎《かたいなか》の人間の私でさえ着ている服は南アメリカもしくはオーストラリアの羊毛とイギリスの鉄と石炭《せきたん》を使ってイギリス人が作ってくれたもの。靴《くつ》の底皮《そこがわ》はアメリカ産、それ以外の革《かわ》はインドのもの。部屋のランプの明かりのもとはロシア・コーカサスの油田《ゆでん》から採《と》った石油。眼鏡《めがね》のレンズはドイツ人の精巧《せいこう》さと熟練《じゅくれん》のお陰《かげ》。これらが牧畜《ぼくちく》され、採掘《さいくつ》され、収集《しゅうしゅう》され、製造され、運搬《うんぱん》され、売買《ばいばい》されて、ようやく私のもとに辿《たど》り着《つ》いたということを考える

オーストラリアの羊の放牧風景　©AFLO

と、目に見えない、平素《へいそ》において全然感じることもなく、考えもしなかったことであっても、私のような者の生活さえ世界中の人々の長い時間の活動のお陰なのである(4)」と。

そのうえで牧口会長は、「かくのごとくして、私は生命を世界にかけ、世界をわが家となし、万国《ばんこく》を自分自身の活動区域となしつつあることを知る(4)」と述《の》べていました。

こうした現実の生活における世界の人々との相互《そうご》のつながりを示し、感謝の心を教えながら、世界市民として、ともに手を携えて平和を築《きず》く生き方を促《うなが》していたのです。

リース　牧口会長が挙《あ》げられた例は、非常にわかりやすく、実感がわく内容といえますね。

時代は変わっても、私たちの生活がそうした〝世界とのつながり〟によって成《な》り立っている事実は、今日《こんにち》でも変わらないと思います。
アボリジナルの詩人ウジュール・ヌナカル（キャス・ウォーカー）の詩集『私の同胞《どうほう》』の冒《ぼう》頭《とう》に、「みんな一つの仲間」と題する作品があります。人種差別に終止符《しゅうしふ》を打ち、すべての人が〝一つの人類〟を目指《めざ》して団結していく様子が綴《つづ》られており、ヌナカルの思い描《えが》く世界が伝わってきます。

「黒い部族、黄色い部族、赤、白、茶色
太陽が飛び出るところから沈《しず》むところまで
ドイツの紳士《しんし》もイギリスの旦那《だんな》様も
フランスの乙女《おとめ》もインディアンのおかみさんも
みんな一つの家族、戦争なんていらない[5]」
「私は人類の味方、肌《はだ》の色で差別しない
私は世界人で、部族は関係ない[5]」
「私は世界人、国は関係ない

私は人類の味方、みんな一つの仲間(5)」

平和を願うならば平和の準備を

池田　大自然と共生《きょうせい》し誇《ほこ》り高く生きてきた、アボリジナルの人々の人類融和《ゆうわ》への痛切《つうせつ》な叫《さけ》びが深く胸に響《ひび》きます。

現代世界においては、各地の紛争《ふんそう》や貧困《ひんこん》、また環境破壊《はかい》をはじめとする地球的問題群が山積《さんせき》し、もはや一国だけでは解決しえない時代となりました。

そうした問題のうち、近年、とくに貴国と日本が共同して取り組んできた分野の一つが、核兵器《かくへいき》の廃絶《はいぜつ》を目指《めざ》す取り組みでありましょう。

両国は、二〇〇二年にオランダとともに、包括的《ほうかつてき》核実験禁止条約*（ＣＴＢＴ）の発効促進《はっこうそくしん》を目指す「ＣＴＢＴフレンズ*」という国家グループを結成したのに続き、二〇〇八年には核不拡散《ふかくさん》・核軍縮《ぐんしゅく》に関する国際委員会（ＩＣＮＮＤ）を発足《ほっそく》させ、「核兵器のない世界」に向けた国際社会の努力を後押《あとお》しするための報告書を発表しました。

リース理事長は、こうした動向《どうこう》を、どのように評価されますか。また、「核兵器のない世界」を実現するための課題は、どこにあるとお考えですか。

リース　まず二〇〇九年に発表された報告書（「核《かく》の脅威《きょうい》を断《た》つために 世界の政策立案者《りつあんしゃ》のための実践的《じっせん》な計画」）については、国際原子力機関*（ＩＡＥＡ）の権限《けんげん》や資金面における強化など、核軍縮《ぐんしゅく》を進めるうえで重要と思われる短期・長期にわたる方途《ほうと》が示されていると感じました。

私が、核保有《ほゆう》国の指導者に思い起こしてほしいのは、核兵器《へいき》の保有は「一番大きくて強い兵器を持っていれば他者を支配できる」という時代遅れの発想だという点です。「俺のほうが、お前より強いぞ！」という考え方や、そうした振《ふ》る舞《ま》いは臆病者《おくびょうもの》のすることです。

同じく、核保有国の同盟《どうめい》国に対しても、私は、いかなる大国《たいこく》の「核の傘《かさ》」も、自国の安全保障にはつながらないことを直視《ちょくし》すべきであると強調したい。

先ほどの詩に象徴《しょうちょう》されるような「一つの人類」という理念を重視すべきであり、地球を破《は》壊《かい》してしまうような兵器は断《だん》じて使用してはならず、ゆえに廃棄《はいき》するしかないことを、今こそ核保有国に納得《なっとく》させなければなりません。

圧倒的《あっとうてき》な力《ちから》の保有こそが、争《あらそ》いに勝つ方法であり、まして「防衛《ぼうえい》」になるといった発想など、まったく理解に苦しむものです。

池田　核保有国に加えて、その同盟国のリーダーたちの意識変革《へんかく》が何よりも急務《きゅうむ》である。この理事長の指摘《してき》に、私も全面的に賛同《さんどう》します。

残念ながら、冷戦が終結《しゅうけつ》して二十年以上が経《た》ちますが、いまだに世界では、互《たが》いに〝脅威〟を突《つ》きつけ合い、恐怖の均衡《きんこう》を保《たも》とうとする抑止論《よくしろん》の呪縛《じゅばく》が続いています。しかも、その結果として、不毛《ふもう》な軍拡《ぐんかく》競争と核兵器の拡散《かくさん》をもたらしてしまいました。

真の平和と安心を得《え》るためには、ともに脅威を取り除《のぞ》くために歩《あゆ》み寄り、互いに〝信頼〟を深め合う関係を築《きず》いていく以外にないのです。

核保有国とその同盟国が一日も早く、そうした政策転換《てんかん》に踏《ふ》み出し、「安全と安心の同心円《どうしんえん》」を世界全体に広げていくことを、私も切望《せつぼう》しています。

この点に関して、パグウォッシュ会議*のジョセフ・ロートブラット博士*が、私との対談の中で述《の》べておられた言葉が思い起こされます。

「遠い昔、人間の最大の関心事《かんしんじ》が『家族の安全』であったように、そしてその後、それが『自分たちの国家の安全』に向けられたように、今日《こんにち》、私たちは『人類全体の安全』を意識せざるをえない時代に入りました(6)」

そのうえで博士は、こうした意識変革《へんかく》のプロセスを開始する出発点として、「平和を願うならば、平和の準備をせよ」[6]とのモットーを挙《あ》げ、この発想の転換《てんかん》のなかにこそ「私たちの最も貴重《きちょう》な共通財産《ざいさん》である人類を守りゆく道がある」[6]と力説《りきせつ》されていたのです。

リース　ロートブラット博士とは、今から十年ほど前（二〇〇〇年二月）、沖縄でお会いしました。池田会長が創立された戸田記念国際平和研究所が主催した国際会議でご一緒《いっしょ》しました。以前から博士のことは、パグウォッシュ会議の偉大《いだい》な指導者として存じ上げていましたが、直接お会いする機会《きかい》を得《え》て光栄でした。

沖縄での会議で、博士が核軍縮《かくぐんしゅく》のための提案《ていあん》を行《おこな》う一方で、「科学者たるものは、自身の研究が倫理《りんり》的にどのような結果をもたらすのかを考えねばならない」「原子力研究は平和のために貢献《こうけん》すべきである」「核兵器《へいき》が使用されたら、どれほど悲惨《ひさん》な結末が待っているか、世界中の人々にきちんと知ってほしい」――そう訴《うった》えておられたことが、心に深く残っています。

また私は、このときの滞在《たいざい》を通して、かつて第二次世界大戦末期の沖縄戦で、多くの民間人と米軍兵士の尊《とうと》い命が失われた歴史を目《ま》の当《あ》たりにして、深く胸を痛めました。そのうえ

戸田記念国際平和研究所主催の国際会議のために来日したロートブラット博士（右から4人目）、リース理事長（同2人目）らと、池田SGI会長（2000年2月、沖縄）
©Seikyo Shimbun

で、いまだ沖縄に非常に大きな米軍基地が存在し続けていることを大変に残念に思いました。

それだけに、恩納村《おんなそん》にある創価学会の沖縄研修道場を訪《おとず》れて、かつてその場所には、米軍の核《かく》ミサイル基地があり、跡地《あとち》に残されていたミサイルの発射台《はっしゃだい》が〝平和の碑《ひ》〟として生まれ変わった――という話を伺《うかが》って、強い印象を受けました。

このアイデアは、池田会長が提案《ていあん》されたものだそうですね。心から感謝申し上げます！

〝戦争の要塞〟を平和の誓いの場に

池田　恐縮《きょうしゅく》です。偉大《いだい》な平和の闘士《とうし》であられるロートブラット博士やリース博士らを、私どもの沖縄研修道場にお迎《むか》えし、親しく語り合ったことが、まるで昨日のことのように思い起こされます。
あのミサイル基地には、かつて中距離核弾頭《だんとう》が搭載《とうさい》可能な「メースB」が配備《はいび》されていました。その跡地に創価学会の研修道場が建設され、オープンから六年後（一九八三年）に私が初めて訪れたときも、厚さ一・五メートルのコンクリートでつくられた頑丈《がんじょう》な発射台が、そのまま残されていました。

核ミサイルの照準《しょうじゅん》が当時中国に向けられていたこと、そして沖縄に四カ所あったミサイル基地のうち、往時《おうじ》の姿を残しているのはその場所だけであることを聞き、私は視察《しさつ》の後、取り壊す予定を変更して「永遠に残そう！」と提案したのです。

「人類は、かつて戦争という愚《おろ》かなことをした」という一つの証《あか》しとして。そして「戦争を二度と起こさない」との誓《ちか》いを込《こ》めて――。

そのうえで具体的に、「発射台の上には、平和の象徴《しょうちょう》になるようなブロンズ像を立ててはどうか」と、沖縄の友に呼びかけました。

そして翌年の一九八四年に、「世界平和の碑」が完成し、かつて〝戦争の要塞《ようさい》〟であったミサイル基地は、民衆の力《ちから》によって不戦《ふせん》の世紀の建設を誓い合う〝平和の要塞〟へと生まれ変わったのです。

以来、パラオ共和国のトミー・レメンゲサウ*大統領をはじめ、中国やフィリピンなど、日本が戦争の傷跡《きずあと》を残した国々からも多くの識者が沖縄研修道場を訪問してくださいました。

ありがたいことに、これまで「ミサイル基地を平和の舞台《ぶたい》に転換《てんかん》された発想は本当に素晴《すば》らしい。多くの青年がここを訪れ、平和の精神を学んでほしい」（中国人民対外友好協会の陳昊《ちんこう》蘇《そ》会長）等々、共感の声を寄せていただいております。

リース　私は、その「世界平和の碑《ひ》」が建立《こんりゅう》された場所の写真を、戸田記念国際平和研究所やSGIの皆さんの〝平和への信念〟を象徴《しょうちょう》するものとして、シドニーにある執務室《しつむしつ》の壁《かべ》に誇《ほこ》らしく飾《かざ》っております。

私は、平和の実現を阻《はば》んできた最大の障害《しょうがい》は、「力《ちから》こそ正義」であり、「銃《じゅう》が安全を保障してくれる」と、ほぼ無条件に信じてしまうような価値観や発想にあると考えてきました。こうした軍国主義的な考え方があるために、暴力《ぼうりょく》が何世紀にもわたって世界に蔓延《まんえん》してきたのです。

その意味からも、沖縄の地で「世界平和の碑」という象徴的な形で「戦争の要塞《ようさい》から平和の要塞」への転換《てんかん》が示されたことには重要な意義があります。

私は昨年（二〇一〇年）、核兵器《かくへいき》の廃絶《はいぜつ》のために休むことなく献身《けんしん》する人々への感謝の思いを込《こ》めた、「私たちは皆、感謝できるはず」と題する詩を綴《つづ》りました。

その詩の中で私は、二人の日本人の少女を登場させました。一人は「ヒロシマ」、もう一人は「ナガサキ」という名の少女です。

シドニー平和財団の執務室に飾られた、沖縄研修道場「世界平和の碑」の写真（池田SGI会長撮影）の前に立つリース理事長

二人は愛嬌《あいきょう》があって賢《かしこ》く、どんなときも明《めい》朗快活《ろうかいかつ》です。そうした性質は、二人に共通する人間らしさを表《あらわ》しています。

やがて二人とも、軍縮《ぐんしゅく》を進めるために行動するリーダー、正義の闘士《とうし》へと成長しました。

彼女たちは、自《みずか》らの名前の由来《ゆらい》となった広島と長崎に悲劇《ひげき》をもたらした灰《はい》から学んだのです。

池田　平和の大切さを訴《うった》える、実《じつ》に創造《そうぞう》的な詩ですね。

広島、長崎、そして沖縄をはじめ、日本全国、そして世界各地で「核兵器のない世界」を目指《めざ》して行動する青年たちに、勇気と希望を送ってくれます。

思い返せば私も、十年前（二〇〇一年）、アメリカでの同時多発《たはつ》テロの翌月に発刊《はっかん》された寄《き》稿集《こうしゅう》『灰《はい》の中から』（ロデール社）に、一文を寄せたことがあります。

その中で私は、こう呼びかけました。

「軍事力などのハード・パワーによる解決は、その本質的な問題解決にはつながらないであろう。究極的《きゅうきょくてき》には、たとえ時間がかかったとしても、人間にそなわる善性《ぜんせい》を信じ、そこに呼びかけ、働《はたら》きかけていく『文明間の対話』という地道《じみち》な精神的営為《えいい》を、あらゆるレベルで重層的《じゅうそうてき》に進めていくことが肝要《かんよう》ではないだろうか。『対話』には、不信や憎悪《ぞうお》で分断《ぶんだん》された心の壁《かべ》を打ち破る力《ちから》がある」「我々《われわれ》は、憎《にく》しみ合うために生まれてきたのではない。今こそ、人間の善なる可能性を信じるときである」と。

今こそ、疑心暗鬼《ぎしんあんき》や不信感という暗雲《あんうん》を打ち払《はら》い、ともに手を携《たずさ》えて平和と希望の未来への一歩を踏《ふ》み出すときではないでしょうか。

今年（二〇一一年）一月に発表した平和提言《ていげん》では、その方向転換《てんかん》を決定づけるための取り組みとして、原爆投下から七十年となる二〇一五年に、広島と長崎で核拡散《かくかくさん》防止条約＊（NPT）の再検討会議を開催し、各国の首脳《しゅのう》や市民社会の代表が一堂《いちどう》に会《かい》して核時代に終止符《しゅうしふ》を打つ「核廃絶《はいぜつ》サミット」としての意義をとどめるべきである、との提案《ていあん》を行《おこな》いました。

二〇一五年が、核兵器の廃絶に向けて大きく踏み出す年となることを強く願うものです。

核廃絶は前人未到の大事業

リース　会長の提案を、私も強く支持します。広島・長崎での開催は、核廃絶への決意を象《しょう》徴《ちょう》する以上の大きな意義があると思います。

「人類の未来は、非暴力《ひぼうりょく》と軍縮《ぐんしゅく》にあらゆる方面から取り組めるかどうかにかかっている」とのメッセージを、すべての参加者の胸に、深く深く刻《きざ》むことになるでしょう。

忘れもしません。初めて広島平和記念資料館を訪《おとず》れたときのことです。私は、新幹線で東京に戻る車中で思索《しさく》しました。

広島と長崎への原爆投下によって、あまりにも無残《むざん》に人生が一変《いっぺん》してしまった人々の体験を風化《ふうか》させないために、シドニーでも何かできないだろうか――。

オーストラリア唯一《ゆいいつ》の国際平和賞である「シドニー平和賞」の授賞基準を書き出して定《さだ》めたのは、実《じつ》はこのときなのです。同賞の授賞基準の一つは、「非暴力の言語」「非暴力の実《じつ》践《せん》」に献身的《けんしんてき》に取り組んでいることです。

池田会長は、核廃絶《かくはいぜつ》サミットの提案《ていあん》をされた箇所《かしょ》で、「保有《ほゆう》国をはじめとする現職のリーダーたちが被爆地《ひばくち》を実際に目にする体験を共有《きょうゆう》することで、『核兵器《へいき》のない世界』に向けた取り組みは揺《ゆ》るぎないものになるのではないでしょうか」と主張されましたね。

私は、原爆投下の悲劇《ひげき》を知る日本人だからこそ言える〝重要な人道的要請《じんどうてきようせい》〟であると感じました。

池田　ありがとうございます。

先に触《ふ》れたように、オーストラリアの人々の友誼《ゆうぎ》の心に支《ささ》えられて白瀬隊《しらせたい》が探検《たんけん》に挑《いど》んだ南極《なんきょく》は、国際社会が初めて一致《いっち》して核兵器を含む「完全な非軍事化」を実現した大陸でもありました。それを定《さだ》めた南極条約*が発効《はっこう》して、今年（二〇一一年）で五十周年になります。

以来、中南米、南太平洋、東南アジアで「非核兵器地帯」が成立し、二年前（二〇〇九年）には中央アジアとアフリカでも「非核兵器地帯条約」が発効しています。今や、南半球の陸地のほぼ全域をカバーし、北半球の一部にまで非核兵器地帯が拡大しているのです。

また、中東で核兵器を含む「非大量破壊《はかい》兵器地帯」への道を模索《もさく》する会議が、明年（二〇

1961年に発効した南極条約によって、南極大陸は核兵器を含む「完全な非軍事化」が実現した地域となった ©AFLO

一二年）の開催を目指《めざ》して呼びかけられています。

実現には、困難《こんなん》が伴《ともな》うにしても、北東アジアや南アジアなどとともに、いまだ非核地帯化が進んでいない地域においても、今後、粘《ねば》り強い外交努力と対話の推進によって活路《かつろ》を見いだしていくことが欠かせません。

「核兵器のない世界」への挑戦《ちょうせん》は、大量破壊兵器の地球規模での削減《さくげん》のみならず、「核の抑止力《よくしりょく》」という旧《きゅう》思考を転換《てんかん》しゆく前人未到《ぜんじんみとう》の大事業であるがゆえに、多くの試練《しれん》や障害《しょうがい》があることは必至《ひっし》です。

しかし、だからこそ、世界中の心ある人々が懸命《けんめい》に行動を続けてきました。そして次代《じだい》を担《にな》う青年たちも、その心を受け継《つ》いで敢然《かんぜん》と挑《いど》んでほしいのです。

日本の南極探検《なんきょくたんけん》に新たな歴史を開いた白瀬《しらせ》隊長は、烈々《れつれつ》たる信念をこう記《しる》しました。

「自分は前人未踏《ぜんじんみとう》の境に行きたい。人が鍬《くわ》や鎌《かま》で雑草《ざっそう》を切りそろえて、坦々砥《たんたんとい》し のごとくしたその跡《あと》を、のそりのそりとたどりゆくのは大きらいだ」(1)

険《けわ》しい道だからこそ、やりがいがある。乗り越《こ》え、達成したときの喜びも、ひとしお大きい。こうした雄々《おお》しき心と崇高《すうこう》な使命感をもって、青年たちが勇躍《ゆうやく》と立ち上がり、人類の未来のために平和の連帯《れんたい》を広げていくことを願ってやみません。

4

人間の善性をどこまでも信じて

文化遺産の世界的保護

池田　貴国オーストラリアは、壮麗《そうれい》な芸術の殿堂《でんどう》であるシドニー・オペラハウスなど、十九の文化遺産《いさん》や自然遺産が、ユネスコ（国連教育科学文化機関）の世界遺産として登録されていますね。
これまでにも話題になったウルル・カタジュタ国立公園*や、カカドゥ国立公園*など、雄大《ゆうだい》な自然遺産とアボリジナルの太古《たいこ》の文化遺産が共存《きょうそん》する貴重《きちょう》な複合《ふくごう》遺産の数々も、世界的に有名です。なかでも文化遺産は、人類の貴重な宝《たから》であるとともに、多くの人々にとって大切な精神の拠《よ》り所《どころ》となり、聖地《せいち》となっています。

文化遺産《いさん》といえば、二〇一一年の七月、国際司法裁判所が、タイとカンボジアの国境にある「プレアビヒア寺院遺跡《いせき》*」の領有権《りょうゆうけん》をめぐる両国間の紛争《ふんそう》について、一つの重要な命令を下《くだ》しました。

これまでたびたび、武力《ぶりょく》衝突《しょうとつ》が起きてきた同地域の周辺に「非武装《ひぶそう》地帯」を設定し、両国軍の即時撤退《そくじてったい》と武力行使《こうし》の禁止を命じたのです。これは、文化遺産をめぐる当事国同士での紛争解決が、いかに困難《こんなん》かをあらためて示すものとなりました。

このケースのように、文化遺産や宗教的遺産に対する攻撃《こうげき》や破壊《はかい》が周辺地域の緊張を高め、紛争をエスカレートさせていく事例が、世界各地でみられます。

私どもの戸田記念国際平和研究所では、同年の五月、バンコクで「文化遺産保護による紛争予防・平和構築」をテーマに、国際会議を開催しました。

ASEAN*（東南アジア諸国連合）のスリン・ピッスワン*事務総長をはじめ、出席した各国の学識者や専門家からは、「文化遺産や宗教的遺産が攻撃の対象となる事態を招《まね》かないように単に留意《りゅうい》し合うだけなく、それらの保護のために周辺諸国が一致《いっち》して協力していく体制を目指《めざ》すなかで、信頼醸成《じょうせい》を進めるべきである」といった声が相次《あいつ》ぎました。

シドニーのシンボルとして親しまれているオペラハウス　©AFLO

平和への取り組みは、こうした地域の実情《じつじょう》を踏《ふ》まえた、人々の心に根を張ったものであることが大事であると思います。

リース　おっしゃる通りですね。私が、正義と平和の問題を考えるうえで影響を受けた一人は、池田会長と対談集を発刊《はっかん》された平和学者のヨハン・ガルトゥング博士です。

博士が提唱《ていしょう》する「構造的暴力《ぼうりょく》」の概念《がいねん》は、社会的な不公正《ふこうせい》という問題の根源《こんげん》へと私たちの目を向けさせてくれます。そして、直接的な暴力を終わらせることは、目標のほんの一部にすぎないことを、「公正な平和」を目指して戦う人々に思い起こさせてくれます。

紛争の調停《ちょうてい》にあたる人々が、不公正を生み

出す根深い構造的な原因――これを永続化《えいぞくか》させているのが、階級やカースト、性別、民族、性的指向《しこう》、宗教などによる差別ですが――に取り組まないかぎり、「公正《こうせい》な平和」を実現させることはできません。「構造的暴力《ぼうりょく》」を無視したまま、和平調停《わへいちょうてい》が成立しても長続きすることはないのです。

池田　ご指摘《してき》の点は、紛争《ふんそう》を解決し、さらに安定的な平和の構築を目指《めざ》すために不可欠《ふかけつ》な課題です。

それは、文化の側面《そくめん》からもいえますね。各地の文化遺産《いさん》も、世代から世代へ、長い歴史を経《へ》て受け継《つ》いできた民族や人々にとっては、自分たちの信仰やアイデンティティーの一部となり、共同体のシンボルとなっている場合があります。

そうした文化遺産に敵意《てきい》が向けられ、破壊《はかい》や攻撃《こうげき》が加えられた場合、容易《ようい》には解消《かいしょう》できない憎《にく》しみが生まれてしまうものです。

その点を踏《ふ》まえて私は、二十数年前、ドイツの教育者で哲学者であるデルボラフ教授*との対談(1)の中で、文化遺産の保護には全世界が協力すべきであり、民族や国家の違《ちが》いを超《こ》えた「人類全体の共同体意識」を強め、「戦争に対する抑止力《よくしりょく》」を生み出していくべきだと訴《うった》えたことがあります。また、異《こと》なる文化との開かれた交流は、新たな啓発《けいはつ》と創造《そうぞう》への大いなる源《げん》泉《せん》となっていくものです。

そうした視点などを踏まえて、現在、戸田記念国際平和研究所では、「他者との関《かか》わり合い（Engaging the Other）」をテーマに掲《かか》げ、主要研究プロジェクトを進めております。バンコクでの国際会議も、その一環《いっかん》として行《おこな》われたものでした。

このテーマを考える際、思い起こされるのが、ガルトゥング博士が、私との対談[2]の中で、若き日に胸に刻《きざ》んだと述懐《じゅっかい》されていた哲学者スピノザ*の〝無理解は悪を生みだし、理解は善をもたらす〟との言葉です。

スピノザは、平和を「精神の力《ちから》から生《しょう》ずる徳[3]」であると位置づけていました。確かに平和は、人々の積極的な意志が伴《ともな》わなければ、〝絵空事《えそらごと》〟で終わってしまうでしょう。

また、たとえ一度、和平が達成できたとしても、他の集団との関係が「消極的な寛容《かんよう》」の域《いき》を脱《だっ》しないかぎり、本当の意味での歩《あゆ》み寄りはできません。いわんや、平和的共存《きょうぞん》への道を開くこともできないでしょう。

歴史の教訓から真摯に学ぶ

リース　私もそう思います。多くの事例に照らして明らかなように、かりに和平合意《わへいごうい》がなされたとしても、その内容が戦闘の終結《しゅうけつ》と軍隊の撤退《てったい》しか視野《しや》に入《い》れず、社会正義を担保《たんぽ》する方法まで考慮《こうりょ》していなければ、和平は維持《いじ》できません。

第一次世界大戦を終結させたベルサイユ条約*が、その最《さい》たる例です。確かに条約によって、銃声《じゅうせい》も殺戮《さつりく》も止《や》み、一種の平和状態が訪《おとず》れたかもしれません。しかし、この条約による「平和」は、社会的・政治的・経済的な問題を無視したものでした。

つまり、ベルサイユ条約が追求《ついきゅう》したのは〝勝者の立場〟から見た正義であり、ドイツには〝見せしめ〟として膨大《ぼうだい》な賠償金《ばいしょうきん》が課《か》せられることになったのです。

ドイツにしてみれば、これは正義の帰結《きけつ》などではなく、〝罰《ばつ》〟でしかありませんでした。そして二十年も経《た》たないうちにファシズムの台頭《たいとう》を招き、第二次世界大戦の勃発《ぼっぱつ》へとつながってしまったのです。

池田　歴史の重い教訓《きょうくん》ですね。

おっしゃるように、「平和への模索《もさく》と同時に、社会正義を実現していく努力」を欠いてしまうと、人々の心に沈澱《ちんでん》した不信や憎悪《ぞうお》の火種《ひだね》が放置《ほうち》されたままとなり、それが新たな紛争《ふんそう》を招《まね》いてしまう。

歴史を見れば、普段《ふだん》の生活では、さほど顕在化《けんざいか》していなかった文化的・宗教的な違《ちが》いが、時々の政治的な思惑《おもわく》によって先鋭化《せんえいか》されて、人々の憎《にく》しみをかき立て、紛争や戦乱を引き起こした事例が少なくないことがわかります。それが、どれほど多くの尊《とうと》い命を奪《うば》ってきたか計《はか》り知れません。

同じ「人間」という共通の大地を見失い、目の前の差異《さい》に心を囚《とら》われて、人々が相争《あいあらそ》ってきた歴史について、文豪《ぶんごう》ユゴーは痛烈《つうれつ》な風刺《ふうし》詩を綴《つづ》りました。

「六千年このかた、戦争は
けんか好きな諸国の民《たみ》のお気に入り(4)」

「どんな国民も許《ゆる》しはしない、
別の国民がそばに暮《く》らしているのを。

そして為政者《いせいしゃ》どもは怒《いか》りを吹《ふ》きこむ、

我々《われわれ》の愚《おろ》かな心に[4]」

「どこが悪いんだ。あいつはなにしろ
白い服なんぞ着てやがったんだからな[4]」

「あいつをおれは消してやる。

そして晴れればれとした気持《きもち》で、おれは行っちまう。

なぜってあいつは罪《つみ》を犯《おか》したんだから、
ライン河の右側なんぞに生まれるという[4]」

ユゴーが鋭《するど》く指摘《してき》しているように、彼らは自分たちとは違《ちが》う——すなわち、他の民族の象《しょう》徴《ちょう》である「白い服」を着ていたからとか、自分たちが暮《く》らす地域とは別の「ライン河の右側に生まれた」からといった理由によって、戦争や大量虐殺《ぎゃくさつ》が正当化され、免罪化《めんざいか》された歴史があったのです。

二十一世紀に生きる私たちは、こうした忌《い》まわしい歴史の教訓《きょうくん》から真摯《しんし》に学び、「平和の文化」を地球上のすべての場所に根付《ねづ》かせていかねばなりません。

リース　その点に関連して、強く印象に残っているのは、南アフリカで真実和解《わかい》委員会の

フランスの文豪ビクトル・ユゴー　©AP/AFLO

委員長を務《つと》めたデズモンド・ツツ＊元大主教《だいしゅきょう》が「ウブンツ」＊という概念《がいねん》を説明した言葉です。

次代《じだい》を担《にな》う青年たちにも、ぜひ伝えたいと思いますので、ここでいくつか紹介させていただきます。

「私が人間であることは、あなたが人間であることと切り離すことができないほど深く結《むす》びついている」

「人は、他者を通して人となる」

「属《ぞく》する所があるからこそ、私は人間である」

「ウブンツの心を持った人はオープンで、他者との関《かか》わり合いを厭《いと》わず、他者を肯定《こうてい》する。他者が有能《ゆうのう》で善良《ぜんりょう》だからといって脅威《きょうい》を感じることもない。なぜなら、自分が大きな全体に属《ぞく》していて、他者が辱《はずかし》められ、貶《おとし》められたり、苦しめられたり、抑圧《よくあつ》されたり、人間以下の扱《あつか》いを受ければ、また自身も貶められることを知っているがゆえに、正しい自信を持っているからだ」

「ウブンツ」とは、ングニ諸語*の言葉で、人と人の相互依存性《そうごいそんせい》、普遍《ふへん》的な人間性、他者や地球との一体性などを指《さ》したものです。

私は、敵対《てきたい》してきた関係を修復《しゅうふく》するためには、こうした「ウブンツ」の心を理解し、自《みずか》らのものにしていくことが重要であると考えてきました。

それは、個人のエゴ（利己《りこ》的な感情）のみを優先させてはいけないとする心であり、「あなたがいるから、私もいる」という共存《きょうそん》の精神なのです。

ウブンツの本質を突いたツツ元大主教《だいしゅきょう》の慧眼《けいがん》には、常《つね》に学び、考えさせられています。

〝憎悪の連鎖〟を断ち切る対話

池田　いずれも大切な指針《ししん》ですね。

私どもが信奉《しんぽう》する仏法にも、「ウブンツ」の精神と響《ひび》き合う生命観が脈打《みゃくう》っています。

釈尊《しゃくそん》の教えに、次のような言葉があります。

「何ぴとも他人を欺《あざむ》いてはならない。たといどこにあっても他人を軽《かろ》んじてはならない。悩《なや》まそうとして怒《いか》りの想《おも》いをいだいて互《たが》いに他人に苦痛を与《あた》えることを望んではならない[5]」

「あたかも、母が己《おの》が独《ひと》り子を命を賭《か》けても護《まも》るように、そのように一切の生きとし生けるものどもに対しても、無量の（慈《いつく》しみの）こころを起《おこ》すべし[5]」

釈尊が生きた古代インドでも、社会の混乱《こんらん》や紛争《ふんそう》が相次《あいつ》ぐなかで、人々が憎悪《ぞうお》にかられて暴力《ぼうりょく》に走り、疑心暗鬼《ぎしんあんき》に陥《おちい》って、家の中でさえ武器を手放《てばな》せないような時代もあったといいます。

こうした状況を目《ま》の当《あ》たりにして、釈尊は「水の少《すく》ないところにいる魚のように、人々が慄《ふる》えている[5]」と胸を痛めました。そして憎悪や暴力に心を支配されるのではなく、互いの生命を大切なものとして尊《とうと》び、ともに平和で幸福に生きていく道を示したのです。

「『かれらもわたくしと同様《どうよう》であり、わたくしもかれらと同様である』と思って、わが身に引きくらべて、（生きものを）殺してはならぬ。また他人をして殺させてはならぬ[5]」と。

ここには、二つの重要な視座《しざ》があります。

一つは、自身が貫《つらぬ》くべき実践《じっせん》を、法律などの外在的《がいざい》なルールから規定《きてい》するのではなく、あくまで「わが身に引きくらべて」とあるように、他者への同苦《どうく》の眼差《まなざ》しに根差《ねざ》した内省的《ないせい》な問《と》いかけを出発点としていることです。

もう一つは、「他人をして殺させてはならぬ」とあるように、単に自分が殺生《せっしょう》を行《おこな》わないだけでなく、他の人々にも不殺生の実践を粘《ねば》り強く働《はたら》きかけることを促《うなが》している点です。

この「内省的な問いかけ」と「他者への働きかけ」の往還《おうかん》作業——つまり、たえず自己を省《かえり》みながら、相手の善性《ぜんせい》を信じ、呼びかける「対話」こそ、私は〝暴力《ぼうりょく》や憎悪《ぞうお》の連鎖《れんさ》〟を断《た》ち切り、平和的共存《きょうそん》への土壌《どじょう》を耕《たがや》す力《ちから》になると考えるのです。

リース　きわめて示唆《しさ》に富《と》むお話です。

紛争《ふんそう》や内戦の解決といっても、一人一人の人間の生き方や生活という足元を見つめ直《なお》す作業なくして、根本的な方途《ほうと》を見いだすことは困難《こんなん》です。

以前に申し上げた通り、私は平和研究に本格的に取り組む前に、ソーシャルワークの活動に携《たずさ》わっていました。住民組織化運動やソーシャルワークについて研究したことのない平和運動家から見れば驚《おどろ》きかもしれませんが、実《じつ》はこの平和研究とソーシャルワークの分野には、多くの共通点があるのです。

平和学者であり、平和運動家でもあったケネス・ボールディング博士*と、エリース・ボールディング博士ご夫妻は、その共通点を、こう表現されていました。

「平和運動家として生きる道は、幸福に満《み》ち溢《あふ》れた単純なものではありません。日常生活から切り離せない、あらゆる争《あらそ》いごとや差異《さい》と向き合う世界なのです」と。

これはまるで、ソーシャルワーカーの信条《しんじょう》を言い表《あらわ》したような言葉だと思います。

また、オーストラリアの平和学者ジョン・バートン博士も、「個人、政治、国家、地域、家族はつながっている」との私の考えを理解してくれて、こう述《の》べています。

「国家間の関係は、集団と集団との関係や、人間と人間との関係と、本質的に何ら変わりはない。紛争や暴力は、集団や個人レベルであれば、国家レベルのものより単純であるということはなく、どちらも根本的な原因は同じである」と。

池田　平和運動において、「個人、政治、国家、地域、家族はつながっている」と指摘《してき》された点は、きわめて重要なポイントだと思います。

つまり、その〝関連性やつながり〟があるために、低劣《ていれつ》な政治によって暴力《ぼうりょく》や争《あらそ》いの方向へ民衆が押し流されてしまう恐《おそ》れがある一方で、逆に一人一人の意識変革《へんかく》の輪が広がるならば、社会の方向性を正すこともできるという原理を表《あらわ》しているからです。

先ほど、南アフリカのツツ氏の言葉がありましたが、氏と同じく、アパルトヘイト（人種隔離《かくり》）政策の撤廃《てっぱい》のために戦い抜《ぬ》いたマンデラ元大統領は、次のように述《の》べています。

「私たちは、抑圧《よくあつ》が頂点に達したとき、すなわち、人種間の交流と言えば、その先には刑務《けいむ》所《しょ》や死しか待ち受けていなかったときでさえ、友情と共通の人間性にもとづいた社会を建設するという目標を決してあきらめなかった(6)」

「私たちの社会は、不吉《ふきつ》な予言《よげん》をする人々や、紛争《ふんそう》は終わらないという彼らの予想を公然《こうぜん》とはねのけてきた。国際社会の人々の多くは、それを離れたところから見て、これは奇跡《きせき》だと言う。しかし、この国の変化の過程に密接《みっせつ》に関《かか》わった人ならば、それは人間の決断が生み出した成果であるということがわかるだろう(6)」

つまり、あれほどの過酷《かこく》な状況にあっても、部外者《ぶがいしゃ》から見れば「奇跡」のように映《うつ》るほどの難題《なんだい》を乗り越《こ》える希望の力《ちから》を、「人間の決断」は生み出し、状況を変えることができたというのです。

私が冷戦時代から中国やソ連などの社会主義国を訪問するなかで、「分断《ぶんだん》ではなく交流を！」「対立ではなく共存《きょうそん》を！」と訴《うった》え、文化交流や教育交流を広げてきたのも、いずこの国の人であれ、〝平和を願う同じ人間である〟〝緊張緩和《かんわ》への道は必ず見いだせる〟との確信を抱《いだ》いてきたからです。

東洋には「涓滴《けんてき》岩を穿《うが》つ」という言葉がありますが、どこまでも人間の善性《ぜんせい》を信じ、胸襟《きょうきん》を開いた対話を、一つまた一つと重《かさ》ねていく以外にありません。

リース理事長は、シドニー平和財団の活動に携《たずさ》わる前に、シドニー大学の平和・紛争研究センターの設立に尽力《じんりょく》され、長年にわたり所長を務《つと》められました。

同センターでは、世界の紛争をさまざまな領域《りょういき》から複合《ふくごう》的に分析《ぶんせき》し、「公正《こうせい》な社会」を実現するための政策に関わるものから、ガンジーの哲学と実践《じっせん》などを踏《ふ》まえた「人権」や「非暴力」の運動の理念にいたるまで、幅広《はばひろ》く研究を行《おこな》われてきたそうですね。

このセンターは、どのような経緯《けいい》で設立されたのでしょうか。

平和学を求めた学生の熱意

リース　あれは二十年以上も前の一九八八年のことでした。シドニー大学で、ソーシャルワークの分野を専攻《せんこう》する学生たちが、「平和」について研究したいと希望しているものの、そうした機会《きかい》がないと嘆願《たんがん》運動を始めました。

当時は、一流大学と呼ばれるところでさえ、どのカリキュラムにも「平和学」などありませんでした。それで学生たちが抗議《こうぎ》の声を上げ始め、私の同僚《どうりょう》であったメアリー・レイン氏が、彼らの運動を支援しました。彼女の巧《たく》みな助力《じょりょく》によって、学生たちは、他の大学職員も味方につけることができました。

ソーシャルワーク・社会政策学部の教授であった私も、副総長をはじめ大学当局との間《あいだ》に立って調停《ちょうてい》・交渉《こうしょう》係を務《つと》めました。

大学当局からの最初の回答は、「平和学はカリキュラムに入れるだけの学術性に欠ける」というものでした。続く二度目の回答も、「『平和学』なるものは、大学の科目としてなじまない」といった内容でした。

1850年に創立され、オーストラリア最古の歴史と伝統を誇るシドニー大学

それで私が、平和は紛争《ふんそう》とは切っても切り離せないものであり、紛争は常《つね》に大学で研究の対象となってきたことを指摘《してき》して、「平和学と紛争学を統合《とうごう》したもの」という考えを提示すると、ようやく受け入れられました。

こうして、学生の夢が現実のものとなったのです。

池田　感動しました。リース理事長やレイン氏のような「学生第一」の心をもった教職員のいる大学で学べる学生たちは、本当に幸せです。

前にも触《ふ》れた著名《ちょめい》な探検家《たんけんか》で地質《ちしつ》学の研究者であったシドニー大学のエッジワース・デービッド教授も、そうした優《すぐ》れた教育者の一人でした。

かつて、教授は学生たちに、こう語ったといいます。

「学問の探究《たんきゅう》において、我々《われわれ》は同志《どうし》としてともに歩《あゆ》み、ともに語り合った。大学生活における、この友情と同志の絆《きずな》が、生涯《しょうがい》にわたり我々とともにありますことを」(7)

教師と学生たちが、ともに同志として、謙虚《けんきょ》に学究《がっきゅう》の道を歩んでいく――そうした気風《きふう》が、貴大学の伝統として、今なお受け継《つ》がれているのですね。

私も創価大学の教職員と懇談《こんだん》するたびに、そうした精神の大切さを強調してきました。

「創価大学は、学生のためにある。学生の成長と使命の実現のためにある。ゆえに、教員の皆さんは、学生を最大に大事にし、学生の薫陶《くんとう》に全魂《ぜんこん》を注《そそ》いでいただきたい。この『学生第一』の教育こそ、牧口先生、戸田先生の精神であり、創価大学の永遠の魂《たましい》でなければならない」と訴《うった》えてきたのです。

一方で、運動を立ち上げたシドニー大学の学生たちの自発性《じはっせい》も素晴《すば》らしいですね。

若い世代への大きな励《はげ》みとなり、参考となりますので、そのような気風が育《はぐく》まれた背景についても、お聞かせいただけますか。

リース　うれしい質問です。

運動の中心的存在となったソーシャルワーク専攻《せんこう》の学生たちは、社会や政治や経済の問題に対して、問題が起きてからではなく、あらかじめ問題を見越《みこ》したうえで、前もって行動するよう訓練を受けています。

つまり、主体的にイニシアチブを取り、社会に対して行動を起こせる力《ちから》を身につけることが、彼らを教育するうえでの大きなテーマとなっているのです。

またシドニー大学には、哲学や政治経済学を専攻する学生たちが保守的なカリキュラムを批判《ひはん》して、進歩的なテーマが授業に取り上げられる環境づくりを、自《みずか》ら推《お》し進めてきた歴史があります。

そうした自主性の発揮《はっき》は、ある意味で、長年にわたるベトナム戦争反対運動の流れを汲《く》んでいるものと思います。

自ら先頭に立って、平和学を学びたいと運動した学生たちの姿は、まさに〝草の根〟の民衆が社会正義を求めて行動することの大切さを示しています。

学生たちによる平和・紛争《ふんそう》研究センターの構想が、「学生中心の学問」――あらゆる学生の文化的・社会的背景と関心に応《こた》えゆく教育の伝統を築《きず》く道を開いていったのです。

この学生中心の教育は、以前にお話しした「人生史の約束」という理念ともつながるものです。

池田　「人生史の約束」――誰《だれ》であれ、人間には豊《ゆた》かな創造性《そうぞうせい》が備《そな》わっている、との考えに基《もと》づいた理念ですね。

その創造性を、いかに生き生きと発揮《はっき》させていくか――「学生たちの熱意《ねつい》と主体性」と「学生の行動に親身《しんみ》になって応える教職員の真摯《しんし》な努力」は、個々の可能性を開花させるうえで非常に大切なものだと思います。これは、大学の生命線ともいえるものです。

かつて、西洋最古《さいこ》の大学とされるイタリアのボローニャ大学から招聘《しょうへい》があり、講演したことがあります。同大学の出発においては、学生と教師は対等の関係にありました。学問を探《たん》究《きゅう》する自由にして平等な気風《きふう》にこそ、大学の本来の姿があるといえましょう。

私も創価大学の開学にあたっては、人間性への根底的《こんていてき》な問《と》いかけから出発した、まったく新しい学問体系《たいけい》の確立が必要になる、との認識をもっていました。そして、「この新しい学問のあり方にどう応えていくかが、創価大学の究極《きゅうきょく》の使命であり、責任となる」と呼びかけ

西洋最古の大学とされるイタリアのボローニャ大学で記念講演を行う池田SGI会長（1994年6月）
©Seikyo Shimbun

ました。

そのうえで建学《けんがく》の精神として、「人間教育の最高学府《がくふ》たれ」「新しき大文化建設の揺籃《ようらん》たれ」「人類の平和を守るフォートレス（要塞《ようさい》）たれ」を掲《かか》げたのです。

とくに三番目のモットーでは、戦争と暴力《ぼうりょく》の歴史を乗り越《こ》えるための大学の使命と責任を確認しました。

過去の歴史において、紛争《ふんそう》や戦乱がどれほど多くの民衆を苦しめてきたか。多くの大学も、いざ戦争の兆《きざ》しが強まると、軍事研究のための要塞と化《か》してしまった歴史があります。

であればこそ、創価大学は永遠に民衆の側《がわ》に立ち、民衆の幸福と平和を守り抜《ぬ》くフォートレスとしての使命を果《は》たさねばならない——と。

一九七六年、創価大学平和問題研究所*が開設され、八七年からは総合科目として「現代の危機《きき》と平和」（その後、テーマを「平和と人権」に変更）の講座も始まりました。

また、イギリスのブラッドフォード大学の平和学部と協定を結《むす》び、創大生が同大学で「平和学」の研修を受講したほか、国内外の平和学者をお招《まね》きし、特別講義や講演会などを積極的に開催してきました。

民衆抑圧の国家悪を許さない

リース　「人類の平和を守るフォートレス（要塞）たれ」とは、崇高《すうこう》なモットーですね。

私は、この対談の中心テーマでもある「正義に基《もと》づく平和」に関する学問が、あらゆる教育機関にとって最も重要な課題ではないかと考えています。

学生たちには、平和に関連した興味のあるテーマを、精神面や芸術面、また政治面などから掘《ほ》り下《さ》げていってほしいと思います。例《たと》えば哲学と歴史、詩と物理、政治と国際関係論などです。このような分野の枠組《わくぐ》みにとらわれない研究は、いかなる国や文化においても重要であり、人類の未来にとって大きな可能性を秘《ひ》めています。

「平和学」と、それに連《つら》なる「正義に基づく平和」の推進は、私たちの日常生活と、地球の未来にとって非常に深い関係があるのです。

平和・紛争研究センターで学ぶ学生たちは、「正義に基づく平和」という理念を広める責《せき》務《む》とは、〝どんなことを言ったり書いたりするか〟ではなく、〝どんな行動をとるか〟に尽《つ》きることを知っています。

その意味で、学生だけでなく、教職員である私たちも「有言実行《ゆうげんじっこう》」かどうか、常《つね》に試《ため》されているのです。

たとえ小さな取り組みであっても、「正義のための行動」を起こした体験は、学生の自覚や自信や能力に、その後もずっと影響を及ぼしていきます。

池田　現実の行動と体験こそが、信念の人生を歩《あゆ》むうえでの確かな土台《どだい》となります。

また青年たちにとっては、世界で今、「正義に基《もと》づく平和」のために行動している人々のことを、もっと深く知り、学んでいくことが大切であると思います。

世界で初めて憲法に軍隊の廃止《はいし》を明記《めいき》した国は、中米のコスタリカですが、以前（一九九五年十二月）、同国のアリアス元大統領*と再会した折、次のように述《の》べておられたことが思い起こされます。

「私の理想は、世界中のすべての軍備を撤廃《てっぱい》することです。よく人々は『それは理想に過ぎない』といいます。しかし、私たちアリアス平和財団は、パナマでそれを実現しました」

「将来は、軍備撤廃を、アフリカでも、更《さら》にはアジアでも実現させたい」と。

アリアス氏はまた、リース理事長が長年にわたって追求《ついきゅう》してこられた「正義に基づく平

コスタリカ共和国のアリアス元大統領と会見する池田SGI会長（1994年9月、東京）　©Seikyo Shimbun

和」の観点を、きわめて重視していました。

私に贈《おく》ってくださった著書の中にも、「我々《われわれ》は、正義と平和は一体となってこそ栄《さか》えると信じます。別々では決して成《な》り立たないのです。自国の市民を不当に扱《あつか》う国は、近《きん》隣《りん》の国をも不当に扱う傾向があります(8)」と綴《つづ》られていました。

戦時中、牧口初代会長と戸田第二代会長が時の軍部権力と厳《きび》しく対峙《たいじ》したのも、まさにアリアス氏が指摘《してき》した〝国家悪〟の構図――外にあっては他国の侵略《しんりゃく》へと突き進み、内《うち》にあっては国民に対する統制《とうせい》を強めるという動きを、絶対に許《ゆる》してはならないとの信念からでした。

私たちは二十一世紀の世界において、どの国の民衆であっても、そうした悲劇《ひげき》に踏《ふ》みにじられることがない平和の連帯《れんたい》を、何としてもつくり上げねばなりません。
その固い決意を込《こ》めて、アリアス元大統領との会談で話題となった、コスタリカの民衆詩人デブラボ*の詩を紹介させていただきます。

「彼らは、植えることを望む。
心の内《うち》に慈《いつく》しみの種子《しゅし》をもち
希望の種子と、万人《ばんにん》への包容《ほうよう》を持っている。
彼らは、大地の苦《にが》さを知っている。
だからこそ
新しい果実を植えなければならないことも。
道を歩くとき、
誰《だれ》一人 その手に 苦悩のパンを
持たせぬために[9]」

第三章

「人道の世紀」を築く挑戦

1　二十一世紀の教育の使命

「内なる変革」を促す詩の力

池田　「詩とは、おのれのうちに、自身および社会の革新《かくしん》の種子《しゅし》をはらんだ能力である」(1)

ロマン主義文学の旗手《きしゅ》として名高《なだか》い、イギリスの詩人シェリー*の言葉です。

私が創立した東京富士美術館では、シェリーも学んだオックスフォード大学の協力を得《え》て、一九九〇年九月に「ボドリーアン図書館重宝《*じゅうほう》展」を開催しました。

その折、展示されていたシェリーの金時計や自筆《じひつ》原稿を見て、詩人の波瀾《はらん》の生涯《しょうがい》を偲《しの》んだことが懐《なつ》かしく思い起こされます。

今年（二〇一二年）は、シェリーが生誕《せいたん》して二百二十周年の佳節《かせつ》にあたります。

彼が生きた時代は、アメリカの独立戦争*に続くフランス革命《かくめい》、そしてナポレオン*の台頭《たいとう》と没落《ぼつらく》など、まさにヨーロッパ諸国に激動《げきどう》の嵐《あらし》が吹《ふ》き荒《あ》れた時代でした。

そうした時代にあって、シェリーは青年の特権《とっけん》ともいうべき情熱を明々《あかあか》と燃やして、新しい社会建設への理想を掲《かか》げていった。彼は、アイルランドなどにも足を運《はこ》び、暴力《ぼうりょく》的な手段によらない社会変革《へんかく》を叫《さけ》び続けました。

「正しいと思う大義《たいぎ》のためにあえて暴力を用《もち》いて、変革を行《おこな》ったとしたら、たとえその変革が立派であっても、その変革にふさわしい人間とは言えないでしょう(2)」

これは、詩人シェリーの〝非暴力〟の信念の言葉ですが、彼の思想はインド独立の闘士《とうし》マハトマ・ガンジーにも影響を与《あた》えたといわれています。

リース　シェリーの有名な言葉に、「詩人は世界の認められざる立法者《りっぽうしゃ》である」とあります。

つまり、社会が目指《めざ》すべき理想を明らかにするのは詩人である——という意味です。

私はかねがね、詩人は「正義に基《もと》づく平和」の強力な担《にな》い手《て》であると考えてきました。

「詩」は、単に芸術的な側面《そくめん》から人々に影響を与えるだけでなく、政治的な影響力も兼《か》ね備《そな》えています。

東京富士美術館で開催された「ボドリーアン図書館重宝展」を鑑賞する池田SGI会長（1990年9月、東京・八王子） ©Seikyo Shimbun

大学の講義などでも私は、社会政策や人権、平和や社会正義に関《かか》わる問題を解説する際に、しばしば詩を引用《いんよう》します。

その理由は、大きく分けて二つあります。

第一は、詩などの芸術に触《ふ》れる機会《きかい》を、アメリカ文学やオーストラリア文学などを専攻《せんこう》する学生に限らず、できるだけ多くの学生に与えるべきだと考えるからです。

学問分野の境界線《きょうかいせん》は、便宜《べんぎ》的に設《もう》けられたものが少なくありません。ゆえに私は、〝学問は分野を超《こ》えて学ぶべきである〟との信念を抱《いだ》いてきました。詩には、それを可能にする素晴《すば》らしい力《ちから》があります。

第二の理由は、ほとんどの国や文化におい

て、多くの詩人が紛争《ふんそう》を取り巻く状況を詩に綴《つづ》っているからです。「正義」の名のもとに対話を推進し、また紛争を解決する手段としても詩を駆使《くし》しています。

池田　教育の現場において、また社会のさまざまな課題に取り組むうえで、人々を啓発《けいはつ》し、人間の「内《うち》なる力《ちから》」を鼓舞《こぶ》するためにも、詩を活用《かつよう》することは実《じつ》に有意義《ゆうぃぎ》だと思います。

アメリカの人権運動の闘士《とうし》で歴史学者であるハーディング博士は、私との対談の中で、詩の重要性を次のように述《の》べておられました。

「芸術は、『人間が、より人間らしくなる手助けとしての教育』の核心《かくしん》となるべきであると、私は考えています。

とくに『詩』は、私たちの人生の物語を考える創造性《そうぞうせい》を与《あた》えてくれます。なぜなら、詩人たちは絶《た》えず、私たちの現実の深奥《しんおう》にまで到達《とうたつ》しようとするからです(3)」

「詩は、私たちが具《そな》えている創造力——つまり自分の物語を語り理解する能力——を思い出させてくれるのです(3)」と。

まさに、現実の世界を鋭《するど》く洞察《どうさつ》しつつ、人間の本質に迫《せま》り、大いなる創造力の源泉《げんせん》となるものこそ詩でありましょう。

1972年と73年に池田SGI会長とトインビー博士は、のべ40時間に及ぶ対談を行った（1973年5月、ロンドン）
©Seikyo Shimbun

これまで私が、青年たちの会合などで〝人間としての生き方〟について語る際、古今東西《ここんとうざい》の名詩の一節を紹介してきたのも、同じような思いからでした。

イギリスの歴史家トインビー博士が、青年を教育するにあたって重視していたのも、「人を動かさずにはおかぬ力」(4)にほかなりません。

博士は「教育における決戦」をテーマにした文章の中で、青年の教育は機会《きかい》を与えるだけでも、能力を磨《みが》くだけでも十分ではない。それらは、可能性をつくり出す条件にすぎないと述べています。

そのうえで、自《みずか》らの生き方を誠実《せいじつ》に改《あらた》め、

他の人々との関係性の向上を促《うなが》す学問として「新人文学（新しい人文学）」を構想し、こう呼びかけました。

「この『新人文学《ニュー・ヒューマニティーズ》』は、自分自身から自分を救わねばならないという人間の現在の必要に対して、科学と技術よりもおそらくはるかに強力な力《ちから》をかしてくれるのではないであろうか」[4]と。

こうした人間の「内《うち》なる変革《へんかく》」を実現するうえで、私は、リース理事長が実践《じっせん》してこられた、詩の活用《かつよう》による〝良心の呼び覚《さ》まし〟や〝生きる意味の問《と》い直《なお》し〟は大変に重要な意義をもつと考えます。

情熱こそが「生」の証明

リース　ご理解に感謝いたします。
私はこれまで、シドニー大学、カリフォルニア大学バークレー校、テキサス大学オースティン校、スコットランドのアバディーン大学などで、大学院の平和・人権教育のカリキュラムに詩を取り入れてきました。

当初は「詩は、社会・外交政策を批評する方法としては学術性が十分でない」などと大学当局が異《い》を唱《とな》えた場合でも――私は、そのような詩の捉《とら》え方には反対ですが――学生たちの熱意《ねつい》に大学側が折れざるをえないかたちで実現してきました。

例《たと》えば、シドニー大学大学院のある講座を、私が「情熱・平和・詩歌《しいか》」と名付《なづ》けた際、学部のカリキュラム委員会が「情熱」という表現に反対しました。大学教育の場で、そうした言葉を公式に使うことなど許《ゆる》されないという雰囲気だったのです。

しかし私は、一歩も譲《ゆず》りませんでした。情熱は重要なものであり、学ぶことへの情熱、そして私自身の中にも学生の関心事《かんしんじ》に対する情熱がなければ満足に教えることはできない、と。

その結果、私の主張が通り、「情熱・平和・詩歌」の講座は、それまで詩とは無縁《むえん》であったり、過去の経験から詩に苦手《にがて》意識のあった学生も受講を希望するほどの人気となりました。

池田　学問への情熱や、学生に対する情熱がなければ満足に教えることはできない――この理事長の信念に、私も強く共感します。

トインビー博士が強調していたのも、人間を根源的《こんげんてき》に突き動かす〝やむにやまれぬ思い〟が教育の生命線であるとの一点でした。

我《わ》が創価学園も、建学《けんがく》のモットーの一つに「情熱」を掲《かか》げました。当初は男子校としてスタートした東京の創価学園に最初の生徒たちを迎《むか》えたのは、今から四十年以上も前になります（一九六八年四月）。入学式が行《おこな》われた日は見事《みごと》な快晴《かいせい》で、澄《す》み切った青空の下《もと》、白亜《はくあ》の校舎がまぶしく映《は》えていました。

第一期生として入学したのは、高校に三百二十一人、中学に二百十七人。日本の各地から、先輩もいない、歴史もない無名の学園に集《つど》ってくれました。

入学式の当日、私は真っ先に、一期生とともに「英知《えいち》・栄光・情熱」と刻《きざ》まれた石碑《せきひ》の除《じょ》幕《まく》に臨《のぞ》みました。

新入生たちが覚《おぼ》えたばかりの校歌を、胸を張って凛々《りり》しく歌ってくれた光景は、今も深く私の胸に刻まれています。

また創価学園では、七月十七日を「栄光の日」、十月十日を「情熱の日」、十一月十八日を「英知の日」として記念行事を行ってきました。

以前（一九九九年十月）、サッカー界のスーパースターとして活躍していたイタリアのロベルト・バッジョ選手*と一緒《いっしょ》に、学園の「情熱の日」の行事に出席したことがあります。

創価学園を訪問したリース理事長らは生徒たちと懇談し、温かい励ましを送った（2009年4月、東京・小平）
©Seikyo Shimbun

バッジョ選手は、創価学園の創立と同じ一九六七年に生まれています。彼は、選手生命を絶《た》たれるような深刻《しんこく》な怪我《けが》に何度も見舞《みま》われながらも、そのたびにサッカーへの「情熱」を明々《あかあか》と燃やして勝ち越《こ》えていった。

私は、そうしたエピソードを紹介しながら、学園生の勝利の人生を願って、こう呼びかけました。

「情熱なき人生は、むなしい。『よし、やろう！』という情熱なく、惰性《だせい》の日々の人は、真に『生きている』とは言えない。心は死んでいる。情熱こそが、『生』の証明である。

私も今日まで『大情熱』を燃やして生きてきた。百万の敵があろうとも、断《だん》じて『勝利の道』を開いてきた」と。

リース　人生の重要な哲理《てつり》を表《あらわ》した言葉ですね。

人生で本当に大切なものは何か。その「魂《たましい》の感覚」を磨《みが》いてくれる言葉や思想を、青春時代に胸に刻《きざ》むことができる生徒たちは本当に幸せだと思います。

私も教育者として、さまざまな大学の教壇《きょうだん》に立つなかで、学生たちと心の交流を続けてきました。なかでも、ひときわ胸に残っているのは、カリフォルニア大学バークレー校の大学院で、「権力論史とその応用《おうよう》」という講座を教えた院生たちです。

彼らは非常に優秀で、試験制度そのものを疑問視していました。私はそれを真正面から受けとめて、その講座では試験を行《おこな》わないことにしました。

そこで大学院生の知識や理解度、また技能を評価するにあたって、試験に代《か》わる最善の方法は何かということが問題になりました。私は管理者としての「教授」の立場からあえて降《お》り、クラス全体で協議しました。

学生たちが出した結論は、ミュージカル仕立《じた》ての風刺劇《ふうしげき》を創作《そうさく》するというものでした。風刺劇を通して、一九八〇年代半《なか》ばのカリフォルニアという当時の環境のなかで、個人の人間関係や、市民としての生活にとって〝権力とは何か〟を表現することを目指《めざ》したのです。

その上演をもって、彼らの知識や能力を評価する試験に代えました。このクラスに在籍した学生の何人かとは、二十五年経《た》った今でも交流が続いています。

他者への想像力と同苦の心

池田　大事なお話です。

社会問題を考えるうえで大切なことは、弱い立場にある人々の痛みを自分自身がどれだけ深く理解できるかではないでしょうか。その点、劇を演じることは、他の人々の立場に我《わ》が身を置きかえる実践《じっせん》につながるだけに、教育において強く求められる「他者に対する想像力」の涵養《かんよう》に大きな役割を果《は》たします。

実際、人権教育を進める際には、人権侵害《しんがい》を受けた人々の立場になって考える「シミュレーション（疑似《ぎじ》体験）」や、寸劇《すんげき》などを使った「ロールプレイ（役割演技）」を体験したうえで話し合いを行い、理解を深め合う方法も重視されていますね。

この他者の痛みに対する想像力について、先ほどの詩人シェリーは、次のような含蓄《がんちく》のある言葉を残しています。

「人は、ひじょうに善であろうとするためには、激《はげ》しく広範《こうはん》に想像力をはたらかさねばならぬ。相手の、また他の多くの人びとの立場にわが身をおかなければならない。同胞人《どうほうじん》の苦痛もよろこびもおのれのものとしなければならぬのだ[1]」

またフランスの哲学者シモーヌ・ヴェイユ*も、この問題を別の角度から論じて、こう述《の》べています。

「胸を痛める心は難なく国境を越《こ》え、あらゆる不幸な国、例外なくすべての国に拡大されていくことができる。どこの地域に住む人間でもすべて、人間としての悲惨《ひさん》な条件に服《ふく》しているのだ[5]」

「国民の偉大《いだい》という自負心《じふしん》は本来排他《はいた》的で、ほかの国民のものにすることはできないのに対して、胸を痛める心は本来普遍《ふへん》的なものである[5]」

思うに、同じ人間として他者の苦しみに「胸を痛める心」こそ、文化や民族の壁《かべ》や、宗教やイデオロギーの垣根《かきね》を超《こ》え、人間と人間とを結《むす》ぶ対話の礎《いしずえ》となるのではないでしょうか。

そして、この他者の痛みを分かち合い、ともに乗り越えていこうとする深い慈愛《じあい》と同苦《どうく》の

シドニー大学のキャンパスに立つリース理事長

心は、戦争や殺戮《さつりく》など「直接的暴力《ぼうりょく》」へのブレーキとなるだけでなく、貧困《ひんこん》や飢餓《きが》や差別といった社会の「構造的暴力」を転換《てんかん》しゆく原動力《げんどうりょく》となるに違《ちが》いありません。

私は、その土壌《どじょう》づくりを、二十一世紀の教育――なかんずく二十一世紀の大学が担《にな》うべきであり、そこに教育の根本の使命の一つがあると思っています。

リース　本当にその通りだと思います。

私も常々《つねづね》、他者の苦悩や幸福、そして他者が求めているものに対して、「自発《じはつ》的な関心」を示していくことの重要性を訴《うった》えてきました。

しかし、「では、どうすればいいのか」という疑問が残ります。

さまざまな背景をもった人々と、家族や地域社会に関《かか》わる問題について語り合うとき、私はいつも「あなたは自分の人生を、もっと有意義《ゆういぎ》なものにしたいと思いますか?」と尋《たず》ねることにしています。

すると、ほぼ全員が「はい」と答えます。そこで次に、「人生をより有意義なものにしつつ、同時に心身を健全《けんぜん》にしていくにはどうしたらいいか?」と質問します。

そのとき彼らは、自己の利益のためだけに生きる(内向きの心)のか、他者の幸福にも尽《つ》くしていく(外向きの心)のかという選択肢《せんたくし》を、自《みずか》ら考え始めます。

そして、この「外向きの心」をもちつつ、自己実現を図《はか》っていくことが、心身の充実につながるという考えに、年齢にかかわらず誰《だれ》もが、はっとさせられるのです。

このテーマを別の形で表現するならば、イギリスの詩人であるジョン・ダン*の有名な詩の一節がふさわしいでしょう。

「人は誰も孤島《ことう》ではない
一人っきりで完結《かんけつ》してはいない
誰もが大陸のひとかけらであり

おおきな全体の一部なのだ」

胸に残るこの作品でジョン・ダンが言わんとしているのは、「自他共《じたとも》の幸福に貢献《こうけん》できるからこそ私は在《あ》る」ということです。きわめて自己中心的な若者でも、この理念には心を動かされるのではないでしょうか。

「無慈悲」と「無関心」との戦い

池田　他者の苦しみに対して心を砕《くだ》き、その人の幸福を願って行動するなかでこそ、自分の存在価値も輝き人間性も磨《みが》かれる。また、その輪が広がるなかで、社会の健全性も高まっていく——この理念は、仏法が志向《しこう》する生き方とも響《ひび》き合うものです。

仏典には、「不軽菩薩《ふきょうぼさつ》の人を敬《うやま》いしは・いかなる事《こと》ぞ教主釈尊《きょうしゅしゃくそん》の出世《しゅっせ》の本懐《ほんかい》は人の振舞《ふるまい》にて候《そうらい》けるぞ」（『御書』一一七四ページ）とあります。

この不軽菩薩は、大乗《だいじょう》仏典の「法華経《ほけきょう》」に説《と》かれる菩薩で、〝万人《ばんにん》の生命には尊《とうと》き仏性《ぶっしょう》が等しく存在する〟との教えに基《もと》づいて、いかなる人をも軽慢《きょうまん》せず、礼拝《らいはい》を続けたとされます。

このことを通して、釈尊がこの世《よ》に出現した根本の目的は、人間としてのあるべき姿を示すことにあったと説《と》いているのです。

釈尊《しゃくそん》は、人間の心に常《つね》にしのびよる「無慈悲《むじひ》」や「無関心」と徹底《てってい》して格闘《かくとう》し、現実社会のなかで悩《なや》み、苦しむ人々のために行動することの大切さを訴《うった》えました。それ以外に、人間として真に価値ある充実した人生を歩《あゆ》むことなどできないと教えたのです。

こうした「無慈悲」と「無関心」との戦いの重要性について、シェリーも訴えていました。

「市民一人一人が、我《わ》が家の暖炉《だんろ》の傍《かたわ》らにぬくぬくと座り、激《はげ》しく降《ふ》り注《そそ》ぐ雨も自分には関係ない、自分には本もあれば読む時間もあり、自分にはお金もあれば、自分のためにぜいたく品をため込《こ》むこともできるから万事《ばんじ》良好と、言っていたのでは、慈悲深い感情も消えてしまいます(2)」と。

では、現代社会に広がる「無関心」や「無慈悲」の風潮《ふうちょう》に打ち勝つために、どう行動していけばよいのか——。

私どもSGIのメンバーは、仏典に「喜《き》とは自他共《じたとも》に喜ぶ事なり」(『御書』七六一ページ)とあるように、自分さえよければよいというエゴイズムを乗り越《こ》え、悩《なや》める人々の声に耳を傾《かたむ》けながら、自他共の幸福を祈《いの》り、行動を続けてきました。

イギリス・ロマン派の詩人シェリー。社会正義を訴える詩文も多数執筆した
©AFLO

理《り》不尽《ふじん》な迫害《はくがい》や不当な弾圧《だんあつ》もありましたが、人間の内面には誰《だれ》にも最高に尊極《そんごく》なる生命が具《そな》わっていることを確信し、真剣にして誠実《せいじつ》な対話を続けてきました。そして、自分の周《まわ》りにいる一人一人をどこまでも大切にしていく気風《きふう》を、社会全体に広げる挑戦《ちょうせん》を続けてきたのです。

リース　私も長年、ソーシャルワークに携《たずさ》わるなかで、時には「苦しいな」と感じることもありましたが、活動を通して人々と関《かか》わることには、常《つね》にやりがいを感じてきました。「自分と真剣に関わってくれる人がいる」と喜んでもらうこと自体が、やりがいなのです。

ある意味で、自分が健康に恵《めぐ》まれ、豊《ゆた》かな

先進国で暮《く》らしてこられたことは、ありがたい幸運でした。だからこそ人生のスタート地点から、家庭面やその国の教育・医療制度において、また経済や雇用機会《こようきかい》において、自分のように恵《めぐ》まれた環境になかった人々に尽《つ》くす責務《せきむ》があると考えてきたのです。

ソーシャルワークの活動を通して多くの人々と触《ふ》れ合うなかで一番うれしかった出来事は、アメリカでの「貧困《ひんこん》との闘《たたか》い」というプログラムを通して出会ったアフリカ系アメリカ人との交流でした。

人種差別がいかに〝馬鹿《ばか》げた悪〟であるかを、ともに冗談《じょうだん》で笑い飛ばしたり、私が白人であることをジョークにして笑ったりしました。

私たちは、互《たが》いの友情に深く感謝しながら、家族のことや将来の夢をたくさん語り合ったものです。彼らは冗談がうまく、活発《かっぱつ》で誠実《せいじつ》でした。その姿も、ともに過ごした時間も、忘れ得《え》ぬ大切な思い出です。

こうした経験を通して、人々がどのように暮らし、何を感じ、何を語り、幸せなのか不幸なのか、健康なのか病気なのかを知りたければ、実際に会って話す以外に方法はないことを学びました。

とくに恵まれない地域で暮らす人々の声は、無視されているのが常《つね》です。彼らは苦悩を伝える手段をもたず、ましてや適切《てきせつ》なサービスを受けることもできません。

ですから、活動での聞き取り調査では、最後に必ず「ほかに何かおっしゃりたいことや、どうしても聞きたいことはありませんか？」と質問し、人々に意見を求めるよう心がけてきました。

意見を聞かれて嫌《いや》な気持ちになる人はいません。まして、普段《ふだん》はほとんど社会から顧《かえり》みられることのない人々にとってはなおさらです。実際、私が意見を聞こうとすると、皆、例外なく喜んでくれました。

最も厳《きび》しく絶望《ぜつぼう》的な状況にある人々にも、ユーモアを見せる力《ちから》があります。こうしたユーモアやもてなしの心に現《あらわ》れる素晴《すば》らしい人間の精神には、実《じつ》に勇気づけられます。

私は、これまでムンバイ（インドの旧ボンベイ）のスラム街に暮らす不可触民《ふかしょくみん》と呼ばれる最も貧《まず》しい人々とも交流してきました。狭《せま》くて質素《しっそ》ながらも、掃除《そうじ》の行き届いた清潔《せいけつ》な部屋で、真心《まごころ》のもてなしを受けたことは忘れられません。

民衆の力の結集を

池田　庶民《しょみん》の団体である創価学会も、戦後の草創期《そうそうき》には、「貧乏人《びんぼうにん》と病人の集まり」などと、無理解で心ない批判《ひはん》を数多く浴《あ》びてきました。しかし、戸田第二代会長は、〝では、そういう批判をする人々がどれだけ不幸な人を救ったのか〟と厳《きび》しく言われていました。

最も苦しんでいる人々の味方になり、幾《いく》十万、幾百万の人々の人生に勇気と希望を送ってきたことが、創価学会の誉《ほま》れの歴史です。

いかなる人々も、差別され、人間としての誇《ほこ》りと尊厳《そんげん》を奪《うば》われることなど、決してあってはなりません。

オーストラリアのアボリジナル（先住民《せんじゅうみん》）の権利の向上のために戦った、詩人ウジュール・ヌナカルの「希望の歌」と題する詩の一節が、胸に迫《せま》ります。

「頭《こうべ》をあげよ　我《わ》が同胞《どうほう》よ
夜は明け始めている。

世界は目覚《めざ》め始めている。

アボリジナルの人権のために戦った詩人ウジュール・ヌナカル
©Newspix/Rex Features

誰人《たれびと》にも傷つけられることのない
いかなる規制にも服従《ふくじゅう》させられることのない
肌《はだ》の色で辱《はずかし》められることのない
そして冷笑《れいしょう》に落胆《らくたん》させられることのない
輝かしい新たな一日が、
今、始まろうとしているのだ」(6)
誰もが人間として等しく尊重《そんちょう》され、人間らしく生きていくことのできる社会を築《きず》く努力がないかぎり、人類の地平に希望輝く「新しい一日」の太陽は昇りません。
私どもSGIも、民衆の大地から生まれたグローバルな民衆組織として、現代世界の〝声なき人々〟のために戦うことを大いなる使命とし、また誇りとしてきました。

私自身も、世界各国を訪問するなかで、政治指導者や識者だけでなく、市井《しせい》に生きる庶民《しょみん》の人々と心の交流を広げることを何よりも大切にしてきました。

もう三十年以上も前になりますが、東西冷戦のさなかに初めてロシアを訪問したとき（一九七四年九月）、宿舎《しゅくしゃ》のホテルで知り合った婦人のことが今も心に深く残っています。

彼女は、ホテルの各フロアで部屋の鍵《かぎ》を管理する係で、最初は笑顔もなく応対はいたって事務的なものでした。それでも私と妻は、毎日、顔を合わせるたびに、こちらから笑顔で言葉を交《か》わすように心がけました。そうしているうちに、やがて打ち解《と》け、笑顔で話しかけてくれるようになったのです。

あるときには、「今日はクレムリン*で最高会議を訪問されたのですね。さっき、テレビのニュースでやっていましたよ」と気さくに声をかけてくれました。

「そうなんです。クレムリンの後、無名戦士の墓*にも行き、献花《けんか》をしてきました。無名戦士の墓で、涙ぐんでたたずんでいる老夫婦の姿を目にしました。胸が痛みました。もう戦争は、絶対に起こしてはならないというのが私の願いであり、決意なんです」と答えると、彼女はポツリと言いました。

ロシア（当時、ソ連）を初訪問し、モスクワ・クレムリン北側の無名戦士の墓に献花する池田SGI会長（1974年）　©Seikyo Shimbun

「私の夫も、戦争で死んだのです……」

そして、私に願いを託《たく》すように言葉を継《つ》ぎました。「戦争のない世界にしてください」と。

私は、その場で彼女に、きっぱりと言いました。

「戦います。平和のために！　あなたも、平和のために立ち上がってください。今の叫《さけ》びこそが世界を動かしていくのです」

ロシアに限らず、私は多くの国で、さまざまな人々との出会いを重《かさ》ねてきました。

開かれた心で、一人一人と誠実《せいじつ》に対話を重ねる。その地道《じみち》な実践《じっせん》の積《つ》み重ねのなかにしか、平和を求める民衆の連帯《れんたい》を広げていくことはできない——これが、牧口初代会長と戸田第二代会長の時代から厳然《げんぜん》と受け継《つ》いできた、ＳＧＩの伝統精神なのです。

シェリーは叫びました。

「眠りから目覚《めざ》めた獅子《しし》のように立ち上がれ、
打ち負かされない民衆の力《ちから》を集めて。

きみらの鎖《くさり》をふるい落《おと》せ、
眠りの間《あいだ》に落ちかかった露《つゆ》をはらうように[7]」

地球上から戦争や暴力による悲劇《ひげき》をなくし、人々を苦しめる圧政《あっせい》や差別を根絶《こんぜつ》するためには、「打ち負かされない民衆の力」を結集《けっしゅう》する以外にありません。

そのためにも、人々の痛みをどこまでも思いやる心を育《はぐく》む「人間教育」の潮流《ちょうりゅう》を高めていくことが大切ではないでしょうか。

2

「人権文化」を培う教育

「世界人権宣言」の意義

池田　「差別との戦いにおいては、小さな勝利も、大きな勝利もある。しかし、真の到達点《とうたってん》は、平等という理念を人々が理解することである」(1)

これは、長年にわたり、女性やアボリジナルの人々の人権と地位の向上のために戦った、オーストラリアの人権運動家ジェシー・ストリート*の信念の言葉です。

この〝平等〟という理念を、人々が真に理解し、実践《じっせん》していくことは、平和と共生《きょうせい》の新しき社会創造《そうぞう》への土台《どだい》となります。

昨年（二〇一一年）末、国連総会で「人権教育および研修に関する国連宣言」*が総意《そうい》で採《さい》

アメリカ・ニューヨークの国連本部　©AFLO

択《たく》されました。

これは、「世界人権宣言」＊などに謳《うた》われた人間の尊厳《そんげん》と自由と平等――基本的人権の精神と意義を学ぶ教育と研修を、すべての政府はもとより、政府間組織やNGO（非政府組織）など、国際社会全体が協力して推進することを促《うなが》すものです。

人権教育と研修は、単なる知識や技能の習《しゅう》得《とく》にとどまらず、社会生活を送るうえでの「人間としての生き方」や、他者に対する「振《ふ》る舞《ま》い」の改善《かいぜん》を伴《ともな》う、生涯《しょうがい》にわたるプロセスとして位置づけられています。

今回の国連宣言は、こうした「人権文化」を各国の社会で育《はぐく》んでいくための原則や達成目標を明記《めいき》した世界共通の指標《しひょう》となっています。

これまでリース理事長が取り組んでこられた青年たちへの「人権教育」は、このような「人権文化」の推進と向上に大きく寄与《きよ》するものといえますね。

リース　私は、国や文化の違《ちが》いにかかわらず、他者との人間らしい関《かか》わり方の規範《きはん》を示す「世界人権宣言」を、二十世紀の最も重要な文書であると、一貫《いっかん》して考えてきました。

その壮大《そうだい》なビジョンと詳《くわ》しい内容、そして全三十条の各条項《じょうこう》に記述《きじゅつ》された権利と責任について教育を受けることを、高校の卒業か、少なくとも大学卒業の条件の一つにしてもいいのではないかと思っています。

人権教育には、大きな啓発《けいはつ》の力《ちから》があります。なぜなら人権教育は、〝自分のアイデンティティーとは何か。自分のもつ権限《けんげん》を、家庭や街中や職場など、あらゆる場面における多様《たよう》な人間関係のなかで、どのように行使《こうし》するべきか〟――そのようなことを一人一人に考えさせるものでもあるからです。

「人権をどのように捉《とら》え、尊重《そんちょう》するのか」という問題は、私たちの日々の生活に常《つね》につきまとうものです。専門家だけの仕事でもなければ、法律家にまかせておけばよいものでもありません。私たち一人一人の課題なのです。

池田　私どもも、人間の〝内《うち》なる精神の変革《へんかく》〟を重視する仏法思想に基《もと》づき、国連NGOとしての活動の柱《はしら》の一つとして人権教育の推進に力を注《そそ》いできました。

　昨年（二〇一一年）の国連宣言の採択《さいたく》に向けても、ジュネーブ「人権教育学習NGO作業部会」の議長として、他のNGOと連携《れんけい》しながら、宣言の草案《そうあん》に広く市民社会からの声を反《はん》映《えい》させる努力を続けてきました。

　人権を守るための制度や法律も、当然大事です。しかしそれ以上に、社会に生きる一人一人の心に「生命の尊厳《そんげん》」を断《だん》じて守り抜《ぬ》こうとする精神が根付《ねづ》いていかなければ、絵に描《か》いた餅《もち》に終わってしまう。

　マハトマ・ガンジーが「非暴力《ひぼうりょく》は、意《い》のままに脱《ぬ》いだり着たりする衣服のようなものではない」(2)と叫《さけ》んだように、〝ひとたびそれを破れば、もはや自分ではなくなる〟との誓《ちか》いにまで昇華《しょうか》されてこそ、人権規範は社会を変革するための無限《むげん》の力の源泉《げんせん》となるのではないでしょうか。

リース　まったく同感です。私も、あらゆる人々の尊厳を尊重することが「世界人権宣言」

を理解する鍵《かぎ》であり、そこから宣言を構成する全三十条の一つ一つの意味も浮《う》かび上がってくると考えます。

すべての人々が国家から、そして他者から尊厳《そんげん》をもって扱《あつか》われるようになれば、「世界人権宣言」で謳《うた》われている表現の自由や、移動や居住《きょじゅう》の自由をはじめ、教育の権利や社会保障の権利、労働の権利や余暇《よか》の権利といった諸権利を、あえて声高《こわだか》に主張する必要もなくなるに違《ちが》いありません。

また、「子どもの人権教育は、家庭から始まる」というのが、私の信念です。家庭内で一人一人の尊厳が尊重《そんちょう》され、愛情と表現の自由があり、共同責任と個性の違いを大切にする生活が営《いとな》まれていれば、それが人権教育の優《すぐ》れた足場《あしば》になります。

その意味においても、「人権教育および研修に関する国連宣言」を国際社会が協力して推進していくことには、非常に大きな意義があります。

家庭教育の重要性

池田　家庭は、子どもにとって、最初の学校ともいえます。その意味でも、父親や母親の常《つね》日頃《ひごろ》の生き方が大事になりますね。

これまで、さまざまな分野で活躍する世界の識者と対話を重《かさ》ねてきましたが、多くの方々が、〝今の自分があるのは、親の信念や生き方から受けた影響が大きい〟と語っておられました。

アルゼンチンのブエノスアイレス大学やコルドバ大学で、総長を歴任《れきにん》されたフランシスコ・デリッチ博士も、その一人です。

デリッチ博士は、かつての軍事政権による人権弾圧《だんあつ》の嵐《あらし》が吹《ふ》き荒《あ》れた時代に、当局の脅《おど》しや圧力《あつりょく》に屈《くっ》することなく、その状況を世界に発信し、出版物で告発《こくはつ》しながら、信念の言論闘《げんろんとう》争《そう》を貫《つらぬ》いた人物です。

貧《まず》しい農家に生まれ、八人きょうだいの末《すえ》っ子として育った博士に、ご両親の思い出を尋《たず》ねると、懐《なつ》かしそうにこう語られました。

「父母はいつも一生懸命、粘《ねば》り強く働《はたら》いていました。その汗《あせ》を通して、働くことの厳《きび》しさと尊《とうと》さを教えてくれたのです。母は文字も読めず無学でしたが、別の意味で、知恵を持っていました」

母親から受けた教えは、「働《はたら》かずして、儲《もう》けてはいけない」「人と話す時、嘘《うそ》をつくな。相手を尊敬《そんけい》しなさい」の二つだったといいます。

デリッチ博士は、多くの人々が軍事政権の人権弾圧《だんあつ》に対し、「弾圧には反対だが、沈黙《ちんもく》せざるを得《え》ない」との立場をとるなかで、「だからこそ私は、反撃《はんげき》の言論《げんろん》を展開する」と、常《つね》に警察に監視《かんし》される生活を余儀《よぎ》なくされながらも、自《みずか》らが決めた茨《いばら》の道を歩《あゆ》み通された。

その闘争《とうそう》を支《ささ》えたのが、母親の二つの教えの根底《こんてい》に流れる、〝どんな状況に置かれても、人間の道を決して踏《ふ》み外《はず》してはならない〟との信念でした。

「考えることが禁止され、発表することが禁止される。これが人間にとって、どれほどの苦《く》痛《つう》か――。かつて軍国主義政権に弾圧された創価学会の皆さんならば理解してもらえると思います」

そのとき、お会いしたホテルの部屋には、荘厳《そうごん》な夕焼けの光が差《さ》し込《こ》んでいました。口《く》調《ちょう》は穏《おだ》やかでしたが、当時の博士の苦衷《くちゅう》と心痛《しんつう》はどれほどのものであったかと思わずにはいられませんでした。

後年、お子さんから、「お父さん、どうして、あの時、戦う道を選んだの?」と聞かれたことがあったそうです。

博士の答えは、きわめて短いものでした。

「それはね、そうすることが正しかったからだよ」

リース　非常に感動的なお話です。今のエピソードを伺《うかが》って、青年時代に読んだハーパー・リー*の『アラバマ物語』(3)を、懐《なつ》かしく思い起こしました。

大恐慌《だいきょうこう》が引き起こした不況《ふきょう》が続く一九三〇年代、黒人への人種差別が激《はげ》しかったアメリカ南部のアラバマ州の町を舞台《ぶたい》に、信念を貫《つらぬ》いた白人の弁護士とその子どもたちの姿を描《えが》いた名作です。

――主人公の弁護士アティカス・フィンチは、白人女性への暴行の容疑《ようぎ》をかけられた黒人男性の無実を証明するために、弁護に立ち上がります。

人種差別が当《あ》たり前の町で、親族からも非難《ひなん》され、自分でも勝ち目はほとんどないと覚悟《かくご》しながらも、あえて弁護を引き受けた心境《しんきょう》を、アティカスは弟に対し、「それをしないでいて、どうしてこどもたちに顔向けができるとおもう?」(3)と吐露《とろ》しています。

やがて、アティカスに対する町全体の厳《きび》しい眼差《まなざ》しは、息子のジェムや娘のスカウトにも及び、同級生や近所の人たちから嘲《あざけ》りを受けるようになりました。

そのとき、アティカスは娘を膝《ひざ》にのせ、抱きしめながら切々《せつせつ》と語りました。

「おまえも、ジェムもつらいだろう、しかしね、人間はどんなにつらくても全力をつくしてやらねばならないことがあるんだよ[3]」

「こんどのことはね、トム・ロビンスンの事件はね、人間の良心の問題なのだ——スカウト、彼をたすけなければ、私はもう教会へいって神さまのまえに出られないんだ[3]」

「人は人、私は私だ。個人の良心だけは、多数決でどうこうできないものなのだよ[3]」

ご存じのように、この作品は映画化されて、俳優のグレゴリー・ペック*が主演を務《つと》めました。素晴《すば》らしい小説です。

同様《どうよう》のテーマで、恐《おそ》れを知らない勇敢《ゆうかん》なアメリカの弁護士クラレンス・ダロウ*を描《えが》いた『虐《しいた》げられた人たちの弁護士——法廷《ほうてい》のクラレンス・ダロウ』というノンフィクションがありますが、これも名作だと思います。

ダロウは、多くの貧《まず》しく虐げられた人々の弁護人として戦い、しかも無報酬《むほうしゅう》で弁護を引き受けることもしばしばでした。「世界人権宣言」が誕生《たんじょう》するずっと前の時代ですが、ダロウは「人権とは何か」を完璧《かんぺき》に理解していたのです。

人種差別という不正《ふせい》が、いまだ世界のどの大陸においても横行《おうこう》しているという事実を、皆が直視《ちょくし》していかねばならないと思います。

そして、不正に立ち向かい、正義を勝ち取るには、勇気と知識と技能が不可欠《ふかけつ》です。

不正と戦ってこそ実現できる正義

池田　その通りですね。人権を脅《おびや》かす社会の悪に対して、生命を懸《か》けて戦い続けた人々がいたからこそ今日《こんにち》の社会があること、そして正義はいつの時代も不正と戦ってこそ実現されることを、こうした歴史は教えてくれます。

『アラバマ物語』の主人公アティカスの言葉も、一つ一つ胸にずしりと響《ひび》くものがありますね。一人の親として、子どもたちに顔向けのできない生き方はしたくない。そして何よりも、一人の人間として恥《は》じることのない生き方を貫《つらぬ》きたい――。

大言壮語《たいげんそうご》でも、巧言令色《こうげんれいしょく》でもない。その言葉には、アティカス自身の人格からにじみ出てくる「血の通《かよ》った信念」が宿《やど》っており、苦悩の淵《ふち》にのみ込《こ》まれそうになりながらも懸命《けんめい》に自分の選んだ道を信じ、「前へ前へと進もうとする勇気」が輝いています。

裁判といえば、私も青年時代に、いわれなき嫌疑《けんぎ》をかけられて不当逮捕《たいほ》され、約二週間、投獄《とうごく》されたことがあります（大阪事件）。

出獄《しゅつごく》後、戦いは法廷《ほうてい》に移《うつ》りましたが、担当の弁護士ですら「無実であっても、検察の主張を覆《くつがえ》すことは難《むずか》しい。有罪は覚悟《かくご》してほしい」と言い出す状況でした。

しかし、私は断《だん》じて戦う決意でした。師の戸田第二代会長が亡《な》くなられる直前、「裁判は容易《ようい》ならざる戦いになるだろう。しかし、最後は勝つ。金《きん》は金だ。真実は必ず明らかになる」と、病床《びょうしょう》から身を起こして私にかけてくださった言葉を胸に、四年三カ月にわたる法廷闘争《とうそう》を戦い抜《ぬ》いたのです。

戸田会長が生命をふりしぼるように師子吼《ししく》された言葉は、私に無限《むげん》の勇気と確信を与《あた》えてくれました。

八十四回に及ぶ公判《こうはん》の中で、私自身も二十三回、出廷《しゅってい》しました。師の後を継《つ》ぎ、第三代会長に就任してからも法廷での審理《しんり》は続いたのです。

そして、ついに無罪判決《むざいはんけつ》を勝ち取ったのは、今からちょうど五十年前の冬の日（一九六二

冤罪による不当逮捕から約2週間の勾留を経て、大阪の拘置所を出る池田SGI会長（1957年7月）
©Seikyo Shimbun

年一月二十五日）のことでした。

真実が明らかになったことも当然ながら、私にとっての無上《むじょう》の誉《ほま》れは、冤罪《えんざい》が晴れたことで、戸田会長にも、創価学会にも傷を一切つけず、弟子としての道を貫《つらぬ》くことができたことでした。

リース　四年三カ月に及ぶ法廷闘争ですか……。それを戦い抜かれた池田会長と奥様、そしてご家族、ご友人の皆様の忍耐力《にんたいりょく》と勇気に敬服《けいふく》します。

日本の司法のあり方については詳《くわ》しく知りませんが、私は権力者や当局がもつ動機については一定《いってい》の警戒心《けいかいしん》を抱《いだ》いています。

若い頃《ころ》、イギリスやカナダでソーシャルワ

ークに従事《じゅうじ》し、何年も裁判所に関《かか》わる仕事をしましたが、正義を追求《ついきゅう》するうえで、必ずしも〝権力〟を代表する人々が頼《たよ》りになるとはかぎらないとの思いを抱《いだ》きました。

先ほどのクラレンス・ダロウなら、こうアドバイスしてくれたことでしょう。裁判とは、一つの劇のようなものであり、大抵《たいてい》はドラマチックで、常《つね》に緊迫感《きんぱくかん》に満《み》ち、しばしば悲しい、それでも最後には市井《しせい》の人々の多くが勝利する、と。会長は、まさにそのお一人です。

池田会長も奥様も、この訴訟《そしょう》を戦い抜《ぬ》く不撓不屈《ふとうふくつ》の力《ちから》と勇気を奮《ふる》い起こし、見事《みごと》に名誉を回復されました。まさに人生の岐路《きろ》だったのですね。

池田　ええ。陰《いん》に陽《よう》に支《ささ》えてくれた妻の苦労も、並大抵《なみたいてい》ではなかったと思います。当時の思い出を、長男がこう語っていました。

「幼《おさな》いころに起こった大阪事件も裁判闘争《とうそう》も一切、嫌《いや》な思い出が残っていない。父や創価学会に対する非難中傷《ひなんちゅうしょう》は数え切れないが、家庭の中では波風《なみかぜ》一つ感じたことはなかった。これはひとえに母の力だったと、今にして思う」と。

このときに限らず、結婚してから今まで、妻は本当によく私を支えてくれました。感謝の思いは尽《つ》きません。

また、裁判の勝利を祈《いの》り、陰《かげ》で応援してくださった多くの同志《どうし》の方々のことも、生涯《しょうがい》忘れられません。

話を戻しますが、人間の尊厳《そんげん》をどこまでも大切にする社会を築《きず》き、「正義に基《もと》づく平和」を実現させていくために、リース理事長が教育者として、また平和と人道《じんどう》のために戦う行動者として、学生たちにとくに呼びかけてこられたことは何でしょうか。

時代変革の出発点

リース　私は、人権教育とは、もてなしと寛容《かんよう》の文化、他者を助け、他者に関心をもつ文化、また対話と多様性《たようせい》の文化といったものに始まり、これらを基盤《きばん》とするものであると考えてきました。

学生が、こうした文化を認識し、それに貢献《こうけん》できるようになれば、「人権」という概念《がいねん》も容易《ようい》に理解し、実生活に当《あ》てはめて実践《じっせん》できるようになるに違《ちが》いない、と。

それとは別に、私が重視してきたのは、政治や経済の問題であれ、社会の問題であれ、一般論的な考えに満足するのではなく、既成《きせい》の枠《わく》を破って、新しい視点を広げていく姿勢をもつことです。

私は、学生たちと触《ふ》れ合っていると、〝生きることについて〟〝自分自身について〟の重要な「問《と》い」を彼らの中から引き出そうというエネルギーがわいてきます。

彼らには、従来《じゅうらい》の慣習《かんしゅう》に疑問をもつこと、「当然こうだろう」といわれてきた既成概念《きせいがいねん》に挑戦《ちょうせん》していくこと、発見すること、学ぶことに夢中になってほしいと強く願い、私自身も教育者として、そのための道を開くことに専心《せんしん》してきました。

池田　リース理事長が強調されたように、差別や人権抑圧《よくあつ》などの現実に明確な問題意識をもち、自身が抱《いだ》いた疑問を真摯《しんし》に探究《たんきゅう》しゆく勇気こそ、新たな「価値創造《そうぞう》」と時代の変革《へんかく》への出発点となるものです。

牧口初代会長も、こう訴《うった》えておりました。

「いかに古来《こらい》の伝統でも、出所の曖昧《あいまい》なる、実証《じっしょう》の伴《ともな》わざる観念論に従《したが》って、貴重《きちょう》なる自他《じた》全体の生活を犠牲《ぎせい》にすることは、絶対に誡《いまし》められなければならぬ(4)」

牧口会長がこう叫《さけ》んだのは、日本が真珠湾攻撃《しんじゅわんこうげき》を行《おこな》い、戦争の泥沼《どろぬま》へと突《つ》き進んでいった時代でした。

日本の社会には、古くから、物事の善悪《ぜんあく》を問うことをなるべく避《さ》けようとする傾向が強く、「長い物《もの》には巻《ま》かれよ」や「寄らば大樹《たいじゅ》の陰《かげ》」といったことわざに象徴《しょうちょう》されるように、善悪や正邪《せいじゃ》よりも自己の保身《ほしん》や利害《りがい》を優先させようとする精神風土《ふうど》があります。

そうした優柔不断《ゆうじゅんふだん》な社会の土壌《どじょう》が、外にあっては他国への非道《ひどう》な侵略《しんりゃく》を強行し、内《うち》にあっては言論《げんろん》の封殺《ふうさつ》と人権抑圧を進めるという、軍国主義の跋扈《ばっこ》を許《ゆる》す状況を招《まね》いてしまったともいえます。

かつて、「共同体から発《はっ》せられる義務と、知識人がどちらの側《がわ》につくかという問題とが悲《ひ》劇《げき》的なかたちで問題化し、知識人を苦しめるにいたった近代国家といえば、日本をおいてほかにあるまい(5)」と分析《ぶんせき》したのは、思想家のエドワード・サイード*でした。

牧口会長はそうした厳《きび》しい状況下にあって、毅然《きぜん》と「異議《いぎ》申し立て」を行《おこな》うことで日本の過《あやま》ちを正そうとしたのです。

リース　牧口会長が示された勇気は、現代にあっても強く求められるものといえましょう。

権威《けんい》になびいて時流《じりゅう》に押し流されたり、権力を恐《おそ》れて保身《ほしん》を図《はか》ろうとしたりする風潮《ふうちょう》は、日本に限らず、あまりにも多くの国の政治や社会に見られるからです。

この点に関し、私が高く評価する詩人がいます。四十年前（一九七二年）に亡《な》くなったアメリカの詩人マリアン・ムーア*です。彼女は、「声を上げる勇気」を描《えが》いた詩を数編、残しています。

権力をもった人物や制度に対して「それでよいのか」と声を上げなくてはならないとき、ムーアの詩が勇気を与《あた》えてくれます。

例《たと》えば、「その者は幸《さいわ》いである」と題する詩では、あらゆる市民――とりわけ詩人が示すべき勇気の本質を突《つ》いています。

「その者は幸いである／傲慢《ごうまん》な輩《やから》が嫌《きら》うものを支持する者は――／従《したが》おうとしない者は。幸いである、妥協《だきょう》しない者は」

ムーアが詩を通して訴《うった》えた生き方は、前にも話題になったイギリスの劇作家ハロルド・ピンターの主張とも響《ひび》き合うものがあります。

また反戦という点で、同じくアメリカの詩人ウィリアム・スタフォード*の「男たち」と題する詩が深く胸に残っています。

これは戦争の愚《おろ》かさを告発《こくはつ》するとともに、〝暴力《ぼうりょく》はさらなる暴力を生むだけで、戦争は人を苦しませ、甚大《じんだい》な人的被害や環境被害をもたらすだけである〟との教訓《きょうくん》を学ぶことができないでいる権力者たちを痛烈《つうれつ》に風刺《ふうし》した作品です。

その中でスタフォードは、女性と子どもたちに対し、戦争がいかに愚かであるか、そして権力者は何も学ぼうとせず次の戦争に備《そな》えることしか考えないか――そのことを忘れてはならないと訴えています。

池田 スタフォードは、第二次世界大戦中に「良心的兵役拒否《へいえききょひ》」の道を貫《つらぬ》いた人物でしたね。以前、私が対談を重《かさ》ねた核《かく》時代平和財団*のデイビッド・クリーガー*所長も、青年時代にベトナム戦争への兵役拒否を貫いたことが、平和運動に本格的に取り組む原点になったと語っておられました。

そのとき所長は、「祖国に忠誠《ちゅうせい》を尽《つ》くしていない」「軍に刃向《はむ》かい、戦うことを避《さ》けている」と周囲から白眼視《はくがんし》され、第二次世界大戦を戦った世代である夫人の両親からも快《こころよ》く思われなかったそうです。

しかし、信念は最後まで揺《ゆ》るがなかった。所長は、私との対談の中で、当時を振《ふ》り返りながら、青年たちに向けて次のように呼びかけていました。

「ことが『生死の一大事《いちだいじ》』にかかわる時は、人は判断を他人に委《ゆだ》ねるべきではありません。国に委ねてはならない。世論にも左右されてはなりません(6)」

「私の願いは、私が体験した闘争《とうそう》を繰《く》り返す必要が生《しょう》じないように、この教訓《きょうくん》を青年に授《さず》けることです。『みずからの責任でみずからが判断する』ということを世界中の青年が学ぶならば、戦争はなくなるでしょう(6)」と。

リース　未来を担《にな》う若い世代にとって、実《じつ》に重要なメッセージだと思います。

デイビッド・クリーガー所長は、私にとっても大切な友人ですから、彼の兵役拒否《へいえききょひ》の体験はよく理解できます。

私も青春時代に、ルイス・フィッシャーによるガンジーの伝記や、トルストイ*の『戦争と平和』を読むなかで、戦争や暴力《ぼうりょく》を乗り越《こ》えるための方途《ほうと》について、自分なりの思索《しさく》を深めてきました。

フィッシャーの本では、ガンジーが平和的であるけれども苦痛《くつう》をも厭《いと》わない方法で悪政《あくせい》への服従《ふくじゅう》を拒否する姿や、そのおかげで「非暴力」と「市民的不服従」という哲学が生まれた経緯《けいい》を描写《びょうしゃ》している箇所《かしょ》に、とくに感銘《かんめい》を受けました。

また、トルストイの『戦争と平和』を取り上げたのは、暴力と戦争の愚《おろ》かさを最も強烈に告発《こくはつ》してくれるのは、このような物語だからです。

人間の尊厳を守り抜く勇気

池田　先ほどのムーアやスタフォードの詩といい、トルストイの小説『戦争と平和』といい、一つ一つの言葉が信念と行動に裏打ちされている詩や文学には、〝人間の心を深く揺《ゆ》さぶらずにはおかない何か〟が脈打《みゃくう》っていますね。

また、人々に伝えたいメッセージを発信するうえで物語性が重要であるとの指摘《してき》にも、まったく同感です。

思想家のハンナ・アレント*が、「如何《いか》なる哲学も、如何なる分析《ぶんせき》も、如何なるアフォリズム*も、それらがどれほど深遠《しんえん》なものであろうと、意味の強烈さと豊《ゆた》かさとにおいては、正しく語られた物語には比肩《ひけん》するべくもありません(7)」と強調しているのも、リース理事長がまさに指摘された意味においてでありましょう。

私どもが信奉《しんぽう》する仏法の経典でも、物語による譬喩《ひゆ》を通して、人間としての生き方や、社会や物事の真実を見つめるための視座《しざ》が数多く説《と》かれており、「法華経《ほけきょう》」だけをみても七つの譬《たと》えがあります。

例《たと》えば「三車火宅《さんしゃかたく》の譬《たとえ》」は、家が燃えているのに気づかず遊び続け、一向《いっこう》に逃げようとしない子どもたちを救うために、父親が巧《たく》みな方便《ほうべん》を用《もち》いて子どもたちの心を動かし、外に出るように導《みちび》く話です。

また「長者窮子《ちょうじゃぐうじ》の譬」では、次のような物語が説かれています。

幼《おさな》いときに家出《いえで》した長者の息子が困窮《こんきゅう》しながら何十年も諸国を流浪《るろう》した後、ある立派な邸《てい》宅《たく》の門前《もんぜん》に辿《たど》り着《つ》いた。息子は、その邸宅の主《あるじ》が父親であることに気づかなかった。

そんな息子の姿を見かけた父は、一計《いっけい》を案《あん》じて、まず自分のもとに連《つ》れてくるように命《めい》じ、息子を掃除《そうじ》の係として雇《やと》うことにした。息子はまじめに働《はたら》き、信用を重《かさ》ねるなかで、二十年以上の歳月《さいげつ》を経《へ》て、財産《ざいさん》を管理する仕事をまかせられるまでに大成《たいせい》した。

そして、志《こころざし》高く生きるようになった息子の姿に安心した父親は、いよいよ臨終《りんじゅう》を迎《むか》えるというときに、国王や大臣を招《まね》いたうえで、「ここにいるのが、昔、逃げ出した息子です。後のことはすべて息子に託《たく》します」と告《つ》げた。このとき、初めて息子は真実に気づき、父親の深い心遣《こころづか》いを知った――と。

この二つの説話《せつわ》は、仏法の目的は、人間自身が気づいていない大いなる可能性を開くこと、そして人間の生命は、無上《むじょう》の宝《たから》が内在《ないざい》する尊極《そんごく》の存在であるとの法理《ほうり》を説き明かしていますが、私がこれらの物語について特徴的だと考えるのは、いずれも相手の自発性《じはっせい》、内発性《ないはっせい》を重んじたうえでの漸進《ぜんしん》的な変革《へんかく》を促《うなが》している点です。

目指《めざ》すべき生き方や、追求《ついきゅう》すべき真理《しんり》があるからといっても、納得《なっとく》を欠いた急速な変化や、外からの無理やりな強制を行《おこな》うのでもない。あくまで相手の〝気づき〟を尊重《そんちょう》し、心の底から納得《なっとく》して行動できるように後押《あとお》ししたことに眼目《がんもく》があるのです。

リース　きわめて重要なアプローチですね。

私も、池田会長が強調される〝気づき〟を、人生のさまざまな場面で、とても大切にしています。

例えば、社会の中で非人間的な出来事や、むごいことを見聞きしたり、逆に心洗《あら》われる美しい場面に遭遇《そうぐう》したりするたびに、「これを詩に書いて残さなければ」と思い、詩作に励《はげ》んできました。

また、優《すぐ》れた詩や文学に触《ふ》れ、思索《しさく》することで得《え》る感動と啓発《けいはつ》に、恩恵《おんけい》を受けてきました。例《たと》えば、先ほど紹介した詩人のムーアが、籠《かご》の中で鳥が歌う姿をイメージした詩を綴《つづ》っています。
「とらわれの身だけれど
その力強《ちからづよ》い歌声は
満足なんてちっぽけだと言う
歓喜《かんき》は、なんと純粋かと。
これが限りある命だ
これが永遠なのだ」
私はこの詩から、〝最悪の逆境《ぎゃっきょう》にあっても、心に希望をわき立たせることはできる〟とのメッセージを力強く感じました。
ただ、自分がやりがいのある仕事に恵《めぐ》まれ、貧困《ひんこん》や病気や失業に苦しむ身ではないという幸運は自覚しているつもりです。逆境の真《ま》っただ中で、心に希望をわかせるのは大変な挑戦《ちょうせん》です。

私の尊敬《そんけい》する人物で、こうした信念を広めようと長年行動した立派なオーストラリア人がいます。一九八六年にオーストラリア国連協会の後援で誕生《たんじょう》した「紛争《ふんそう》解決ネットワーク」の創設者である、故ステラ・コーネリアス博士です。

博士は、非暴力《ひぼうりょく》の理念の生きた見本《みほん》というべき存在で、二〇一〇年末に亡《な》くなられましたが、最後まで自《みずか》らの姿を通して、紛争解決のための教育の普及《ふきゅう》に取り組まれていました。

博士は有能かつ寛大《かんだい》で、決して骨身《ほねみ》を惜《お》しまず他者のために行動する人でした。

南アフリカのマンデラ元大統領は、シドニーを訪問した際、アボリジナルの人々への公民権付与《ふよ》の運動を指揮《しき》したフェイス・バンドラーさんとコーネリアス博士の功績《こうせき》を賞賛《しょうさん》していました。

シドニー大学の平和・紛争研究センターの廊下《ろうか》には、この偉大《いだい》な二人の女性を笑顔で抱きしめるマンデラ元大統領の写真が飾《かざ》られています。

コーネリアス博士がいつも言っていたのは、「でも」ではなく「そして」を使って発言しようということです。「でも」の後には悲観《ひかん》的な言葉が続きがちですが、「そして」には、紛争解決につながるような楽観《らっかん》的な言葉を紡《つむ》ぎ出す道が開けていくからです。

池田　おっしゃる通り、「世界平和の重要性は理解できる。でも、現実には難《むずか》しいだろう」といった言葉がよく聞かれます。

そこで使われるような「でも」という言葉には〝あきらめ〟や〝現状追認《ついにん》〟の気持ちが宿《やど》っています。

しかし、「世界は平和であらねばならない。そして、そのために国境を超《こ》えた民衆の連帯《れんたい》をつくりあげよう」といった場合の「そして」には、逆境《ぎゃっきょう》を十分承知《しょうち》しつつも、少しでも事態を好転《こうてん》させるために前に踏《ふ》み出そうとする〝勇気〟や〝信念〟が込《こ》められていますね。

二十一世紀を担《にな》い立つ青年たちには、ぜひとも後者の、険《けわ》しくとも最高に意義ある人生を歩《あゆ》み抜《ぬ》いてほしい。そのためには民衆と語り、民衆のなかで生き抜き、民衆とともに平和のために戦い抜く以外にありません。

その思いを込めて私は、かつて「青春の舞《まい》　青年の曲」と題する詩に、こう綴《つづ》ったことがあります。

「限界ということを知らぬ
君の胸の中には

マンデラ元大統領（中央）とコーネリアス博士（左）、バンドラー氏（右）

闘争《とうそう》の鼓動《こどう》が
生き生きと湧《わ》き起こる。

その強き鼓動には
あらゆる極限《きょくげん》を
飛散《ひさん》させゆく力《ちから》があり
重苦しい人間群の空気も
息苦しき卑劣《ひれつ》な寒気《かんき》をも
悠然《ゆうぜん》と　炎《ほのお》に変えて
燃え上がらせゆく
信念と勇気がある[8]」

師の戸田第二代会長も、よく語っておられました。
「波を起こさずして何の青春か。歴史をつくらずして何の人生か。何かをなせ！　何かを残せ！」と。

すべての人々の尊厳《そんげん》が守られ、一人一人が平和で幸福な人生を歩《あゆ》むことができる世界を築《きず》くために、青年たちが団結し、そのスクラムを力強《ちからづよ》く広げていかねばならない。青年たちの使命は重大です。

3

人間の尊厳を守る「公正な経済」を

失業は単なる困窮の問題ではない

池田　「社会の繁栄《はんえい》のために個人を犠牲《ぎせい》にすることは絶対にいけない。社会が繁栄するとともに、個人の幸福も増大《ぞうだい》しなければならない(1)」——。

これは、私が深く胸に刻《きざ》んできた戸田第二代会長の忘れ得《え》ぬ言葉です。

今、世界経済は、二〇〇八年の「リーマン・ショック*」に続く大きな危機《きき》に直面《ちょくめん》していますす。ヨーロッパでもアメリカでも、厳《きび》しい状況が続き、日本も長く深刻《しんこく》な不況《ふきょう》から抜《ぬ》け出せないまま、巨額《きょがく》の財政赤字を抱《かか》えて苦しんでいます。

私は二〇一〇年一月に発表した平和提言《ていげん》で、経済危機が引き起こす社会の大きな歪《ゆが》みの一つとして「雇用《こよう》」の問題を取り上げ、とくに若い世代の早急《そうきゅう》な雇用改善《かいぜん》の必要性を、次のように訴《うった》えました。

「(=若い世代の失業問題は)経済的な困窮《こんきゅう》はもとより、自分が社会で必要とされないことへのショックや、将来への不安が募《つの》り、ひいては生きる希望まで打ち砕《くだ》かれてしまう結果を招《まね》きかねません。

一方で、仮《かり》に働《はたら》く場所があっても非人間的で過酷《かこく》な生活を強《し》いられたり、いつまで働けるのかわからず、人生設計を立てる見通しさえ立たない状態は、『人間の尊厳《そんげん》』を根底《こんてい》から脅《おびや》かしかねないものです」と。

この失業の問題は、〝社会正義の実現〟に不可欠《ふかけつ》の要素として、リース理事長が長年にわたって取り組んでこられたテーマの一つですね。

リース ええ、その通りです。失業とは「現代の主要な社会的不公正《ふこうせい》の一つ」にほかならず、人々を「社会的な追放《ついほう》」に等しいほど〝尊厳が著《いちじる》しく脅かされた状況〟に追い込《こ》むものです。

この問題を考えるとき、私の脳裏《のうり》をよぎるのは、一九二九年に始まった大恐慌《だいきょうこう》時代に、長期的な失業が人々にもたらした窮状《きゅうじょう》と、その様子を伝える写真の数々です。

仕事を求め長蛇の列をつくる失業者たち。世界大恐慌の影響で数多くの人が職を失った（1930年、アメリカ）　©AP/AFLO

胸の痛むような写真が多く、なすすべもない人々の悲惨《ひさん》な状況を物語っていました。

イギリスの作家ジョージ・オーウェル*が、ランカシャー州の炭鉱《たんこう》地域の失業者を描《えが》いた『ウィガン波止場《はとば》への道』という作品があります。

その中でオーウェルは、狭《せま》い部屋に大勢《おおぜい》が暮《く》らす様子をはじめ、栄養失調《しっちょう》や病気、個々の人生の苦悩、そして一家が飢《う》えと寒さにさいなまれ、燃料と食糧を手に入れようと死《し》に物狂《ものぐる》いでもがく姿など、失業による貧困《ひんこん》の現実を生々《なまなま》しく描いています。

当時、経済学者のケインズ*は、適切《てきせつ》な国家の介入《かいにゅう》があれば失業に対処《たいしょ》できることを示しました。その理論は、いくつかの国の経済政策に取り入れられ、最近ではケインズ主義的な介入《かいにゅう》は「景気刺激策《しげきさく》」という名で呼ばれています。

その意味において、失業には何の解決策もないといった悲観論《ひかんろん》は克服《こくふく》されてきました。しかし、失業の与《あた》える影響が、個人はもちろんのこと、市民社会の建設や再建《さいけん》の取り組みにとって深刻《しんこく》であることに変わりはありません。

池田　世界銀行のゼーリック総裁《*そうさい》は、昨年（二〇一一年）の八月にシドニーで行《おこな》った講演で〝世界経済が「新たな危険地帯」に入った〟との認識を示しましたが、ギリシャの債務《さいむ》問題などに伴《ともな》うユーロ圏《けん》の危機《きき》をはじめ、世界経済の基盤《きばん》がさらに大きく揺《ゆ》らいでいます。

信用収縮《しゅうしゅく》と実体経済の悪化によって、各国の雇用《こよう》状況はさらに悪くなる一方です。

若い世代の失業率の高さは深刻で、スペインでは四五％、ギリシャでは三八％もの若者たちが職を得《え》られない状況にあるほか、八月にロンドンで暴動《ぼうどう》が起こったイギリスでも、若者の五人に一人が失業しているといわれています。日本でも、ますます大きな課題となっています。

リース　かつて私は、『超市場化《ちょうしじょうか》の時代』と題する編著の中で、次のように強調したことがあります。
「労働の尊厳《そんげん》の権利はすべての国民にとって基本的人権であるはずである。この権利をますます数多くの人々が失いつつある。これらの人々は、労働から生《しょう》じるそれ自体価値のある深《しん》遠《えん》な人間的感覚、すなわち何かを達成する満足を感じながら、もしくは社会に貢献《こうけん》しながら自身の生計《せいけい》を立てるという人間的感覚を否定されつつある」(2)と。
つまり、失業は単なる経済的な問題にとどまらず、人間の尊厳を根源《こんげん》から脅《おびや》かす問題であり、人々の「目的観」や「自己実現の機会《きかい》」を奪《うば》い去《さ》るものとして受け止める必要があると訴《うった》えたのです。

大切なのは「やりがい」と「誇り」

池田　絶対に見過《みす》ごしてはならない点です。
そうした観点から、これまでの各国の雇用政策を歴史的に振《ふ》り返って、リース理事長がとくに注目してこられた政策は何でしょうか。
リース　そうですね。何といっても、一九二九年からの大恐慌《だいきょうこう》に対して、アメリカのルーズベルト大統領*が進めた「ニューディール政策*」でしょうか。

この政策の実施は、不況《ふきょう》で長期間失業し、自尊心《じそんしん》を失いかけていた人々に劇的《げきてき》な効果をもたらしました。

アメリカには、誰《だれ》でも利用しやすく驚《おどろ》くほど美しい国立公園がいくつもありますが、これらはニューディールの成功を後世《こうせい》に伝える記念碑《ひ》といえるでしょう。

池田　一般に「ニューディール政策」というと、TVA（テネシー川流域開発公社）のダム建設事業などが、よく知られています。

その一方で、国立・州立の公園や森林を整備するための「市民保全《ほぜん》部隊」として、失業中の若者たちも多数採用《さいよう》されました。

その結果、約十年間で、のべ三百万人もの若者が活動に従事《じゅうじ》し、二十億本以上の木が植えられたほか、各地の公園の整備が大幅に進んだといわれていますね。

ルーズベルト大統領は、この「市民保全部隊」の活動をスタートさせるにあたって、「これから私たちが成《な》し遂《と》げようとしていることは、わが国の天然資源《てんねんしげん》を保護し、将来の国家資《し》産《さん》を創造《そうぞう》し、倫理《りんり》的・精神的価値観の重要性を示すものだと信じている」(3)と宣言しました。

シェナンドー峡谷（現・シェナンドー国立公園、バージニア州）を訪れたルーズベルト大統領は、市民保全部隊のメンバーを慰労（1933年8月）
©Bettmann/CORBIS

この大統領の施策《しさく》は、国家の経済対策として行《おこな》われたものですが、私が意義深いと思うのは、リース理事長がまさに指摘《してき》された通り、人々が活動に従事することで「自尊心を取り戻したこと」です。

社会のため、未来のために、自分の働《はたら》きが役立っているという「やりがい」や「誇《ほこ》り」は、何ものにも代《か》え難《がた》い人生の支《ささ》えとなるのではないでしょうか。

リース　まったくその通りです。オーストラリアでは、あるデータによりますと、ほとんどの若者が、やりがいのある仕事を得《え》たいという強い意欲をもっていることがわかっています。

しかし、そのような機会《きかい》は限られており、需要《じゅよう》と供給《きょうきゅう》が見合わない状態にあるのです。

またオーストラリアでは、ホームレスが深刻《しんこく》な問題となっています。若者がひとたび失業すると、とくに家庭環境が崩壊《ほうかい》している場合には、ホームレスになってしまったり、より厳《きび》しい貧困《ひんこん》に追い込《こ》まれたりする状況があります。

そうした弱い立場にある若者が、社会に参加し貢献《こうけん》できるよう立ち上がらせるためにも、教育や訓練の機会が重要になります。

池田 日本では近年、格差《かくさ》社会が深刻化するなかで、高収入で安定した生活を送る人々と、雇用《こよう》悪化のしわ寄せを受けて経済的に不安定な生活を余儀《よぎ》なくされる人々とが二極化する傾向にあります。

こうした状況に対して、一九三〇年代の大恐慌《だいきょうこう》の悲惨《ひさん》さを知る経済学者のガルブレイス*博士は、「個人の能力を超《こ》えた何がしかの原因によって職を失い、みじめな経験をしている人に対して、社会的レッテルを貼《は》ってはならない」(4) と厳しく戒《いまし》めておられました。

私もまったく同感です。働《はたら》く場所を失ってしまった人々に対しては、社会的なセーフティーネット（安全網《もう》）の整備を通して生活の安定を図《はか》っていかねばならない。そして、常《つね》に

「再起《さいき》のチャンス」がある〝希望と安心の社会〟を築《きず》いていく必要があります。

ガルブレイス博士は、私との対談の中で、「人々が『この世界で生きていくのが楽しい』と言える時代[5]」を築くことが二十一世紀の課題であると力説《りきせつ》していましたが、雇用の安定と、人間の尊厳《そんげん》が踏《ふ》みにじられることのない職場環境の整備は、いずれもその前提《ぜんてい》となるものです。

失業者対策についても、ガルブレイス博士は、「失業者に学校の校舎《こうしゃ》のドアのペンキ塗《ぬ》りをさせているという記事を、日本の新聞で読みましたが、ただペンキを塗るのではなく、『絵』を描いてもらうべきなのです[5]」と語っていました。

つまり、単なる生活の糧《かて》としてではなく、そこに創造《そうぞう》的な要素が加わることで、人間は仕事に対する充実と喜びを感じることができる点を強調されたのです。

私たちは、厳しい困難《こんなん》の壁《かべ》に立ち向かい、それでも人間としての価値や威厳《いげん》を輝かせて生き抜《ぬ》いてこられた人々を数多く知っています。そうした方々が、さらに生きがいと希望をもって暮《く》らしていけるよう、社会が支《ささ》えていかねばなりません。

庶民の苦しみに目を向ける

リース　本当にその通りだと思います。

私は、長年にわたり、シドニー大学の平和・紛争《ふんそう》研究センターに携《たずさ》わってきましたが、このセンターの活動を特徴づけている大きなテーマの一つが、「誰人《たれびと》も病気になったからといって、経済的損失《そんしつ》を被《こうむ》るべきではない」との理念です。

これが「平和」とどう関係するのか、わかりにくいかもしれませんが、「国民皆保険《かいほけん》制度の有無《うむ》は、現実において『正義に基《もと》づく平和』に関《かか》わる問題である」ということです。ゆえに私たちは、オーストラリアの国民皆保険制度を守るための運動を進めてきました。

これは、失業問題にも当《あ》てはまります。一九九八年十一月、私たちはシドニー大学において、池田会長が創立された戸田記念国際平和研究所との共催《きょうさい》で「社会・経済安全保障とグローバル・ガバナンス（地球社会の運営）」をテーマに国際会議を行《おこな》いました。

平和・紛争研究センターでは、雇用機会《こようきかい》の創出《そうしゅつ》は「正義に基づく平和」を実現するうえでの一大目標であり、〝長期にわたる失業は、それ自体が不正義である〟との独自《どくじ》の理念を貫《つらぬ》

シドニー大学と戸田記念国際平和研究所が共催した「社会・経済安全保障とグローバル・ガバナンス」をテーマにした国際会議（1998年11月、シドニー）
©Seikyo Shimbun

いてきました。そうしたことから、センターでは同会議の開催以降、これらのテーマや「人権」と「生活の質」との相関性《そうかんせい》を、より重視するようになりました。

また、先ほど話題となったガルブレイス博士は、私が深く尊敬《そんけい》する経済学者の一人にほかなりません。

博士は、「自由市場《しじょう》は、豊《ゆた》かな個人と貧弱《ひんじゃく》な公共サービスを生み出す」という名言を残し、〝いかなる社会においても公共部門の充実が人間性の開発を促《うなが》す〟との強い信念をもっておられました。

私の友人であり、恩師《おんし》でもあったシドニー大学の故テッド・ウィールライト教授も、ガルブレイス学派の思想を支持する一人でした。

大企業が自《みず》らの利益を求めて富《とみ》を創出《そうしゅつ》しながら、環境はおろか人権にも無関心でいる姿が、社会にどのような影響を及ぼすかを明らかにした方です。

昨年（二〇一一年）の秋以降、企業の強欲《ごうよく》さに対する抗議《こうぎ》運動や金融街《きんゆうがい》の占拠《せんきょ》行動が、世界の主要都市で起きていますが、これはウィールライト教授やガルブレイス博士の思想を行動に移《うつ》したものだともいえるのではないでしょうか。

ウィールライト教授は、「財やサービスをどれだけ効率《こうりつ》よく提供《ていきょう》しているか」ではなく、「人間の開発と幸福にどれだけ貢献《こうけん》しているか」を基準に、社会を評価すべきだと主張していました。

池田　非常に重要な視点ですね。

英語の「エコノミー」は、日本語では「経済」と訳されますが、その語源《ごげん》となっているのは「経世済民《けいせいさいみん》（世《よ》の中を治《おさ》め、民衆を救う）」という言葉です。

この言葉に込《こ》められた理念は、ウィールライト教授の思想とも響《ひび》き合うものでしょう。

私は青年時代、師の戸田第二代会長から、政治学や経済学をはじめ、法学、世界史、天文《てんもん》学《がく》、生命論など、学問万般《ばんぱん》にわたる教授を受けました。最初のうちは、日曜日の朝に戸田先生のご自宅で、しばらくしてからは私の勤務先でもあった先生の会社で、毎朝、始業《しぎょう》前に薫陶《くんとう》を受けたのです。

その「早朝講義」で、戸田先生が最初に教授してくださったのが経済学でした。どんな学問を教えるときも、戸田先生の講義の根幹《こんかん》には、〝民衆を不幸のどん底に突《つ》き落とす戦争と、民衆を苦しめる社会の悪弊《あくへい》を断《だん》じて許《ゆる》してはならない〟との烈々《れつれつ》たる信念が脈《みゃく》打《う》っていました。

経済学の講義のときも、「インフレ（インフレーション）」という用語をめぐって、次のような話をされたことを覚《おぼ》えています。

――インフレという言葉があるが、普通はこれを「物価《ぶっか》が持続的に上昇する状態」と定義するだろう。そう考えれば、物価の安定が対策の第一目的になる。

しかし、この経済状態を庶民《しょみん》の眼《まなこ》から見たらどうなるか。インフレを「一般庶民が困窮《こんきゅう》の生活を強《し》いられるとき」とみるならば、物価の安定だけでなく、インフレが引き起こした庶民の痛みや苦しみをどう取り除《のぞ》くかという視点が、おのずと浮《う》かび上がってくる。経済政策も、そうした発想に立って考えていくことが肝心《かんじん》になる、と。

それだけに、庶民《しょみん》の生活の苦しみを顧《かえり》みない政治家に対しては、徹底《てってい》して厳《きび》しかった。

「政治も、経済も、文化も、すべて人間が幸福になるための営《いとな》みである。とくに、政治は、民衆の一人一人の日常生活に、直接、ひびいてくるものであるがゆえに、政治家たるものは、よく大局観《たいきょくかん》に立ち、私利私欲《しりしよく》や、部分的な利益に迷《まよ》わず、目先《めさき》の利益に禍《わざわい》されてはならないはずである」(6)との言葉も忘れられません。

戸田先生は数学者や教育者である一方で、出版事業なども手がけていたのですが、戦後の混乱《こんらん》のなかで、事業が大きく傾《かたむ》きかけたときがありました。

その頃《ころ》、朝鮮戦争*が勃発《ぼっぱつ》し、戦争特需《とくじゅ》で日本経済が持ち直《なお》して、多大《ただい》な利益を得《え》た企業も少なくなかった。しかし戸田先生は、その特需の波に乗ることを勧《すす》める人に対して、「そんな邪道《じゃどう》をしてはならない」と頑《がん》として拒否《きょひ》されたのです。

「効率至上主義」の危険性

リース　戸田会長の巌《いわお》のように揺《ゆ》るがぬ信念が偲《しの》ばれるお話です。深い感銘《かんめい》を覚《おぼ》えました。

私も、経済を語るうえでよく使われる「効率性《こうりつせい》」という言葉に、以前から強い疑問を抱《いだ》いてきました。「効率性」を求めることは、ある意味でたやすいことです。その場合、「社会的な配慮《はいりょ》」を無視して考えることが多いからです。

一九七〇年代から自由経済政策が崇拝《すうはい》され、国家政策に影響力をもつようになるなかで、「効率性」が優先されるようになりました。

政財界のみならず大学や病院や福祉《ふくし》機関のトップにいたるまで、一様《いちよう》に「効率性」を唱《とな》える風潮《ふうちょう》が広がっていきました。なぜなら、「効率性」さえ追求《ついきゅう》していれば、その他のことは深く考えずに済《す》むからです。

こうした効率至上《しじょう》主義に対して、私はラジオの番組を通《つう》じて、「儲《もう》けよりも人間を大切にすることが非効率で、生産性よりも人間の健康や幸福に配慮することが非効率だというならば、私は非効率の味方である」と、何度か発言したことがあります。

いかなる社会や組織においても、〝普段《ふだん》は意見を求められることのない人たち〟の声を聞くことこそ、社会正義の実現を目指《めざ》すうえで最も重要な戦略《せんりゃく》ではないでしょうか。

しかし、経済効率《こうりつ》の推進派は、「患者《かんじゃ》の意見を聞かなくても病院経営はできる」とか、「学生の意志とは関《かか》わりなく大学は存続《そんぞく》できる」と考えるばかりか、「本を借《か》りる利用者がいなくても図書館は運営できる」とか「現場で働《はたら》く労働者の考えを採《と》り入《い》れなくても工場は経営できる」とさえ思い込《こ》んできたのです。

池田　効率性を追い求める風潮《ふうちょう》は、経済が悪化すればするほど、いっそう強まる傾向がみられます。しかし、それがかえって、人間社会に大きな亀裂《きれつ》や歪《ゆが》みを生んでしまう場合が少なくないことも事実です。

「何のため」という問《と》いを見失い、いたずらに〝利益〟や〝効率〟を追い求める社会が、どれほど矛盾《むじゅん》を生み、脆弱《ぜいじゃく》であるかは、現在の危機《きき》的状況を見れば火を見るより明らかです。

近年、人間や社会を支《ささ》える倫理《りんり》と、経済の論理との間《あいだ》に重大な乖離《かいり》が生《しょう》じていることに警《けい》鐘《しょう》を鳴らし、「道徳哲学としての経済学」の構築に取り組んできたのがアマルティア・セン*博士ですね。

セン博士は、自著『経済学の再生』[7]の中で、「金儲《かねもう》けのための生活はもっぱら強迫的《きょうはくてき》に営《いとな》まれるものであり、富《とみ》は明らかにわれわれが追い求める善ではない。なぜなら富はただ有用《ゆうよう》

池田国際対話センターで講演するアマルティア・セン博士（2001年4月、アメリカ）　©Seikyo Shimbun

であるにすぎず、他の何かのために存在するものだからである」との哲学者アリストテレス*の言葉を引いています。

そして〝人はいかにして生きるべきか〟という視点と、〝社会でいかに善の価値を達成していくか〟という視点から、経済を捉《とら》え直《なお》す必要性を訴《うった》えました。

博士には、以前（二〇〇一年四月）、私が創立したボストン近郊《きんこう》の国際対話センターで講演していただいたことがあります。

「公正《こうせい》な経済」をテーマにした連続シンポジウムでの講演で、博士は「開発や進歩の尺度《しゃくど》は、人々の自由が強化されたかどうかにある」と述《の》べるとともに、「開発の達成の要因となるものは、人々の持つ〝内発《ないはつ》的な自由の力《ちから》〟である」と強調されました。

こうしたセン博士の主張には、人間の内《うち》なる変革《へんかく》を重視する仏教の思想とも相通《あいつう》じるものを感じます。

「貧困と人権」への取り組み

リース　今、池田会長が紹介された、〝人間の自由度こそ、開発を計《はか》る決定的な尺度《しゃくど》である〟というセン博士の理念は、社会制度と経済制度が切り離せない関係にあることを、あらためて教えてくれるものです。

厚生《こうせい》経済学に関するセン博士の研究は、識字率《しきじりつ》や就学率《しゅうがくりつ》といった人間の尊厳《そんげん》に密接《みっせつ》に関《かか》わる分野の尺度をもって、各国の発展度合《どあ》いを示す国連開発計画（ＵＮＤＰ）の「人間開発指《し》数《すう》（ＨＤＩ）」に色濃《いろこ》く反映《はんえい》されています。

私は、ガルブレイス博士とウィールライト教授に感謝の念を抱《いだ》いていますが、同じ理由からセン博士を深く尊敬《そんけい》しています。セン博士の研究には、その根底《こんてい》に「人間主義」の思想が流れていますね。

私も常々《つねづね》、なぜ経済制度がさまざまな社会的価値や制度よりも優先されるようになってしまったのか——その理由を解明する必要があると感じてきました。

こうした経済制度への偏重《へんちょう》を正し、社会的価値とのバランスを回復させることこそ、学問としての探究《たんきゅう》にふさわしい課題だと考えます。

私は長年、世界各地を回るなかで、人間が経済のために手段化されている姿を、数多く目にしてきました。

二年前（二〇一〇年）、インドに滞在《たいざい》した折も、四〇度を超《こ》える暑さのなか、女性労働者が建設現場で、ものすごい数のレンガを頭にのせて運《はこ》ぶ姿を見て胸が痛みました。

労働者の待遇《たいぐう》が自由市場《しじょう》まかせである場合には、職場の安全や労働者の健康に関する西欧の基準が適用《てきよう》される余地《よち》はありません。例《たと》えば途上国では、貧《まず》しく虐《しいた》げられた人々は搾取《さくしゅ》されるばかりで、搾取する側《がわ》が責任を問《と》われることはないのです。

その意味でも、「普遍《ふへん》的な人権の尊重《そんちょう》」こそ、貧困《ひんこん》と戦うための第一の武器でなければなりません。人権の尊重が経済成長の崇拝《すうはい》にとって代《か》わるべきなのです。

その変革が実現すれば、経済的利益のために人間をモノのように手段化する考え方は、奴《ど》隷《れい》制度を廃止《はいし》できたのと同様《どうよう》に、なくすことができるに違《ちが》いありません。

先ほど、戸田記念国際平和研究所とシドニー大学が共催《きょうさい》した国際会議について触《ふ》れましたが、同研究所には今後も、「貧困《ひんこん》と人権」というテーマに、ぜひとも取り組んでいただきたいと願っております。

世界に広がる貧困は、恐《おそ》るべき暴力《ぼうりょく》となって弱者に襲《おそ》いかかっています。

貧困は人権侵害《しんがい》を伴《ともな》うものです。根強い貧困は、「正義に基《もと》づく平和」を地球規模で実現するうえで大きな障壁《しょうへき》となっているのです。

池田　平和と人権を考えるうえで鍵《かぎ》となる問題ですね。

私も毎年の平和提言《ていげん》や新聞への寄稿《きこう》などを通して、貧富《ひんぷ》の差が拡大し、人権が軽視《けいし》され、人間の「命の格差《かくさ》」や「尊厳《そんげん》の格差」が半《なか》ば決定づけられてしまう社会の矛盾《むじゅん》を、断《だん》じて変《へん》革《かく》していかねばならないと強く訴《うった》え続けてきました。

また、貧困問題などの解決のために国際的な取り組みを呼びかけている国連ミレニアム開発目標*についても、「目標の達成はもとより、悲劇《ひげき》に苦しむ一人一人が笑顔を取り戻すことを最優先の課題とすることを忘れてはならない」と強調してきました。

その意味でも、リース理事長が提起《ていき》されたような、「普遍的《ふへん》な人権の尊重《そんちょう》」の視座《しざ》を根本に据《す》えて貧困問題の解決を考えるアプローチは、きわめて重要なものであり、私も強く共感するものです。

なぜならば、この課題は、根本的には〝人間の価値観の転換《てんかん》〟なくしては決して解決できないからです。

ご存じのように、先のセン博士は少年時代に故郷のベンガル州を襲った大飢饉《だいききん》を目の当《ま》たりにしたことが、経済学の道を志《こころざ》す原点となり、悲惨《ひさん》な貧困や飢餓《きが》を引き起こさないための研究に取り組む情熱の源《みなもと》になったのです。

先ほど博士が指摘《してき》されたように、貧困問題の裏側には、他者を搾取《さくしゅ》してまで自《みずか》らの利益を図《はか》ろうとする、人間のエゴや欲望《よくぼう》の問題があります。

仏法では、人間の生命には、人の善根《ぜんこん》を破壊《はかい》し、不幸に陥《おとしい》れる「煩悩《ぼんのう》」――「貪《とん》（むさぼり）」や「瞋《じん》（いかり）」や「癡《ち》（おろか）」といった働《はたら》きがあることを説《と》いています。そうした根源《こんげん》の問題を直視《ちょくし》し、克服《こくふく》することなくして、根本的な解決の道はありえません。

戸田会長の熱願《ねつがん》は、〝地球上から悲惨の二字をなくす〟ことにありました。その思想を原点とする戸田記念国際平和研究所の使命は、貧困《ひんこん》や飢餓《きが》をはじめ、人々を苦しめているさまざまな脅威《きょうい》を取り除《のぞ》き、すべての人々の尊厳《そんげん》を輝かせていくための英知《えいち》の結集《けっしゅう》にあります。

今後とも、私どもは、リース理事長とともに、「正義に基《もと》づく平和」のネットワークを、さらに大きく広げてまいりたい。そして、「貧困と人権」をはじめ、社会の最も弱き立場にある人々の現実に焦点《しょうてん》を当《あ》てながら、その解決に全力を尽《つ》くしていく決意です。

4

「競争」の時代から「共創」の時代へ

エゴイズムではなく利他主義を

池田　「地球は一つの生命体である」――戸田第二代会長は、よくこう語っていました。

世界は今、人口が「七十億人」を超《こ》える時代を迎《むか》えました。私が創価学会の第三代会長に就任《しゅうにん》した一九六〇年当時の人口が三十億人でしたので、すでに二倍以上に増えたことになります。

半世紀以上も前になりますが、戸田会長が「地球の人口が六十億人になったら大変な時代になる。指導者は、今から真剣に地球と人類の未来を考えておくべきだ」と語っていたことが思い起こされます。

昨年（二〇一一年）、国連人口基金*（UNFPA）のオショティメイン*事務局長は、「世界人口が七十億人に到達《とうたつ》することは、挑戦《ちょうせん》（challenge）であると同時に機会《きかい》（opportunity）でもあります(1)」と述《の》べたうえで、「現代社会の不公正《ふこうせい》を是正《ぜせい》し、現在を生きる人々が健《すこ》やかな生活を送り、また次世代がそれに続くためには、新しい考え方や今までにない世界規模の連携《れんけい》が必要(1)」であると呼びかけていました。

まったく同感です。多くの人々が、心深くそう感じています。今まで通りの発想では、地球の健全性《けんぜんせい》は保《たも》てません。

リース　今日《こんにち》の「市場《しじょう》経済中心の文明」は、まさに〝今まで通りの発想〟が生んだものです。現在、激《はげ》しい社会的・経済的格差《かくさ》や、ホームレスや大規模な失業などの社会問題に見舞《みま》われているのは、そのような発想によって築《きず》かれてきた欧米諸国なのです。

それはまた、「自分のことは自分で」という個人主義を崇拝《すうはい》する発想でもあります。公共部門への投資《とうし》がもたらす恩恵《おんけい》を無視し、「皆で平等に恩恵を享受《きょうじゅ》しよう」という理想をあざ笑うかのような考えです。

そのような近視眼《きんしがん》的な見方は、ヨーロッパでも、オーストラリアやニュージーランドでも、また日本でもそうだと思いますが、戦後の市民社会の基盤《きばん》を成《な》していた思想とは対極《たいきょく》に位置するものです。

池田　オショティメイン事務局長が指摘《してき》された「現代社会の不公正」とは、政治や経済などのさまざまな側面《そくめん》における歪《ゆが》みともいえます。

そうした負《ふ》の側面のなかで、とりわけ深く憂慮《ゆうりょ》されるのが、これまでも論じてきた貧困《ひんこん》の問題です。いまだ世界では、二五％以上の人々が最貧困の生活に苦しんでいます。

「国連ミレニアム開発目標」などの取り組みを通して、貧困に苦しむ人々の数は減少傾向にあると報告されていますが、「貧困層《そう》の割合半減《わりあいはんげん》」という数値目標の達成だけではなく、「貧困に苦しむ一人一人が笑顔と生きる希望を取り戻すこと」に留意《りゅうい》するのを、決して忘れてはならないと思います。

極端《きょくたん》な貧困は、「人間の心と身体を麻痺《まひ》させてしまう病気」(2)であり、「あらゆる人間の権利の否定」(3)につながると位置づけて、その解消《かいしょう》のために長年努力してこられたのが、リース理事長の知己《ちき》である、グラミン銀行*創設者のムハマド・ユヌス博士*ですね。

リース　ええ。ユヌス博士には、深い敬愛《けいあい》の念を抱《いだ》いています。実《じつ》はユヌス博士こそ、オーストラリア唯一《ゆいいつ》の国際平和賞である、私どもの財団が制定した「シドニー平和賞」の第一号受賞者なのです。

博士がバングラデシュで始めたマイクロクレジット*（貧《まず》しい人々への小口融資《こぐちゆうし》）は、授賞を行《おこな》った一九九八年の当時、まだ広くは知られていませんでした。

「シドニー平和賞」のおかげで、グラミン銀行にとって何としても必要だった社会の関心を集めることができた、と博士は語っています。

シドニー平和財団では、こうした顕彰《けんしょう》活動を通して、また多彩《たさい》な受賞者との緊密《きんみつ》な連携《れんけい》と対話を通して、世界が一致《いっち》して取り組むべき課題について、意識の啓発《けいはつ》に取り組んできました。

例《たと》えば二〇〇五年、オララ・オトゥヌ*氏に「シドニー平和賞」を贈《おく》った際には、「子ども兵士」の実態に人々の関心を集め、二〇〇七年のハンス・ブリックス*氏への授賞の折には、核軍縮《かくぐんしゅく》が喫緊《きっきん》の課題であることを啓蒙《けいもう》し、二〇〇九年のジョン・ピルジャー*氏の折には、不《ふ》公正《こうせい》を暴《あば》くうえでメディアが大きな影響力をもつことを知らしめました。

また、マンデラ元大統領や池田会長をはじめとする、財団の「金メダル」の受賞者の方々

シドニー平和財団からの「金メダル」をリース理事長が池田SGI会長に授与
（2009年4月、東京・八王子）　©Seikyo Shimbun

との対話は、啓発の機会《きかい》と忘れ得《え》ぬ思い出、そして友情を育《はぐく》んできました。

　こうした方々は、「一つの人類」という理念と「正義に基《もと》づく平和」というかけがえのない価値の大切さを訴《うった》え、それらを実現するためのビジョンや勇気を高く掲《かか》げてこられました。

池田　二〇〇九年四月、貴財団から拝受《はいじゅ》した「金メダル」の顕彰は、私にとって大変に光栄なことでした。あわせてリース理事長には、心温《あたた》まる授賞の辞《じ》を賜《たまわ》り、あらためて感謝申し上げます。

　あの授与式で私は、シドニー大学に学び、「世界人権宣言」の制定などにも尽力《じんりょく》した、貴国の法律家で政治家のエバット博士の言葉を紹介しました。「我々《われわれ》が望む平和とは『正義に基《もと》づく平和』である。すべての国のすべての人に、充実した幸福な人生を可能にする平和を、我々は望む(4)」

この言葉は、まさしく貴財団に力強《ちからづよ》く脈打《みゃくう》つ人道《じんどう》の理念と、深く重《かさ》なり合うものだと思えてなりません。

リース理事長が、ユヌス博士のマイクロクレジットの活動で、とくに注目されたのは、どのような点だったのでしょうか。

リース　私が、ユヌス博士の業績《ぎょうせき》としてとくに高く評価するのは、次の三点です。
①それまで融資《ゆうし》を受けるどころか、銀行口座《こうざ》をもつ資格すらなかった女性たちに、ほぼ全種類のローンを提供《ていきょう》した業績。
②村を中心にした草の根の委員会が、ローンの使い道を監督し、ローンを元手《もとで》に起業《きぎょう》して新たな生計《せいけい》の道を開こうとする人々を支援している点。
③マイクロクレジットによって、個人や組織が利益を得《え》ることよりも、社会全体を益《えき》することを、より重視している点。

こうした意味において、グラミン銀行は、私がこれまでの対談で何度か強調してきた、「エゴイズムではなく利他主義《りたしゅぎ》」という重要な価値観に基づいて活動してきたと思うのです。

社会の革新と発展の鍵は女性の活躍

池田　いずれの点も、「貧《まず》しい人々」の側《がわ》に立つ、尊《とうと》い理念に貫《つらぬ》かれた画期的《かっきてき》なものといえますね。

以前、バングラデシュ出身のチョウドリ*元国連事務次長とお会いした際、マイクロクレジットを活用《かつよう》して自立を果《は》たした女性の手による、バングラデシュの伝統的な刺繍《ししゅう》が施《ほどこ》された見事《みごと》な織物《おりもの》を頂戴《ちょうだい》しました。

チョウドリ氏は「この美しい芸術品は、現代の貧しい女性たちの奮闘《ふんとう》を象徴《しょうちょう》するものでもあるのです」と語られていました。

私は、その織物から〝新しい道を歩《あゆ》み始めた女性たちの誇《ほこ》りと自信〟を強く感じたものです。

リース理事長が指摘《してき》された通り、グラミン銀行の活動の第一の功績《こうせき》は、何といっても貧困《ひんこん》に苦しむ女性たちに経済的な自立の道を開いた点にあると思います。

それまでの銀行界の常識としては、担保《たんぽ》を用意することができず、読み書きができない多くの貧《まず》しい人々――とりわけ女性たちは、融資《ゆうし》の対象とはまったく見なされていませんでした。

そうした偏見《へんけん》は社会全体に根強くあり、ユヌス博士はいたる所で〝貧しい人々は、自分で自分自身の面倒《めんどう》を見るよりも、誰《だれ》かに仕《つか》えることのほうを喜ぶ〟〝女性への融資の範囲を広げると、家庭内での女性の伝統的な役割に悪影響をもたらす〟といった批判《ひはん》にさらされた。

しかしユヌス博士は、そうした偏見を自《みずか》らの手で打ち破るべく、仲間たちとともに粘《ねば》り強く村の人々にマイクロクレジットの目的を訴《うった》えながら、女性たちが笑顔を取り戻し生きる希望と自信を手にする後押《あとお》しを続けられました。

ユヌス博士は、こう語っています。

「私は人間というのはそれぞれみな、まだ発掘《はっくつ》されていない財宝《ざいほう》のような存在だと固く信じている。人それぞれに限りない可能性を秘《ひ》めている(2)」

「世界が幸福へと向かうための貢献者《こうけんしゃ》としても生産者としても、人間は巨大な可能性を持っているのである(2)」

とりわけ、一人一人の女性が元気になることで、家族全体も明るくなり、村全体も活気《かっき》が

ユヌス博士（右）とバングラデシュの女性たち　©Karen Kasmauski/CORBIS

でてくる――その変化を何度も目《ま》の当《あ》たりにした博士は、女性たちへの融資は「滝のような効果を引き起こす[3]」と表現しています。

リース　きわめて的確な表現だと思います。

私も、グラミン銀行の思想と実践《じっせん》は、宗教的な慣習《かんしゅう》や男尊女卑《だんそんじょひ》の慣習による呪縛《じゅばく》から、女性たちを解放する可能性をもっと考えてきました。

ユヌス博士がマイクロクレジットの活動を進めるにあたり、反対者から主張された女性への偏見は、以前の対談で論じた人権意識の拡大について快《こころよ》く思わない人たちの主張とも似通《にかよ》った点があります。

よくいわれるのが、「普遍《ふへん》的人権を実現し

たら伝統文化が破壊《はかい》されてしまう」ということです。

しかし、それは神話にすぎず、そのようなことを言うのは往々《おうおう》にして女性に対する差別や暴力的扱《ぼうりょくてきあつか》いをやめようとしない男性たちです。

その意味でも、毎年の平和提言《ていげん》などを通して「女子教育の拡充《かくじゅう》が二十一世紀の急務《きゅうむ》である」と提唱《ていしょう》されてきた池田会長に、あらためて敬意《けいい》を表《ひょう》したいと思います。

池田　ありがとうございます。

貴国オーストラリアの人権運動家ジェシー・ストリートも、「いかなる社会であれ、男性だけでなく、女性の知性や能力を活《い》かし、女性の成長を励《はげ》ます社会でなければ、それは不毛《ふもう》な社会になると確信する」[5]と鋭《するど》く指摘《してき》しています。まさにその通りです。

私どもも、牧口初代会長の時代から、女性への教育の普及《ふきゅう》の重要性を強調し、実践《じっせん》してきました。社会の革新《かくしん》と発展の大きな鍵《かぎ》は、生き生きとした女性の活躍にあります。ユヌス博士が打ち破ろうとした貧《まず》しい人々への根強い偏見《へんけん》を考えるとき、戸田第二代会長がよく、「人を外見《がいけん》で判断しては絶対にいけない」と、厳《きび》しく戒《いまし》めておられたことを思い出します。

経済的な苦しさもさることながら、世間から相手にされず、蔑《さげす》まれることほど人間としての尊厳《そんげん》を傷つけられることはありません。

戸田会長は若い頃《ころ》、遠縁《とおえん》にあたる裕福《ゆうふく》な家を訪《おとず》れたことがありました。北海道から上京《じょうきょう》したばかりの先生は、夏も近いというのに、綿入《わたい》れの紺絣《こんがすり》に、よれよれの袴《はかま》といった格好《かっこう》だった。相手は、門前払《もんぜんばら》いはしなかったものの、先生の姿をじろじろと見回した。うわべでは話を聞いているようでも、「関《かか》わり合いになりたくない」「早く帰ってほしい」という心が手にとるようにわかったといいます。戸田会長は、このときの悔《くや》しさが忘れられず、二度とその家の敷居《しきい》をまたぐことはなかったのです。

私も青年時代、印刷会社に勤め、夜学《やがく》に通《かよ》っていたときには、銀座や神田《かんだ》の出版社などに大八車《だいはちぐるま》を引いて印刷物を運《はこ》んだこともありました。荷物《にもつ》の重さと暑さで、汗《あせ》だくになって作業することもしばしばでした。

創価学会は、庶民《しょみん》のなかから誕生《たんじょう》し、庶民に根を張って発展してきました。その民衆のただ中で生きてきたからこそ、戸田会長は「創価学会は庶民の味方である。不幸な人の味方なのだ。学会は、いかにののしられ、嘲笑《ちょうしょう》されようとも、その人たちのために戦う」と師子吼《ししく》し、戦い抜《ぬ》かれました。

不二《ふに》の弟子である私も、同じ心で行動してきました。今年（二〇一二年）で日中国交正常化から四十周年を迎《むか》えますが、初めての訪中に出発する際、羽田空港まで見送りにきてくれた人々の前でこう申し上げたことがあります。

「貧乏人《びんぼうにん》と病人といわれた人たちとともに、私はここまでやってきました」「権力にもよらず、財力にもよらず――」と。

創価学会の最大の誇《ほこ》りは、いついかなるときも、最も苦しんでいる人たち、最も不幸な人たちに寄り添《そ》い、励《はげ》まし合いながら、力《ちから》を合わせて「希望と勇気の人生」を切り開いてきたことです。

そしてまた、社会の不条理《ふじょうり》に対して、庶民《しょみん》が堂々《どうどう》と正義の声を上げ、草の根の力で変革《へんかく》してきたことにあります。

隣人の幸福に対する責任

リース　お話を伺《うかが》い、創価学会のアイデンティティーがどこにあるのか、より深く理解できた思いがします。

リース理事長（後列中央）とオーストラリアSGIの青年たち（2011年、シドニー）

先ほど池田会長は、バングラデシュの貧《まず》しい女性たちが、長い間《あいだ》、銀行から融資《ゆうし》を受けられなかった歴史に言及《げんきゅう》されましたが、同じような経済的疎外《そがい》は、現代の先進国にもあります。

むしろ被害の規模ははるかに大きく、近年の世界経済危機《きき》によって最大の犠牲《ぎせい》を強《し》いられているのが、危機には何の責任もない「銀行から融資を受けられない立場」に置かれた人々なのです。

いわゆる「市場《しじょう》の自由」と呼ばれるものへの崇拝《すうはい》、ウォール街に象徴《しょうちょう》される金融《きんゆう》界の強《ごう》欲《よく》ぶり、不動産市場におけるデベロッパーや投機筋《とうきすじ》の強欲ぶりが、今般《こんぱん》の世界経済危機を生み出したと、私は考えています。

だからこそ私は、以前、池田会長が紹介してくださった牧口初代会長の人道的競争《じんどう》の理念に共感します。

「他を益《えき》しつつ自己も益する」(6)という牧口会長のビジョンは、常《つね》に新鮮《しんせん》な希望を与《あた》えてくれます。それは、人生の質を左右する価値観や他者との関係性をしっかりと見据《みす》えていて、日常生活の現実という大地に根差《ねざ》しています。また、私の教育観や公共政策についての思想に影響を与えた理念とも共鳴《きょうめい》するものであり、感銘《かんめい》を受けるビジョンです。

その理念とは、政策は「利他《りた》主義によるエゴイズムの克服《こくふく》」でなければならず、費用対効果など考えない他者への支援(贈与《ぞうよ》の関係)こそ、家庭・学校・社会全体の根本目的であるというものです。これらすべてを踏《ふ》まえて、私は牧口会長の教えを高く評価し、その精神の遺産《いさん》に感謝するものです。

池田　理事長のような方が深く理解してくださり、牧口会長も喜んでいると思います。

牧口会長は、武力による戦争が「一時的」「臨時的」「意識的」なものであるのに対して、経済が引き起こす戦争状態は「永久的」「平常的」「無意識的」なものであると分析《ぶんせき》したうえで、こう警鐘《けいしょう》を鳴らしていました。

「彼（＝武力的戦争）は第三者の仲裁の余地あるも、是（＝経済競争が引き起こす実力的戦争）は当事局の自然的勝敗に一任せらるるのみ」(6)と。

つまり、武力に基《もと》づく戦争は、何らかの方法で仲裁《ちゅうさい》に入り、被害の拡大を食い止める余地《よち》が残されているが、経済的な競争には歯止《はど》めがなく、どこまでも弱肉強食《じゃくにくきょうしょく》の論理に基づく悲劇《ひげき》が拡大すると警告《けいこく》しました。そして、戦争がもたらす残酷性《ざんこくせい》の明白《めいはく》さとは異《こと》なり、日常的な様相《ようそう》であるがゆえに見過《みす》ごされがちな非人道性を浮《う》き彫《ぼ》りにしたのです。

現今《げんこん》の社会の多くの病巣《びょうそう》の原因も、まさにそこにあるのではないでしょうか。

リース　実《じつ》に深い洞察《どうさつ》だと思います。

あくなき富《とみ》の追求《ついきゅう》という経済競争がもたらす影響を考えるとき、かつて詩人のワーズワース*が、産業革命《かくめい》による十九世紀イギリスでの急激《きゅうげき》な工業化を目《ま》の当《あ》たりにして綴《つづ》った詩を思い起こします。

「偶像視《ぐうぞうし》され、不実《ふじつ》にも『国民の富』と呼ばれて
人民の健康、身体《からだ》と心と魂《たましい》を犠牲《ぎせい》にする。

余《あま》りにも厳《きび》しい渇望《かつぼう》は、眠りなく働《はたら》く労働者の
巨大なからくりを常《つね》に駆《か》り立てている。
その目もくらむような車輪の真只中《まっただなか》で
人が考え、感ずるものは、
力《ちから》の神は微塵《みじん》たりとも尊《とうと》ばれていないということ[7]

ワーズワースは、資本家も労働者も強欲《ごうよく》に支配されてしまったら「人間であること」を忘れ、「ニセの偶像《ぐうぞう》」を崇拝《すうはい》することになると警告《けいこく》したのです。

現代の社会でも、自由の意味をはき違《ちが》えた投機家《とうきか》や政治家、そして金融《きんゆう》業界が、経済に多《た》大《だい》な悪影響を及ぼしてきました。

本来、自由とは、「個人の意志」とともに「責任」を意味するはずです。自身や家族の利益のみならず、隣人《りんじん》の幸福に対する責任も意味するはずです。

そこで私は、現今《げんこん》の世界経済危機《きき》を克服《こくふく》し、二度と繰《く》り返させないために、以下の政策的アプローチを提案《ていあん》したいと思います。
①経済政策は、国内向けも国際的なものも、国際人権規約《きやく》*、すなわち「経済的、社会的及

び文化的権利に関する国際規約」（A規約）と「市民的及び政治的権利に関する国際規約」（B規約）を採《と》り入《い》れたものにすること。
②民間企業に偏《かたよ》ることなく、公共部門への投資《とうし》とのバランスをはかること。
社会の質を測《はか》る基準はあくまでも、億万長者《おくまんちょうじゃ》の数や経済成長の度合《どあ》い――これは経済格《かく》差《さ》と比例しますが――ではなく、文明化の度合いと社会的公正《こうせい》への取り組みでなければなりません。
③市民のための安全保障は、これら①と②を反映《はんえい》した政策によって実現されるもので、軍備によって実現するものではないこと。
核軍縮《かくぐんしゅく》への取り組みと防衛費の思い切った削減《さくげん》によって、より充実した公立学校や公立病院などの公共部門を整備することが可能であり、同時に環境にも好《この》ましい影響をもたらすに違いありません。

「建設の経済」への転換

池田　全面的に賛同《さんどう》します。これからの社会に求められる経済政策は、「人権」と「社会的公正《こうせい》」、そして「軍縮《ぐんしゅく》に基《もと》づく平和」という三つの視座《しざ》に立脚《りっきゃく》したものでなければならないということですね。

もはや、そうした明確な哲学性や思想性をもたない、経済の拡大や成長を打ち出すだけの政策では、貧困《ひんこん》や格差《かくさ》に苦しめられる人々の重荷《おもに》が取り払《はら》われることはないでしょう。

以前、私は牧口会長が提唱《ていしょう》した人道《じんどう》的競争の理念を踏《ふ》まえながら、弱肉強食《じゃくにくきょうしょく》の「競争」ではなく「共創《きょうそう》（共に価値創造《そうぞう》する）」への転換《てんかん》を訴《うった》えました。

経済に即《そく》していうならば、互《たが》いに財《ざい》を奪《うば》い合う経済ではなく、互いに価値を与《あた》え合う「建設の経済」――つまり、すべての人間にとって価値創造が可能となる経済への転換が必要です。

先のユヌス博士も、バングラデシュの独立に伴《ともな》い、留学先のアメリカから戻って大学の教《きょう》壇《だん》に立ったとき、当初は「学生たちに対して、経済理論とはあらゆるタイプの経済問題を解決してくれるものだと教えることに喜びを感じていた」(2)と告白《こくはく》しています。

しかし、教室から一歩外に出たとたん、現実社会で目にしたのは、〝善人が無慈悲《むじひ》に打ちのめされ、踏みつけにされる姿〟であり、〝貧《まず》しい人々がなす術《すべ》もなく、ますます貧しくなっていく姿〟であった。

そして、祖国が大飢饉《だいききん》に見舞《みま》われ、大勢《おおぜい》の人々が次々と命を落としていく姿を目にして、博士は今まで教えることを誇《ほこ》りとしていた経済理論の無力《むりょく》さとむなしさを思い知らされ、「本当に生きた経済学を見つけたい(2)」と決意する。

そして、足をのばしたのが近くの村でした。村を丹念《たんねん》に訪《たず》ね歩き、人々を苦しめる原因を探《さぐ》っていくなかで、ユヌス博士の胸に宿《やど》ったのは、貧しい女性たちへの融資《ゆうし》を始めるというアイデアでした。

その後、博士は他の地域でもマイクロクレジットの活動を広げるために、武装ゲリラが数多くいる別の村を訪《おとず》れました。そして根気《こんき》強く村人との話し合いを進めた結果、若いゲリラ兵たちが銃《じゅう》を置き、マイクロクレジットの活動を担《にな》うスタッフになるという変革《へんかく》の波を起こすことができたといいます。

博士は、当時の心境《しんきょう》を、こう語っています。

——若い人民軍の戦士たちは、闘志《とうし》に溢《あふ》れていて、自分たちが正しい方向に導《みちび》かれることを待ち望んでいた。なぜ彼らに社会に対して建設的な役割を果《は》たす機会《きかい》を与えてあげなかったのだろうか(2)、と。

青年たちに、こうした新しい創造《そうぞう》へのチャンスを提供《ていきょう》していくのが、指導者たちの責務《せきむ》であるはずです。

リース　私も長年、ソーシャルワーカーの仕事や、紛争《ふんそう》解決の現場に臨《のぞ》んできた経験から、人々が新しい生き方に踏《ふ》み出すためには「よいきっかけ」や「確かな手応《てごた》え」が大切であると感じています。

今後も、人々が自立して、人生を主体的に生きていくための「エンパワーメント（内発的《ないはつ》な力《ちから》の開花）」に尽力《じんりょく》していきたいと決意しています。

これまでの経験から申し上げて、人々が「依存《いそん》する側《がわ》」から「自立する側」へと転換《てんかん》するまで、いくつかの段階があると思います。

第一段階は、「どうせ、何をしてもだめだ」という、あきらめを克服《こくふく》するところから始まります。

第二段階は、ともに努力していく仲間との信頼の構築です。

そして第三段階では、自立に必要なものをそろえ、自立のための手段や技術を教えていきます。

こうした経験を通して、芽生《めば》えた信頼関係が確固《かっこ》たるものとなり、人々の生活のうえでも実際に変化が起きていきます。

「小さな勝利」の積《つ》み重《かさ》ねこそが重要であり、一つ一つの段階に到達《とうたつ》して、次へと進むこと自体が「小さな勝利」であるというのが、私の信念なのです。

人は無力な存在ではない

池田　いずれも心から納得《なっとく》できるお話です。

人間のもつ無限《むげん》の可能性について、かつてローマクラブの創設者の一人であるペッチェイ博士は、私との対談で、次のように述《の》べていました。

「一人一人の人間には、これまで眠ったままに放置《ほうち》されてきた、しかし、この悪化しつつある人類の状態を是正《ぜせい》するために発揮《はっき》し、活用《かつよう》することのできる資源《しげん》や能力が、本然的《ほんねんてき》に備《そな》わっているのです[8]」

「最も有能《ゆうのう》で幸運な人々から最も貧《まず》しい底辺《ていへん》の人々にいたるあらゆる人間に本来備わっている、この生得《しょうとく》の、活気《かっき》に満《み》ちた、豊《ゆた》かな資質と知性こそは、人類の比類《ひるい》なき世襲《せしゅう》財産《ざいさん》なのです[8]」

こうした思想と信念は、仏法の人間主義に基《もと》づいて「民衆の民衆による民衆のためのエンパワーメント」運動を、世界百九十二カ国・地域で実践《じっせん》してきた、私どもＳＧＩの信条《しんじょう》とも強く響《ひび》き合うものです。

リース理事長が好きな詩人の一人であるジュディス・ライトは、こう語っていますね。

「幸福は、自分自身の外にあるものから得《え》ることはできない。自分自身の中にある真の声に耳を傾《かたむ》けることから生まれる。そして、そこから真の人生は始まるのだ[9]」

すべての変革《へんかく》は、人間の〝内《うち》なる変革〟――人間革命《かくめい》から始まるのです。

仏法では、すべての人々に等しく尊極《そんごく》な生命が内在《ないざい》していると説《と》きます。そして、信仰の実践によって慈悲《じひ》の精神と智慧《ちえ》を発現《はつげん》しつつ、価値を創造《そうぞう》し、周囲の環境や社会にも確かな変革の波動《はどう》を拡大することができると教えています。世界に広がるＳＧＩの運動の歴史は、まさにその証明であったともいえます。

現代社会では、「自分一人が立ち上がったところで仕方がない」といった無力感《むりょくかん》や、「何をやっても状況は変わらない」といったあきらめが、人々の心を大きく蝕《むしば》んでいます。困難《こんなん》な現実を前に希望を失い、自分の世界に閉じこもってしまう——そこに現代の〝一凶《いっきょう》〟があると、私には思えてなりません。
そうした負《ふ》の引力《いんりょく》に抗《こう》して、〝人間は無力で弱い存在などでは決してない！　人間には、いかなる試練《しれん》にも、いかなる逆境《ぎゃっきょう》にも打ち勝つ力《ちから》があるのだ！〟と挑戦《ちょうせん》のうねりを起こしていくグローバルな民衆の連帯《れんたい》を、今こそ築《きず》き上げていかねばなりません。
オーストラリアの詩人メアリー・ギルモア*の詩の一節が、深く胸に響きます。
「闇黒《あんこく》の中からも
光は現《あらわ》れ
漆黒《しっこく》の夜からも
新たな日は始まる。

だからこそ、勇気を持て。
希望を失ってはいけない。
日が暮れても

また朝は来るのだから(10)」

ギルモアの力強《ちからづよ》い励《はげ》ましは、ますます混迷《こんめい》を深める現代世界にあって、多くの人々に国を超《こ》え、時代を超えて、大きな勇気を送りゆくものではないでしょうか。

人類の未来の地平に、大いなる〝希望の太陽〟を赫々《かっかく》と昇らせゆくためにも、私は心から敬愛《けいあい》するリース理事長と、これからも共々に力《ちから》を合わせ邁進《まいしん》していきたい。

そして、「正義に基《もと》づく平和」が、地球上のすべての場所に根付《ねづ》き、開花していくよう、さらなる努力を重《かさ》ねていきたいと決意しております。

リース理事長との有意義《ゆういぎ》で啓発《けいはつ》的な対談を、次代《じだい》を担《にな》う青年たちとともに、このように分かち合えたことを、私は心からうれしく思っております。大変にありがとうございました。

リース　私は、池田会長が、長年にわたり世界各国の識者と対話を進めておられる様子を拝《はい》見《けん》して、刺激《しげき》を受けてきました。

また、著名《ちょめい》な世界市民の方々との対談を読んで多くを学び、勇気をいただきました。対談相手の一人一人が、人類に貴重《きちょう》な貢献《こうけん》を果《は》たされた方々ですが、池田会長と親しく交流することを楽しんでいる様子が伝わってきます。

リース理事長（中央）とランヒル夫人（右端）を迎える池田SGI会長（2009年4月、東京・八王子）　©Seikyo Shimbun

その意味からも、池田会長と実際にお会いして語り合う機会《きかい》を得《え》られたことは、格別《かくべつ》な経験でした。

また、この対談の最後では、憂《うれ》うべき問題を論じながらも、全体を通して、私自身の中で未来への楽観《らっかん》主義が蘇《よみがえ》るのを感じました。池田会長のリーダーシップ、詩作、ビジョン、勇気に感謝申し上げます。

この対談が、多くの読者にとって、多くの社会にとって、また多くの人々の人生にとって、変革《へんかく》のきっかけとなることを願うものです。

そして、私どものシドニー平和財団とSGIが、今後も緊密《きんみつ》な協力のもとに進んでいくことを願っております。

【注】（＊印のついた項目の五十音順）

〈あ行〉

＊ASEAN　東南アジア諸国連合。一九六七年にバンコクで設立された東南アジアの地域協力機構で、当初はインドネシア、タイ、マレーシア、フィリピン、シンガポールの五カ国で構成。現在では、ブルネイ、ベトナム、ミャンマー、ラオス、カンボジアが加盟し、域内の経済成長、社会的・文化的発展を促進。本部はインドネシアのジャカルタ。
＊アナン　アナン・パンヤーラチュン（一九三二〜）タイの外交官、政治家。一九九一年二月のクーデターの後、二度にわたり首相を務め、国内政治の安定と民主化への移行に大きな役割を果たした。首相退任後は民主憲法の起草委員会の委員長としても活躍。九六年以降、ユニセフ親善大使を務める。
＊アパルトヘイト　アフリカーンス語（南アフリカ共和国の公用語の一つ）で「分離・隔離」の意味をもつ言葉。とくに南アフリカ共和国で、白人が非白人を差別した人種隔離政策のことを指す。一九九一年に当時のデクラーク大統領により法律撤廃が打ち出され、九四年に全人種による初の総選挙の後、完全撤廃された。
＊アフォリズム　簡潔な表現を用いて人生や社会などの機微を言い表した言葉や文のこと。警句、箴言などを指す。
＊アボリジナル　オーストラリア大陸と周辺島嶼に四〜五万年ほど前から居住していたとされる先住民。狩猟採集生活を営み、独自の信仰・神話を有する。四百〜八百種類の多様な民族が共存してきたが、異なった言葉を話すため相互の文化的差異は大きく、各々の聖地をもつ。
＊アムンゼン　ロアール・アムンゼン（一八七二〜一九二八）ノルウェーの探検家。一九一一年十二月、アムンゼン率いる探検隊が人類史上初となる南極点への到達に成功。その後、北極点にも到達し、人類初の両極点到達を果たす。
＊アメリカの独立戦争　一七七五〜八三年に行われた革命戦争。アメリカの十三の植民地が、イギリスからの独立を求めて戦った。フランスとスペインなどもアメリカ側について参戦。マサチューセッツ州コンコードでの武

力衝突に始まり、七六年の独立宣言を経て、八三年のパリ条約によってアメリカの独立が承認された。アメリカ独立革命とも呼ばれる。
＊アリアス　オスカル・アリアス・サンチェス（一九四〇〜）　コスタリカ共和国の政治家。一九八六年、第四十三代大統領に就任し、九〇年まで在職。八七年、中米和平合意成立の功績によってノーベル平和賞を受賞。二〇〇六年に大統領選に出馬し、二度目の当選を果たす。第四十八代大統領として一〇年まで任期を務めた。
＊アリストテレス（前三八四〜前三二二）　古代ギリシャの哲学者。プラトンの弟子。プラトン学派を発展させ、ペリパトス学派を形成した。マケドニアではアレクサンドロス大王の家庭教師を務め、その後、アテネで学園リュケイオンを創設して弟子の育成に励んだ。『オルガノン』『政治学』『ニコマコス倫理学』などを著し、諸学問を膨大な体系にまとめあげた。ソクラテス、プラトンとともにギリシャの三大哲人とも称される。
＊アリンスキー　ソウル・デービッド・アリンスキー（一九〇九〜七二）　アメリカの公民権運動家、作家。シカゴ生まれ。差別を受けている貧困層のなかに入り、そのなかから指導者を育成するという住民組織化を行った。草の根運動の基礎をつくった人物とも評される。アメリカのオバマ大統領が選挙戦で展開した運動は、アリンスキーの手法を実行したものとされている。
＊アレント　ハンナ・アレント（一九〇六〜七五）　アメリカの政治思想家。ドイツ出身。大学時代、哲学・神学・ギリシャ古典文学を学び、ナチス政権成立後、パリに亡命して亡命ユダヤ人救援活動に従事。一九四一年にアメリカに亡命し、執筆活動を行った。著書に『全体主義の起源』『人間の条件』などがある。
＊イソップ物語　古代ギリシャの寓話作家アイソーポスによる動物寓話を中心とした寓話集。動物を主人公とする寓話に託して日常的な道徳教訓を説いている。現在でも童話や絵本によって世界で広く読まれている。
＊ウィキリークス　匿名での政府、企業、団体などの機密情報の投稿を受け、内部でその情報を精査し、インターネットを通じて機密情報を公にしている。創始者のジュリアン・アサンジが「大衆のための初の情報機関」と

掲げて立ち上げたが、その手法については賛否両論があり、大きな議論の的になっている。
＊ヴェイユ　シモーヌ・ヴェイユ（一九〇九〜四三）　フランスの哲学者。パリの裕福な医師の家庭に生まれ、十代後半に哲学者アランから直接の指導を受けて哲学に目覚める。労働者の実態を知るために教職を一時離れ、工場や農場で働くなどした。第二次世界大戦中、イギリスにおいてフランスのレジスタンス運動にも加わるが、三十四歳の若さで生涯を終える。主著に『自由と社会的抑圧』『重力と恩寵』『工場日記』など。著書は死後出版されたものである。
＊ウブンツ　南アフリカのズールー語やコサ語で「他者への思いやり」「みんながあってこその私」ということを意味する言葉。
＊ウルル　オーストラリアのほぼ中央に位置する世界で二番目に大きい一枚岩。エアーズ・ロックとも呼ばれてきた。「ウルル」は先住民アボリジナルによる呼称。一九八七年にユネスコの世界遺産に登録。
＊ウルル・カタジュタ国立公園　オーストラリア大陸のほぼ中心に位置する千三百平方キロメートルに及ぶ広大な国立公園。ウルルと奇岩群のカタジュタを有し、一九八七年にユネスコの世界遺産に登録された。オーストラリアの先住民アボリジナルの聖地としても知られる。
＊エジソン　トーマス・アルバ・エジソン（一八四七〜一九三一）　アメリカの発明家、起業家。一八七七年に蓄音機の実用化で名声を得る。その後、電球や発電機などを発明した。生涯で約千三百件もの発明をした「発明王」として知られる。
＊エマソン　ラルフ・ウォルド・エマソン（一八〇三〜八二）　アメリカの思想家・哲学者。形骸化した教会の信仰に異を唱えて、牧師を辞職。人間精神の無限性や自然との調和を謳い、アメリカ・ルネサンスと呼ばれる文学・思想運動をリードした。主著に『自然』『神学部講演』『アメリカの学者』など。
＊オーウェル　ジョージ・オーウェル（一九〇三〜五〇）　イギリスの作家。本名はエリック・アーサー・ブレア。スペイン内戦に参加し、その実態を告発した『カタロニア讃歌』のほか、全体主義を風刺し批判した『動物農

場』『1984年』等の作品がある。
＊オートン　チャールズ・ウィリアム・プレビテ＝オートン（一八七七〜一九四七）　イギリスの歴史家。主著に『中世史の研究』『ヨーロッパの歴史　一一九八―一三七八』など。
＊オーバン市　ニューサウスウェールズ州にあるシドニー都市圏の地方自治体の一つ。住民の約半数が海外からの移住者で構成され、多彩な文化的、民族的特色をもつ。市内には、シドニー・オリンピック（二〇〇〇年）の会場となったオリンピック・パークなどもある。
＊オショティメイン　ババトゥンデ・オショティメイン（一九四九〜）　ナイジェリアの政治家。同国の保健大臣、国家ＨＩＶ／エイズ活動委員会の委員長など歴任。二〇一一年から国連人口基金の事務局長に就任。
＊オトゥヌ　オララ・オトゥヌ（一九五〇〜）　ウガンダの法律家、外交官。同国の国連大使、外務大臣を歴任後、一九九六年から「子どもと武力紛争に関する国連事務総長特別代表」を務め、子ども兵士問題等の解決のために尽力した。
＊オバマ　バラク・フセイン・オバマ（一九六一〜）　第四十四代アメリカ合衆国大統領。一九六一年、ハワイで生まれる。その後、インドネシアで数年を過ごす。大学卒業後、弁護士を経て、イリノイ州議会議員に選出。二〇〇五年、合衆国上院議員に選出。〇八年、民主党候補として大統領選挙に出馬し当選。〇九年、アフリカ系アメリカ人として初の大統領となる。同年、ノーベル平和賞を受賞。一二年に再選。

〈か行〉

＊カーライル　トーマス・カーライル（一七九五〜一八八一）　イギリスの思想家、歴史家。ロマン主義の立場から、功利主義や物質主義を批判。英雄的指導者による社会の改革などを主張した。ドイツ文学を研究し、ゲーテとの往復書簡もあった。内村鑑三や新渡戸稲造らに影響を与えた人物としても知られる。代表作に『英雄崇拝論』『フランス革命史』『過去と現在』などがある。
＊カカドゥ国立公園　オーストラリアで初めてユネスコの世界遺産に登録された国立公園の一つ。豊かな大自然

だけでなく四十万年以前から人間が住んだ形跡を残し、文化と自然の複合遺産として各地から多くの観光客が足を運ぶ。
＊核拡散防止条約（ＮＰＴ）　核兵器を保有できる国をアメリカ・ロシア・イギリス・フランス・中国の五カ国に限定し、その五カ国に核軍縮を進めることを課す一方で、非核保有国が核兵器を新たに保有することや、保有国が非保有国に核兵器を供与することを禁止する条約。一九六八年に署名され、七〇年発効。
＊核時代平和財団　核兵器の廃絶運動に取り組むアメリカの非政府組織。一九八二年に設立され、国連から「平和の使徒」に認定されている。創立者のデイビッド・クリーガーが所長を務め、核兵器の廃絶のほか、常設国際刑事裁判所の創設、建設的目的のための科学・技術の利用を訴え運動を進めてきた。
＊ガビリア　セサル・アウグスト・ガビリア・トルヒージョ（一九四七〜）　コロンビアの政治家。バルコ政権では三十九歳の若さで大蔵大臣に抜擢され活躍。一九九〇年、大統領に就任し、同国の麻薬や汚職問題に尽力した。退任後は米州機構の事務総長などを歴任。
＊ガルトゥング　ヨハン・ガルトゥング（一九三〇〜）　ノルウェー出身の政治学者、平和学者。オスロ国際平和研究所を創設。雑誌 *Journal of Peace Research* の編集長として、「構造的暴力」などの平和理論を展開し平和学の基礎を築いた。著書に『平和への新思考』『仏教――調和と平和を求めて』などのほか、池田ＳＧＩ会長との対談集『平和への選択』がある。
＊ガルブレイス　ジョン・ケネス・ガルブレイス（一九〇八〜二〇〇六）　カナダ出身のアメリカの経済学者。ハーバード大学教授を務めたほか、ルーズベルト政権の経済顧問、ケネディ政権では政策顧問や駐インド大使としても活躍した。アメリカ経済学会会長なども歴任。著書に『不確実性の時代』『日本経済への最後の警告』などのほか、池田ＳＧＩ会長との対談集『人間主義の大世紀を』がある。
＊ガンジー　マハトマ・ガンジー（一八六九〜一九四八）「インド独立の父」と呼ばれる。本名はモハンダス・カラムチャンド・ガンジーで、マハトマは「偉大なる魂」

という意味をもつ尊称。イギリスに留学し、弁護士資格を取得。南アフリカで弁護士活動を行うとともに、人種差別の撤廃運動に参加。インド帰国後は、「非暴力・不服従」を提唱して独立運動をリードした。
＊関東大震災　一九二三年（大正十二年）九月一日に、神奈川県相模湾北西沖八十キロを震源として発生したマグニチュード七・九の地震災害。神奈川県を中心とする関東周辺域の広い範囲に甚大な被害をもたらした。
＊ギラード　ジュリア・アイリーン・ギラード（一九六一〜）　オーストラリアの政治家。イギリス・バリー生まれ。メルボルン大学卒業後、弁護士から政界入りする。労働党議員として影の内閣の人口移民相、厚生相等を務め、二〇一〇年、女性としてオーストラリア労働党初の党首に選出され、第二十七代首相に就任。一三年まで務めた。
＊ギルモア　メアリー・ギルモア（一八六五〜一九六二）　オーストラリアの作家、詩人、社会運動家。オーストラリア労働組合（AWU）で女性初の組合員として活躍したほか、女性の地位の向上や先住民の人権のために尽力した。オーストラリアの十ドル紙幣にも肖像が描かれている。
＊キング　マーチン・ルーサー・キング・ジュニア（一九二九〜六八）　アメリカの公民権運動の指導者。ジョージア州アトランタでバプテスト派の牧師の息子として生まれる。モアハウス大学を卒業後、クローザー神学校に進学し牧師の資格を得る。ボストン大学神学部で博士号取得。一九五五年のバス・ボイコット運動をはじめ、全米に広がった公民権運動を指導。逮捕・投獄されながらも、非暴力主義の運動を展開した。六四年、人種差別撤廃を定めた公民権法が成立し、同年、ノーベル平和賞を受賞。その後、ベトナム反戦運動も行うが、六八年、テネシー州メンフィスで暗殺された。
＊クック　ジェームズ・クック（一七二八〜七九）　イギリスの海軍士官、海洋探検家。キャプテン・クックの愛称でも知られている。ニュージーランド、オーストラリア、ニューギニア、ジャワなどの海域調査を進めながらインド洋を横断、一七七一年に帰国して世界一周の航海を達成した。
＊グラミン銀行　ムハマド・ユヌスによって、一九八三

年にバングラデシュで創設された銀行。マイクロクレジットと呼ばれる貧困層への少額融資を無担保で行う貸付制度によって、貧困の削減と生活向上を支援する活動を行ってきた。二〇〇六年、ユヌスとともに団体としてノーベル平和賞を受賞。
＊グランド・キャニオン　アメリカ合衆国アリゾナ州にある峡谷。約七千万年前の地殻変動により隆起したことに始まり、長い年月の間に、たび重なる地殻変動とコロラド川の浸食によって形成された。一九七九年にユネスコの世界遺産に登録。
＊クリーガー　デイビッド・クリーガー（一九四二〜）アメリカの平和運動家。一九八二年に核時代平和財団を創設して所長に就任。世界未来会議委員、多数の平和活動団体の顧問。核兵器の廃絶を求めるNGOの世界的ネットワーク「アボリション2000」の推進に尽力。池田SGI会長との対談集に『希望の選択』がある。
＊グレート・バリア・リーフ　オーストラリア北東岸に広がる世界最大のサンゴ礁地帯。二千九百以上のサンゴ暗礁と約九百の島を持ち、長さは二千三百キロを超える。一九八一年、ユネスコの世界遺産に登録。
＊クレムリン　ロシアの首都モスクワにある旧ロシア帝国の宮殿をさす。ロシア語で「城塞」を意味し、旧ソ連時代にはソ連共産党の別称としても用いられた。現在はロシア連邦政府の諸機関がある。
＊ケインズ　ジョン・メイナード・ケインズ（一八八三〜一九四六）二十世紀を代表するイギリスの経済学者。一九三〇年代初期の大恐慌の経験に基づき、有効需要論・乗数理論・流動性選好説を柱とする『雇用・利子および貨幣の一般理論』を著し、失業と不況の原因を明らかにして完全雇用達成の理論を提示した。政府による経済への積極的介入を主張するなど、修正資本主義の理論を展開して今日の経済政策に大きな影響を与えた。
＊小出満二（一八七九〜一九五五）農業経済学者。一九一八年から二年間、オーストラリアで日本語教育に従事した。鹿児島高等農林学校校長、九州帝国大学教授を歴任したほか、東京農工大学の母体となった東京高等農林学校の第三代校長も務めた。主著に『農村史話』『農業教育』『肥後国耕作聞書』など。

＊国際原子力機関（ＩＡＥＡ）　原子力の平和利用促進と、軍事に転用されないための保障措置を実施する国際機関。本部はオーストリアのウィーン。二〇〇五年、ノーベル平和賞をエルバラダイ事務局長とともに受賞した。
＊国際人権規約　一九六六年の国連総会で採択された人権条約。世界人権宣言に謳われた人権の保障と強化のために定められた規約で、締約国に対して法的な拘束力を持つ。人権規約は、社会権を規定した規約「経済的、社会的及び文化的権利に関する国際規約」（Ａ規約）と、自由権を規定した規約「市民的及び政治的権利に関する国際規約」（Ｂ規約）、および二つの選択議定書で構成される。
＊国民総幸福量（ＧＮＨ）　一九七二年に、当時のブータン国王ジグミ・シンゲ・ワンチュクが提唱した「国民全体の幸福度」を示す尺度。国内総生産（ＧＤＰ）が経済発展の数値を示すのに対し、金銭的・物質的な豊かさではなく、精神的な豊かさを目指すべきとする考えから生まれた。首都ティンプーではＧＮＨを研究するための国際会議も開催されてきた。
＊国連開発計画（ＵＮＤＰ）　一九六六年に設立された国際連合総会の補助機関。「持続可能な人間開発」を基本理念に掲げ、開発途上国の経済的・社会的発展に向けた多角的なプロジェクトを策定し、資金・技術援助のための調査なども行う。発展途上国の世界百三十二カ所に常設事務所を設置。報告書として九〇年から「人間開発報告書」を毎年発行している。
＊国連人口基金（ＵＮＦＰＡ）　一九六九年、国連人口活動基金として活動開始。七二年、独立した国連機関に。リプロダクティブ・ヘルス（性と生殖に関する健康）や女性のエンパワーメント（地位の向上と能力開花）、貧困と不平等などの問題解決を促進し、人口問題の解決と持続可能な発展のための支援活動や啓発活動を行う国際開発機関。
＊国連ミレニアム開発目標　二〇〇〇年九月の「国連ミレニアム宣言」などにより設定された、国際社会が二〇一五年までに達成すべき目標で、次の八つの分野で構成される。①極度の貧困と飢餓の撲滅②初等教育の完全普及の達成③ジェンダー平等の推進と女性の地位向上④乳幼児死亡率の削減⑤妊産婦の健康の改善⑥エイズやマラ

リアなど疾病の蔓延の防止⑦環境の持続可能性の確保⑧開発のためのグローバルなパートナーシップの推進。
***ゴルバチョフ**　ミハイル・セルゲーヴィッチ・ゴルバチョフ（一九三一～）ソ連（当時）の政治家。八五年、共産党書記長に就任。ペレストロイカ（刷新）を掲げ改革を実施。グラスノスチ（情報公開）によって民主化を促進するとともに、東西冷戦を終結に導いた。九〇年、ソ連初代大統領に就任。同年、ノーベル平和賞を受賞。池田SGI会長との対談集に『二十世紀の精神の教訓』がある。

〈さ行〉

***サイード**　エドワード・ワディ・サイード（一九三五～二〇〇三）パレスチナ系アメリカ人の批評家、比較文学研究者。一九七八年に発表された代表作『オリエンタリズム』では、西洋の中東観やアジア観を指摘・批判。のちの帝国主義研究、文学研究にも大きな影響を与えた。他に『文化と帝国主義』『戦争とプロパガンダ』など多数の著書がある。
***サッチャー**　マーガレット・ヒルダ・サッチャー（一九二五～二〇一三）イギリスの政治家。一九七五年、保守党党首。一九七九年、イギリス史上初の女性首相に就任。経済再編のため、マネタリズムに基づく諸政策を実施。財政赤字を克服しイギリス経済を立て直した。強靭な政治信念を持ち、「鉄の女」と称された。
***CTBTフレンズ**　日本・オーストラリア・オランダの三カ国提案によって、二〇〇二年に結成された国家グループ。包括的核実験禁止条約の批准国によるCTBT発効促進会議が開かれない年に「CTBTフレンズ」外相会議を開催し、共同声明を発表している。
***シェークスピア**　ウィリアム・シェークスピア（一五六四～一六一六）イギリスの劇作家、詩人。作品は喜劇、悲劇、史劇と幅広いジャンルにわたる。詩作にも秀で、エリザベス朝ルネサンス文学の巨星と評される。代表的作品は四大悲劇『オセロ』『ハムレット』『マクベス』『リア王』のほか、『ロミオとジュリエット』など。
***シェリー**　パーシー・ビッシュ・シェリー（一七九二～一八二二）バイロンやキーツとともにイギリスのロマン主義を代表する叙情詩人。若き日より既成の権力や社会

秩序に反発し、オックスフォード大学の在学中には『無神論の必要』を発行して放校処分を受けた。社会改革への思想詩『妖精女王マッブ』は、のちの社会主義運動にも大きな影響を与えたとされる。代表作に「雲雀に寄す」「西風に寄せる歌」『鎖を解かれたプロメテウス』など。
***幣原喜重郎**（一八七二〜一九五一）　日本の政治家。「幣原外交」と称された穏健な対外協調外交を行い、日本の国際社会における地位向上に貢献した。外務大臣、内閣総理大臣臨時代理を経て、戦後に第四十四代内閣総理大臣に就任。その後も国務大臣、衆議院議長などを歴任した。
***章開沅**（一九二六〜）　中国の歴史学者。辛亥革命史の研究者。『辛亥革命史』をはじめとした研究成果を多数発表している。華中師範大学元学長。池田SGI会長との対談集に『人間勝利の春秋』がある。
***白瀬矗**（一八六一〜一九四六）　秋田県生まれ。探検家。陸軍中尉。探検隊を率いて日本人として初めて南極大陸に上陸。一九一二年一月二十八日に、南緯八〇度五分、西経一五六度三七分の地点に到達し、同地を大和雪原と命名した。南極点には達しなかったが、気象、潮汐、岩石、動物など学術調査も行い、今日の南極観測への道を開いた。現在、南極には、白瀬海岸、開南湾といった地名が残されている。
***人権教育および研修に関する国連宣言**　すべての人に人権と基本的自由に関する情報を知る権利があり、人権教育にアクセスできなければならないとの精神に基づき、二〇一一年十二月、第六十六回国連総会で全会一致で採択。「人権文化」を教育や研修を通じて育むための原則や達成目標が示され、各国の政府や諸機関が人権教育の促進に尽力すべきことを呼びかけている。
***スコット**　ロバート・ファルコン・スコット（一八六八〜一九一二）　イギリス生まれ。海軍の軍人。探検家としても知られ、ノルウェーの探検家アムンゼンと人類初の南極点到達を競い合った。一九一一年にノルウェーの探検隊が南極点の到達を果たした後に到達。帰路に遭難し死亡した。
***スタフォード**　ウィリアム・エドガー・スタフォード（一九一四〜九三）　アメリカの詩人。第二次世界大戦では良心的兵役拒否の道を選んだ。詩集『暗闇を旅して』で全

米図書賞を受賞。アメリカ議会図書館顧問詩人も務めた。
＊ストリート　ジェシー・メアリー・グレイ・ストリート（一八八九～一九七〇）　参政権論者、人権・平和運動家。国際的にも広く活躍し、一九四五年に国連設立のために開催されたサンフランシスコ会議には、オーストラリア代表団の唯一の女性として参加。先住民アボリジナルの人権向上にも尽くした。
＊スピノザ　バールーフ・デ・スピノザ（一六三二～七七）　オランダの哲学者。哲学者のデカルトやライプニッツと並ぶ合理主義哲学者として知られる。一元的汎神論や能産的自然という思想はのちの哲学者に強い影響を与え、ドイツ観念論やフランス現代思想へも多大な影響を与えた。主な著作に『エチカ』がある。
＊スリン・ピッスワン（一九四九～）　タイ出身の政治家。東南アジア諸国連合（ＡＳＥＡＮ）の前事務総長。一九九七年から二〇〇一年までタイの外相を務めた後、国連など国際機関の主要ポストを歴任。二〇〇八年、ＡＳＥＡＮ事務総長に就任、一二年末まで務めた。
＊ゼーリック　ロバート・ブルース・ゼーリック（一九五三～）　ジョージ・Ｗ・ブッシュ政権下で米国通商代表部代表、国務副長官などを務めた後、二〇〇七年に世界銀行総裁に就任、一二年まで務めた。
＊世界遺産　ユネスコ（国連教育科学文化機関）の一九七二年総会で採択された世界の文化遺産及び自然遺産の保護に関する世界遺産条約に基づき登録された、「顕著な普遍的価値」を有する自然や景観、遺跡など。
＊世界人権宣言　一九四八年の第三回国連総会で採択。すべての人民とすべての国が達成すべき人権の共通基準を示す。前文と全三十条から構成され、市民的・政治的基本権のほか、社会保障を受ける権利、労働権、教育を受ける権利などの経済的・社会的な権利も規定。世界人権宣言が採択された十二月十日は「世界人権デー」とされている。
＊世界平和度指数（ＧＰＩ）　オーストラリアに本部を置く国際的な非営利研究機関である経済平和研究所（ＩＥＰ）が世界各国を対象に、犯罪発生率や政治の安定、近隣国との関係、人権状況などの項目にわたる分析を行い、その平和度の数値化を試みた指数。二〇一三年は百六

十二カ国を対象に二十二項目の指標で分析を行っている。
＊セン　アマルティア・セン（一九三三〜）　インドの経済学者。西ベンガル州シャンティニケタンの生まれで、名付け親は詩人のタゴール。経済の分配・公正と貧困・飢餓の研究など「厚生経済学」への貢献により、アジア初のノーベル経済学賞を受賞。ケンブリッジ大学トリニティ・カレッジ学寮長などを務めたほか、「人間の安全保障委員会」の共同議長としても活躍した。主著に『貧困と飢饉』『自由と経済開発』『貧困の克服』など。
＊創価大学平和問題研究所　創価大学の建学の三精神の一つ「人類の平和を守るフォートレス（要塞）たれ」の理念に基づき、一九七六年四月一日に設置。学術研究機関としての専門的な研究推進のほか、平和学の成果を広く学生や市民に提供する教育・啓発活動にも積極的に取り組む。

〈た行〉

＊ダロウ　クラレンス・スワード・ダロウ（一八五七〜一九三八）　アメリカの弁護士。一九二四年にアメリカで起きた誘拐殺人事件「レオポルドとローブ事件」の弁護で有名となる。
＊ダン　ジョン・ダン（一五七二頃〜一六三一）　イギリスの詩人。革新的な恋愛詩、宗教詩などを書き、十七世紀を代表する形而上詩人とされる。熱心なカトリックの家に生まれ、十二歳でオックスフォード大学に入学、ケンブリッジ大学でも学んだ。のちに英国国教会の聖職者となり、セント・ポール寺院の首席司祭を務めた。代表作に『蚤』『日の出』『聖なるソネット十番』『冠』など。
＊朝鮮戦争　一九五〇年六月二十五日に勃発した北朝鮮（朝鮮民主主義人民共和国）と韓国（大韓民国）との戦争。独立・統一問題が米ソの対立とからみ、武力衝突に発展して朝鮮半島全土が戦場となった。北緯三八度線で膠着状態が続いたあと、五三年七月二十七日に休戦。北朝鮮では祖国解放戦争、韓国では韓国戦争、韓国動乱とも呼ばれている。
＊チョウドリ　アンワルル・カリム・チョウドリ（一九四三〜）　バングラデシュ生まれ。同国の国連代表、国連の後発開発途上国・内陸開発途上国・小島嶼開発途上国

担当高等代表（事務次長）などを歴任し、「平和の文化」の普及をはじめ、貧困問題の解決や女性の地位向上のために尽力した。ウ・タント平和賞、国連の精神賞などを受賞。池田ＳＧＩ会長との対談集に『新しき地球社会の創造へ』がある。
＊**趙文富**（一九三二〜）　韓国の政治学者、国立済州大学元総長。韓国地方自治学会常任理事などを歴任。池田ＳＧＩ会長との対談集に『希望の世紀へ　宝の架け橋』『人間と文化の虹の架け橋』がある。
＊**ツツ**　デズモンド・ムピロ・ツツ（一九三一〜）　南アフリカ共和国の平和運動家。アパルトヘイト撤廃運動に取り組み、撤廃後はアパルトヘイト時代に黒人が受けた人権侵害を調査する真実和解委員会の委員長を務める。一九八四年にノーベル平和賞を受賞。二〇一〇年まで南アフリカ聖公会のケープタウン大主教を務めた。
＊**ディケンズ**　チャールズ・ジョン・ハファム・ディケンズ（一八一二〜七〇）イギリスのビクトリア朝を代表する小説家。ポーツマス生まれ。新聞記者として働きながら小説を書き、大衆の人気を博した。庶民の悲哀や喜怒哀楽などを描き、社会を風刺した多くの作品を発表。代表作に『オリバー・トゥイスト』『クリスマス・キャロル』『二都物語』など。
＊**ティトマス**　リチャード・モリス・ティトマス（一九〇七〜七三）イギリスの社会学者、社会福祉理論学者。ロンドン・スクール・オブ・エコノミクス教授。その研究は第二次世界大戦後のイギリス型福祉国家建設、とくに公的医療の制度設計に大きく寄与した。
＊**デービッド**　エッジワース・デービッド（一八五八〜一九三四）イギリス生まれ。シドニー大学の地質学者として、太平洋のボーリング調査や南オーストラリアでの氷河調査に携わる。英国のアーネスト・シャクルトン率いる南極探検隊に参加し、エレバス山登頂や南磁極発見などの成果を挙げた。日本の白瀬隊が南極大陸の最初の上陸に失敗してシドニーに寄港した際、白瀬隊に温かい支援の手を差しのべた。
＊**デブラボ**　ホルヘ・デブラボ（一九三八〜六七）　コスタリカの詩人、作家。コスタリカの文学に新風を巻き起こした前衛派の一人。飢餓、貧困、差別、軍拡等の社会問

題にペンで立ち向かったが、若くして不慮の事故に遭い亡くなった。コスタリカではデブラボが誕生した日の一月三十一日を「詩の日」として制定。代表作は『開かれた奇跡』『最も人間的な叫び』『我ら、人間たち』『ここにも苦悩がある』など。
＊デルボラフ　ヨーゼフ・デルボラフ（一九一二〜八七）ウィーン生まれ。ドイツの哲学者、教育学者。ウィーン大学で、哲学、教育学、心理学等を学び、一九五五年にボン大学で哲学および教育学の正教授となる。米国、旧ソ連、日本でも客員教授を務めた。池田ＳＧＩ会長との対談集に『二十一世紀への人間と哲学』がある。
＊トインビー　アーノルド・ジョーゼフ・トインビー（一八八九〜一九七五）「二十世紀最大の歴史家」と評されるイギリスの歴史学者・文明批評家。従来の西欧中心の歴史観を脱し、世界全体を総合的な視点から捉えた独自の歴史観を提唱した。仏教に強い関心を示し、七二年と七三年に池田ＳＧＩ会長と対談。両者による対談集『二十一世紀への対話』は、これまでに二十八言語で発刊されている。
＊戸田記念国際平和研究所　池田ＳＧＩ会長によって一九九六年に創設。核兵器廃絶と「地球民族主義」を唱えた創価学会の戸田城聖第二代会長の平和理念を原点に、国際的な平和研究を行っている。「地球市民のための文明間対話」をモットーに掲げ、世界各国の研究者や平和団体と連携して国際会議を開催するなど、活発な活動を展開している。
＊戸田城聖（一九〇〇〜五八）　創価学会第二代会長。小学校教員時代に牧口常三郎と出会い、師事。一九三〇年、牧口とともに創価教育学会（のちの創価学会）を創立した。戦時中、軍国主義の精神的支柱となった国家神道を批判し、不敬罪並びに治安維持法違反の容疑で逮捕・投獄された。四五年に出獄し、創価学会を再建。五一年、第二代会長に就任し、創価学会発展の基盤を築いた。
＊トリビューン　古代ローマの護民官。平民の権利を保護するために平民によって選挙された十人の役人。人民の保護者。新聞名などにも用いられる。
＊トルストイ　レフ・ニコラエヴィッチ・トルストイ（一八二八〜一九一〇）　ドストエフスキーとともに、十九

世紀のロシアを代表する作家、思想家。帝政ロシアの矛盾と現実を鋭く描き出す一方、人道主義に貫かれた文学を確立して、国境や時代を超えて多くの人々の共感を得た。代表作に『戦争と平和』『アンナ・カレーニナ』『復活』など。

〈な行〉

＊夏目漱石（一八六七～一九一六）　本名・夏目金之助。日本近代文学の代表的作家。心理的手法によって近代人の孤独やエゴイズムに光を当てた作品を多く著した。代表作に『吾輩は猫である』『坊っちゃん』『こゝろ』など。
＊ナポレオン　ナポレオン・ボナパルト（一七六九～一八二一）　フランスの軍人・政治家。一八〇四年、皇帝となり第一帝政を開いた。新憲法の制定やナポレオン法典の編纂など、フランスの近代化に尽力。「ナポレオン戦争」と呼ばれる戦争で全ヨーロッパを席巻したが、ロシア遠征の失敗などによって退位。一時はパリに戻り「百日天下」を実現したが、ワーテルローの戦いに敗れ、再び退位。セントヘレナ島で没した。
＊南極条約　一九五九年に日本、アメリカ、イギリス、フランス、ソ連等の十二カ国によって採択された条約で、一九六一年に発効した。南緯六〇度以南の地域に適用され、軍事基地建設や軍事演習の実施等の禁止、領土権主張の凍結など、南極地域の平和的利用を定めている。二〇一三年二月現在、締約国数は五十カ国。
＊ニコルソン博物館　シドニー大学の古代博物館で、一八六〇年に創立。古代博物館としては、オーストラリアで最大の規模を誇る。同大学には、このほかマックレイ博物館、ユニバーシティー美術館などがある。
＊新渡戸稲造（一八六二～一九三三）　農学者、倫理哲学者。札幌農学校に学び、欧米に留学後、母校の教授となる。東京女子大学学長などを経て、一九二〇年には国際連盟の初代事務次長に就任。著書『武士道』は各国語に翻訳されベストセラーとなった。地理・民俗研究の「郷土会」を通して創価学会の牧口常三郎初代会長とも交流があった。
＊ニューディール政策　「ニューディール」とは「新規巻き返し」の意。アメリカ合衆国大統領フランクリン・

ルーズベルトが大恐慌と経済不況の克服のために行った社会経済政策の総称。農業調整法・全国産業復興法・社会保障法などのほか、テネシー川流域の開発事業なども行われた。
＊人間開発指数（ＨＤＩ）　その国の人々の生活の質や発展の度合いなどを示す包括的な経済社会指標で、国連開発計画が作成し毎年発表する。一九九〇年、パキスタンの経済学者マブーブル・ハクによって考案された。算出基準は、所得、平均余命、識字率、就学年数、失業率をはじめ、安全な水にアクセスできる人の数など多岐にわたる。
＊ヌナカル　ウジュール・ヌナカル（キャス・ウォーカー／一九二〇～九三）　オーストラリアの詩人、小説家、政治活動家、教育者。オーストラリアのアボリジナルの人々の平等な市民権獲得など人権の向上のために尽くした。詩集『私たちは行く』は、アボリジナルの女性によって初めて出版された作品として大きな注目を集め、詩人・作家としても活躍の場を広げた。詩集に『夜明けは近い』『私の同胞』のほか、著作に『オーストラリアの伝説と地形』などがある。
＊ノルウェー連続テロ事件　二〇一一年七月二十二日、ノルウェーの首都オスロの政府庁舎前で起きた爆弾テロ事件により、八人が死亡した。その数時間後、首都郊外の湖に浮かぶウトヤ島で開かれた与党労働党青年部の集会で、警察官を装った男が無差別に銃を乱射し、六十九人が死亡する事件が発生した。

〈は行〉

＊ハーディング　ビンセント・ゴードン・ハーディング（一九三一～二〇一四）　ニューヨーク生まれ。デンバー・アイリフ神学校名誉教授。シカゴ大学で歴史学修士、博士号を取得。一九五八年にマーチン・ルーサー・キングと出会い、公民権運動、ベトナム反戦運動をともに戦った。歴史学者、ジャーナリスト、人権運動家として活躍。キング記念センター初代所長も務めた。晩年は、公民権運動の精神を継承する青年たちの育成プロジェクトにも尽力。池田ＳＧＩ会長との対談集に『希望の教育　平和の行進』がある。

＊パグウォッシュ会議　核兵器と戦争の廃絶を目指して行動する世界の科学者による国際会議。一九五七年、カナダ・ノバスコシア州パグウォッシュの別荘に、十カ国から二十二人の科学者が集まり第一回の会議が開かれた。日本からは湯川秀樹、朝永振一郎、小川岩雄が出席。
＊白豪政策　一九〇一年に制定された移民制限法等のオーストラリアにおける白人最優先主義と非白人への排除政策。二十世紀後半まで続いた。
＊バス・ボイコット運動　一九五五年、アメリカ・アラバマ州のモンゴメリーで、ローザ・パークスが公営バスで白人に席を譲ることを拒否し逮捕されたことをきっかけに起きたバスのボイコット運動。キングが指揮をとり、全米に公民権運動が大きく広がる端緒となった。
＊バッジョ　ロベルト・バッジョ（一九六七〜）　イタリア出身のサッカー選手。欧州年間最優秀選手やＦＩＦＡ最優秀選手などに選ばれる。引退後は世界の貧困、飢餓の撲滅のための慈善活動に取り組み、二〇一〇年ノーベル平和賞受賞者世界サミットの事務局から平和サミット賞を受賞。
＊バルコ　ビルヒリオ・バルコ・バルガスビル（一九二一〜九七）　コロンビアの政治家。一九八六年、大統領に選出。反貧困プログラムに取り組み、麻薬の撲滅のために戦った。一期四年の任期を務め、九〇年に大統領を退任。九二年まで駐英大使を務めた。夫人（カロリナ・イサクソン・デ・バルコ）は、音楽芸術財団などを設立したほか、家庭福祉協会会長として人道の向上にも貢献した。
＊ピルジャー　ジョン・リチャード・ピルジャー（一九三九〜）　オーストラリア生まれのジャーナリスト。イギリスのデイリー・ミラー紙などで活躍し、海外特派員としてベトナム戦争をはじめ、多くの戦争を取材。数多くのドキュメンタリー作品も手がけ、イギリスのジャーナリスト賞を二度にわたり受賞したほか、エミー賞など数多くの賞を受賞。主著に『世界の新しい支配者たち』などがある。
＊ピンター　ハロルド・ピンター（一九三〇〜二〇〇八）　イギリスの劇作家、詩人。ロンドン生まれ。二十代で舞台俳優となり、その後、戯曲『部屋』で劇作家に転身。二〇〇五年に劇作家を引退し、反戦を訴える政治活動に

専念することを表明。同年ノーベル文学賞を受賞。
＊**ファシズム**　全体主義的・排外的政治理念、またその政治体制。一党独裁による専制主義・国粋主義をとり、指導者に対する絶対の服従と反対者に対する過酷な弾圧を特色とする。もともとはイタリアのファシスト党の政治体制を指した言葉であったが、その後、ドイツのナチズムなど、類似した政治体制に対しても広く使われるようになった。
＊**ブライト**　ジョン・ブライト（一八一一～八九）　英国の政治家、経済学者。政治家コブデンとともに反穀物法同盟を結成し、一八四六年に「穀物法」の廃止を実現。イギリス自由貿易政策の実現への布石となった。また選挙改正法などの自由主義的改革にも取り組んだ。
＊**フランス革命**　十八世紀末にフランスで起こった市民革命。フランス社会を根底から変革することに成功し、既存の絶対王政とアンシャン・レジーム（旧体制）を崩壊させて近代的所有権を確立した。フランス革命で掲げられた自由・平等・博愛の近代民主主義の理念はその後の現代市民社会にも影響を与えている。
＊**ブリエール**　ドゥニ・ブリエール（一九四六～）　カナダの森林工学者。カナダ森林工学研究所、クルーガー社などを経て、二〇〇七年にラバル大学の学長に就任。同大学からは、一〇年五月、池田ＳＧＩ会長に名誉教育学博士号が贈られている。
＊**ブリックス**　ハンス・マルティン・ブリックス（一九二八～）　スウェーデンの政治家。同国の外務大臣、国連大使を歴任後、国際原子力機関（ＩＡＥＡ）の事務局長を務めた。その後、「大量破壊兵器委員会」の委員長を務めるなど、軍縮活動にも取り組んでいる。
＊**プレアビヒア寺院遺跡**　タイとカンボジアの国境にある九～十二世紀のクメール帝国時代に建立されたヒンズー教寺院の遺跡。遺跡が両国の未確定な国境地域にあることから、近年、遺跡の帰属をめぐって対立が激化し、国境紛争に発展してきた。
＊**フレーザー島**　オーストラリア・クイーンズランド州にある世界最大の砂の島。砂の島でありながら大小の美しい湖や緑豊かな熱帯雨林が広がっている。一九九二年にユネスコの世界遺産に登録。

＊ブレヒト　ベルトルト・ブレヒト（一八九八～一九五六）ドイツの劇作家。一九二八年に「三文オペラ」で成功を博し国際的な名声を得る。ナチスの台頭にともないアメリカに亡命。「ガリレイの生涯」「肝っ玉おっ母とその子供たち」などを執筆。戦後は東ベルリンに住み、劇団ベルリーナー・アンサンブルを結成し、政治演劇活動を展開した。
＊ベートーベン　ルートビヒ・バン・ベートーベン（一七七〇～一八二七）ドイツの作曲家。音楽家の家系に生まれ、幼い頃より父親から音楽教育を受ける。豊かな才能を発揮して数々の名曲を残し、古典派音楽の集大成、ロマン派音楽の先駆けとも評価される。音楽を貴族のものから市民のものへと解放した。のちに難聴という音楽家として最大の試練を迎えるが、そのなかにあっても偉大な音楽を生み出し続けた。代表作に交響曲第五番（運命）、第九番（合唱付）、ピアノソナタ「月光」「悲愴」などがある。
＊ペック　グレゴリー・ペック（一九一六～二〇〇三）アメリカの俳優。出演した代表作に『ローマの休日』や『アラバマ物語』などがある。二〇〇三年にアメリカ映画協会が選んだ「映画の登場人物ヒーローベスト五十」第一位に、『アラバマ物語』で演じた〝フィンチ弁護士〟が選ばれた。アカデミー協会会長、ハリウッド俳優組合会長などを歴任。
＊ペッチェイ　アウレリオ・ペッチェイ（一九〇八～八四）イタリアの実業家、経済学博士。第二次世界大戦中、レジスタンス運動に身を投じ、政治犯として約一年にわたって投獄される。戦後、フィアット社を再建し、オリベッティ社の経営にもあたった。民間のシンクタンクであるローマクラブを設立し、人類の直面する危機に警鐘を鳴らした。池田SGI会長との対談集に『二十一世紀への警鐘』がある。
＊ベトナム戦争　南北に分断されたベトナムにおいて、北ベトナム・南ベトナム解放戦線と南ベトナム政権との内戦から始まった戦争。一九六〇年代に激化し、六五年、南ベトナム政権を支援するアメリカが北爆を開始。一方でソ連が解放戦線を支援し、東西冷戦を背景とした代理戦争の様相を呈した。戦況は泥沼化し、アメリカを

はじめ各地で反戦運動が行われた。七五年、南ベトナム政権の首都サイゴンが陥落。北ベトナム主導で南北ベトナムは統一された。
＊ベルサイユ条約　一九一九年六月二十八日に連合国とドイツの間で調印された第一次世界大戦の講和条約。フランスのベルサイユ宮殿で調印され、この条約によって第一次世界大戦が公式に終了した。連合国は、この条約のほかに敗戦国と個別の講和条約を結び、これらの条約によってつくられた国際秩序をベルサイユ体制と呼ぶ。
＊ペレストロイカ　一九八〇年代後半にソビエト連邦で共産党書記長のゴルバチョフが提唱し、推進した政治改革運動。ロシア語で「再構築」を意味する改革を指す。グラスノスチ（情報公開）と併せてソ連の民主化への大きな柱となった。
＊ヘンデル　ゲオルク・フリードリヒ・ヘンデル（一六八五〜一七五九）　バロック期を代表する作曲家。ドイツに生まれ、その後、イギリスに帰化した。バッハとともに二大バロック作曲家と称される。
＊包括的核実験禁止条約（ＣＴＢＴ）　核兵器の実験的爆発を禁止する条約。地下核実験、平和目的の核爆発、低威力の核爆発を伴う流体核実験など、爆発を伴う核実験を例外なく禁止する内容だが、核爆発を伴わない核実験は禁止されていない。一九九六年に国連で採択されたが、発効に必要となる軍縮会議加盟国で原子炉を保有する四十四カ国すべての批准が達成できない状況が続き、いまだ発効していない。
＊ボールディング（エリース）　エリース・マリー・ボールディング（一九二〇〜二〇一〇）　平和学者、社会学者。ノルウェーのオスロに生まれ、三歳の時にアメリカに移住。夫で経済学者のケネス・ボールディングとともに平和運動に献身し、国際平和研究学会創設時の中心メンバーの一人として活躍した。国連大学理事を務めたほか、「平和の文化」の推進にも尽力。池田ＳＧＩ会長との対談集に『「平和の文化」の輝く世紀へ！』がある。
＊ボールディング（ケネス）　ケネス・エワート・ボールディング（一九一〇〜九三）　イギリス出身のアメリカの経済学者。一九六八年、アメリカ経済学会会長に就任。教育や詩作、システム科学など多分野で才能を発揮した

ほか平和運動に献身した。主著に『平和の経済学』『二十世紀の意味——偉大なる転換』『愛と恐怖の経済——贈与の経済学序説』など。
＊ボドリーアン図書館　英国オックスフォード大学の中央図書館。十四世紀が起源の世界最古の図書館の一つで、世界第一級の文献や資料が多数所蔵されている。一九九〇年九月、東京富士美術館で「ボドリーアン図書館重宝展」が開催。イギリス議会政治の曙光である「マグナ・カルタ（大憲章）」の原本や哲学者ジョン・ロックの「人間悟性論」の自筆原稿など学術・文化的にも価値の高い約百点の書籍・資料が展示された。

〈ま行〉

＊マードック　ジェームズ・マードック（一八五六～一九二一）　イギリス生まれ。ジャーナリストとして一八八九年に来日し、日本各地の学校で英語講師を務める。メルボルン大学日本学教授、シドニー大学東洋学科主任教授も務めた。『日本歴史』（全三巻）を刊行。
＊マイクロクレジット　グラミン銀行創立者のムハマド・ユヌスが考案し、発展途上国に普及した融資制度。融資を受けられない貧困層の人々を対象に無担保で少額融資を行い、貧困からの脱却と自立を支援し、人間としての尊厳を確立することを目指している。これまで融資対象の多くは女性で、グループ貸し付け、少額で定期的な返済などを特色とする。現在では、途上国だけでなく先進国でも取り入れられている。
＊牧口常三郎（一八七一～一九四四）　創価学会初代会長。地理学者として『人生地理学』を著し、教育者として美・利・善の価値観にもとづいた「創価教育学説」を創始し、実践した。一九三〇年に『創価教育学体系』を発刊し、創価教育学会（のちの創価学会）を創立。戦時中、軍国主義の精神的支柱となった国家神道を批判し、四三年、不敬罪並びに治安維持法違反の容疑で逮捕・投獄され、翌年、獄死した。
＊マンデラ　ネルソン・ホリシャシャ・マンデラ（一九一八～二〇一三）　南アフリカ共和国の政治家。同国初の黒人大統領。反アパルトヘイト（人種隔離）運動により、一九六四年、国家反逆罪で逮捕・投獄される。二十七年半に

及ぶ獄中闘争を経て、九〇年に出獄。九四年に大統領就任（～九九年）。九三年、ノーベル平和賞受賞。
＊ミルトン　ジョン・ミルトン（一六〇八～七四）　イギリスを代表する詩人、思想家。ピューリタン革命を支持し、政治的自由を主張した。王政復古後、失明や投獄の試練を乗り越え、英文学最高峰の長編叙事詩とされる『失楽園』を口述で完成させた。他に叙事詩『復楽園』、詩劇『闘士サムソン』などがある。
＊ムーア　マリアン・ムーア（一八八七～一九七二）　アメリカの詩人、作家。雑誌『ダイアル』の編集主任なども務め、一九五一年には選定詩集がピュリツァー賞やボーリンゲン賞などを受賞した。
＊無名戦士の墓　モスクワのアレクサンドロフスキー公園に設置されている、一九四一～四五年の東部戦線の無名戦士の墓。
＊モロワ　アンドレ・モロワ（一八八五～一九六七）　フランスの小説家、評論家。フランスの哲学者・アランに師事し、彼の哲学の通俗化を基本としながら、数多くの小説、歴史、評論を残した。主著に『フランス敗れたり』『英国史』『フランス史』など。

〈や行〉

＊ユゴー　ビクトル・マリー・ユゴー（一八〇二～八五）　フランスを代表する詩人、小説家、劇作家、政治家。ナポレオン三世のクーデターに抵抗して十九年間にわたり亡命。ナポレオン三世の亡命とともにパリに戻り、国民議会議員、上院議員なども務めた。主著に『懲罰詩集』『静観詩集』をはじめ、小説『レ・ミゼラブル』『九十三年』など。
＊ユヌス　ムハマド・ユヌス（一九四〇～）　バングラデシュ生まれ。チッタゴン大学経済学部長を経て、バングラデシュにグラミン銀行を創設し、総裁に就任。マイクロクレジットの融資活動を通して、女性の地位の向上と貧困問題の解決などに取り組み、利益の最大化ではなく、社会問題の解決を最優先とする「ソーシャル・ビジネス」を提唱し普及に尽力。二〇〇六年、グラミン銀行とともにノーベル平和賞を受賞した。主著に『貧困のない世界を創る』など。

＊夢の時代（アルチェリンガ）　アボリジナルに伝承されてきた天地創造の神話。精霊たちが宇宙を創造し、大地を旅しながら動植物をはじめ、自然界のすべてをつくったとされる。精霊や自然との結びつきを重んじるアボリジナル独自の世界観の基盤となっている。

〈ら行〉

＊ライト　ジュディス・アランデル・ライト（一九一五〜二〇〇〇）　オーストラリアの女性詩人。自然保護論者、アボリジナルの権利のために闘った運動家。オーストラリア文学と社会、環境面における改革の推進者として知られる。
＊リー　ネル・ハーパー・リー（一九二六〜）　アメリカ・アラバマ州出身の女性作家。代表作の自伝的小説『アラバマ物語』はベストセラーとなり、一九六一年にはフィクション部門でピュリツァー賞を受賞。
＊リーマン・ショック　世界的な金融危機を引き起こすきっかけとなった二〇〇八年九月の米国の投資銀行・リーマンブラザーズの破綻と、その後の株価暴落や金融機関の倒産などによる経済不況を指す。
＊ルーズベルト　フランクリン・デラノ・ルーズベルト（一八八二〜一九四五）　アメリカの政治家。ニューヨーク州知事を務めた後、第三十二代アメリカ合衆国大統領に就任。世界大恐慌ではニューディール政策を推進した。ラテンアメリカ諸国との善隣外交を展開したほか、第二次世界大戦では日本の真珠湾攻撃を機に参戦し、連合国を主導した。国際連合の設立にも努力したが、終戦を前に急死した。
＊ルードガルド　スベレ・ルードガルド（一九四五〜）　ノルウェーの政治学者。オスロ国際平和研究所所長、ジュネーブ国連軍縮研究所所長、ノルウェー国際問題研究所所長などを歴任。
＊レメンゲサウ　トミー・エサン・レメンゲサウ・ジュニア（一九五六〜）　パラオ共和国の政治家。副大統領を経て、二〇〇一年に第七代大統領（〜〇九年）に就任。一三年から第九代大統領。
＊ロード・ハウ島群　オーストラリアの東側海域にあるロード・ハウ島と周辺の島の総称。海水による浸食でつ

くられた島群で、険しい山や珊瑚礁を抱え、他では見られない生物が数多く生息する。一九八二年にユネスコの世界遺産に登録。
＊ロートブラット　ジョセフ・ロートブラット（一九〇八～二〇〇五）ポーランド生まれ。物理学者。第二次世界大戦中、アメリカの核兵器開発の「マンハッタン計画」に参加したが、ナチス・ドイツには核兵器を製造する能力がないことを知ると計画から離脱。戦後、核兵器の廃絶と科学技術の平和利用を訴えたラッセル＝アインシュタイン宣言に署名。長年にわたり、パグウォッシュ会議の会長を務め、核兵器の廃絶運動に献身した。一九九五年にパグウォッシュ会議とともにノーベル平和賞を受賞。池田SGI会長との対談集に『地球平和への探究』がある。
＊ローマクラブ　一九六八年、地球的な課題に対処するため、ペッチェイを中心にローマで初会合を開き発足した民間のシンクタンク。七二年に発表した『成長の限界』では、人類の未来に警鐘を鳴らし大きな注目を集めた。世界各国の科学者・経済人・教育者・各分野の学識経験者などのメンバーで構成される。

〈わ・を・ん行〉

＊ワーズワース　ウィリアム・ワーズワース（一七七〇～一八五〇）イギリスの詩人。コールリッジとともに『抒情歌謡集』を出版するなど、ロマン派を代表する詩人として活躍した。主な詩集に『序曲』『逍遥』『感謝のオード』など。七十三歳で桂冠詩人の称号を受けた。
＊ングニ諸語　一九九四年の南アフリカ共和国における政治体制の変革以降、新たに公用語となった言語の語群。ングニ語群とソト語群の二つに大別され、ングニ語群には、ズールー語、コサ語、スワーティ語、ンデベレ語があり、ソト語群にはセツワナ語、ペディ語、ソト語がある。

〈引用・参照文献〉

【第一章 1】
（1）『戸田城聖全集 第三巻』聖教新聞社
（2）“Paradise Regained” in *The Poetical Works of John Milton*, vol. 3, ed. David Masson (Macmillan)
（3）ジョン・フォースター『定本 チャールズ・ディケンズの生涯 上巻』宮崎孝一監訳、研友社、引用・参照
（4）A・J・トインビー『回想録Ⅰ』山口光朔／増田英夫訳、社会思想社
（5）『牧口常三郎全集 第十巻』第三文明社
（6）J・マニング『ディケンズの教育観』藤村公輝訳、英宝社

【第一章 2】
（1）『シェイクスピア全集Ⅶ』小田島雄志訳、白水社
（2）『エマソン選集5 美について』斉藤光訳、日本教文社
（3）『牧口常三郎全集 第五巻』第三文明社
（4）『戸田城聖全集 第四巻』聖教新聞社
（5）アリンスキー『市民運動の組織論』長沼秀世訳、未来社、引用・参照
（6）『牧口常三郎全集 第六巻』第三文明社

【第一章 3】
（1）「アオギリの木」、『ジュディス・ライト詩集 クルーラの黄昏』所収、酒井信雄／メレディス・マッキニー訳、審美社

（2）「子供とアカシア」、前掲『ジュディス・ライト詩集　クルーラの黄昏』所収
（3）「池と星」、前掲『ジュディス・ライト詩集　クルーラの黄昏』所収

【第一章　4】

（1）『新渡戸稲造全集　第一巻』教文館
（2）石上玄一郎『牧口常三郎と新渡戸稲造』第三文明社、参照
（3）「人生の哲人の誇り！　新世紀へ学の光を」、『池田大作全集　第四十四巻』所収、聖教新聞社
（4）島津拓『オーストラリアにおける日本語教育の位置――その１００年の変遷』凡人社、参照
（5）三好行雄編『漱石文明論集』岩波書店

【第二章　1】

（1）「セーブ・ザ・チルドレン」によるプレスリリース、第十二回『State of the World's Mothers』（世界百六十四カ国対象）、参照
（2）エリース・ボールディング、池田大作『「平和の文化」の輝く世紀へ！』、『池田大作全集　第百十四巻』所収、聖教新聞社
（3）William Robertson, *The Life and Times of the Right Hon. John Bright* (Cassell)
（4）塩田純『ガンディーを継いで』日本放送出版協会
（5）アンドレ・モロワ『初めに行動があった』大塚幸男訳、岩波書店

【第二章　2】

（1）『牧口常三郎全集　第八巻』第三文明社
（2）ビンセント・ハーディング、池田大作『希望の教育　平和の行進――キング博士の夢とともに』第三文明社
（3）Ralph Waldo Emerson, *The Collected Works of Ralph Waldo Emerson, Vol. VII: Society and Solitude*, ed. Ronald A. Bosco and Douglas Emory Wilson (Harvard University Press)

【第二章　3】

（1）白瀬矗「南極探検」、『世界ノンフィクション全集36』所収、筑摩書房。この他、白瀬矗については、綱淵謙錠「白瀬矗　南極大陸探検の先駆者」、『日本のリーダー第10巻　未知への挑戦者』所収〈ティビーエス・ブリタニカ〉等を参照。
（2）趙文富、池田大作『希望の世紀へ　宝の架け橋』、『池田大作全集　第百十二巻』所収、聖教新聞社
（3）章開沅、池田大作『人間勝利の春秋――歴史と人生と教育を語る』第三文明社
（4）『牧口常三郎全集　第一巻』第三文明社、要旨
（5）Oodgeroo Noonuccal, "All One Race" in *My People: A Kath Walker Collection* (The Jacaranda Press)
（6）ジョセフ・ロートブラット、池田大作『地球平和への探究』、『池田大作全集　第百十六巻』所収、聖教新聞社

【第二章　4】

（1）ヨーゼフ・デルボラフ、池田大作『二十一世紀への人間と哲学』、『池田大作全集　第十三巻』所収、聖教新聞社
（2）ヨハン・ガルトゥング、池田大作『平和への選択』、『池田大作全集　第百四巻』所収、聖教新聞社
（3）スピノザ『思想の自由について』畠中尚志訳註、理想社

(4)「〔六千年このかた、戦争は……〕」、『ユゴー詩集』所収、辻昶／稲垣直樹訳、潮出版社
(5)『ブッダのことば』中村元訳、岩波書店
(6)横田洋三・秋月弘子監修『UNDP「人間開発報告書二〇〇四」（日本語版）』国際協力出版会
(7)Mary Edgeworth David, *Professor David: The Life of Sir Edgeworth David* (Edward Arnold)
(8)Óscar Arias Sánchez, *Horizons of Peace: The Costa Rican Contribution to the Peace Process in Central America* (Arias Foundation for Peace and Human Progress)
(9)Jorge Debravo, *Nosotros los Hombres* (Editorial Costa Rica)

【第三章　1】

(1)シェリー『詩の擁護』上田和夫訳、『世界文学大系96』所収、筑摩書房
(2)『飛び立つ鷲　シェリー初期散文集』阿部美春／上野和廣／浦壁寿子／杉野徹／宮北恵子訳、南雲堂
(3)ビンセント・ハーディング、池田大作『希望の教育　平和の行進――キング博士の夢とともに』第三文明社
(4)A・J・トインビー『回想録Ⅱ』山口光朔／増田英夫訳、社会思想社
(5)S・ヴェーユ「デラシヌマン」大木健訳、竹内良知編『現代人の思想9　疎外される人間』所収、平凡社
(6)Oodgeroo Noonuccal, "A Song of Hope" in *My People: A Kath Walker Collection* (The Jacaranda Press)
(7)シェリーの詩「無秩序の仮装行列」、ブレヒト「リアリスティックな書き方の広さと多様性」好村冨士彦訳、『ブレヒトの文学・芸術論』所収〈河出書房新社〉から

【第三章　2】

(1)Jessie Street, *Jessie Street: A Revised Autobiography*, ed. Lenore Coltheart (The Federation Press)

(2)マハトマ・ガンディー『わたしの非暴力1』森本達雄訳、みすず書房
(3)ハーパー・リー『アラバマ物語』菊池重三郎訳、暮しの手帖社、引用・参照
(4)『牧口常三郎全集　第十巻』第三文明社
(5)エドワード・W・サイード『知識人とは何か』大橋洋一訳、平凡社
(6)デイビッド・クリーガー、池田大作『希望の選択』、『池田大作全集　第百十巻』所収、聖教新聞社
(7)ハンナ・アレント『暗い時代の人々』阿部齊訳、筑摩書房
(8)「青春の舞　青年の曲」、『池田大作全集　第四十四巻』所収、聖教新聞社

【第三章　3】

(1)『戸田城聖全集　第四巻』聖教新聞社
(2)スチュアート・リース、ゴードン・ロッドレイ、フランク・スティルウェル編『超市場化の時代——効率から公正へ』川原紀美雄監訳、法律文化社
(3)Franklin Delano Roosevelt, Greetings to the CCC speech, July 1933　訳文は、ヴァン・ジョーンズ『グリーン・ニューディール』土方奈美訳〈東洋経済新報社〉から
(4)ジョン・ケネス・ガルブレイス『おもいやりの経済』福島範昌訳、たちばな出版
(5)J・K・ガルブレイス、池田大作『人間主義の大世紀を——わが人生を飾れ』潮出版社
(6)『戸田城聖全集　第一巻』聖教新聞社
(7)アマルティア・セン『経済学の再生——道徳哲学への回帰』徳永澄憲／松本保美／青山治城訳、麗澤大学出版会

【第三章 4】

（1）国連人口基金の二〇一一年五月プレスリリース「十月三十一日 世界人口は七十億人に到達 国連人口基金 この記念すべき日の重要性を強調」、国連人口基金東京事務所のホームページ
（2）ムハマド・ユヌス、アラン・ジョリ『ムハマド・ユヌス自伝 貧困なき世界をめざす銀行家』猪熊弘子訳、早川書房、引用・参照
（3）ムハマド・ユヌス『貧困のない世界を創る』猪熊弘子訳、早川書房
（4）*Well May We Say: The Speeches That Made Australia*, ed. Sally Warhaft (Black Inc.)
（5）Jessie Street, *Jessie Street: A Revised Autobiography*, ed. Lenore Coltheart (The Federation Press)
（6）『牧口常三郎全集　第二巻』第三文明社
（7）『ワーズワス情感と内省の詩篇』五十嵐美智訳、中本友子画、晃学出版
（8）アウレリオ・ペッチェイ、池田大作『二十一世紀への警鐘』、『池田大作全集　第四巻』所収、聖教新聞社
（9）*With Love and Fury: Selected Letters of Judith Wright*, ed. Patricia Clarke and Meredith McKinney (National Library of Australia)
（10）*The Collected Verse of Mary Gilmore: Vol.1 1887-1929*, ed. Jennifer Strauss (University of Queensland Press)

わ

ん

す

せ

そ

た

さ

し

か

き

く

け

こ

索引

＊写真キャプション内の項目を含む

本書は月刊誌『第三文明』に連載された「平和の哲学と詩心を語る」
（二〇一一年六月号～二〇一二年五月号）を基に、一部加筆・再編集したものです。

平和《へいわ》の哲学《てつがく》と詩心《しごころ》を語《かた》る

2014年8月24日　初版第1刷発行

著者　スチュアート・リース／池田大作《いけだだいさく》

発行者　大島光明

発行所　株式会社　第三文明社
東京都新宿区新宿1−23−5
郵便番号　160-0022
電話番号　03-5269-7145（営業代表）
03-5269-7154（編集代表）
振替口座　00150-3-117823
URL　http://www.daisanbunmei.co.jp

印刷所　凸版印刷株式会社
製本所　牧製本印刷株式会社

ISBN 978-4-476-05052-3